社会心理学概説

潮村公弘・福島治 編著

Social Psychology

北大路書房

はしがき

　どのような研究領域も時代の影響を強く受けている。とりわけ社会心理学のような領域は，同時代の方法論的進展と社会価値の両方から複雑な影響を受けている。私たち編者が心理学／社会心理学を学びはじめてからはやくも20年が経とうとしている。その間にこの領域も大きく変わってきた。時代ごとに推移していく社会心理学の今をできるだけ平易な形で，これから勉強を進めていこうとする人たちに，そして社会一般に伝えていきたい。そういった思いから，各章の執筆者の方々に筆をとっていただいた成果が本書である。

　本書は，第Ⅰ部：個人内過程の社会心理学，第Ⅱ部：対人関係の社会心理学，第Ⅲ部：集団・組織における社会心理学，第Ⅳ部：応用的領域に展開する社会心理学の4部構成，全24章となっている。執筆者は総勢33名と，専門テーマの異なる多くの研究者が関わっていることからもわかるように，本書ではまず社会心理学の幅広さを伝えることを重視した。そして，現代社会の変容に伴い，新しい切り口でその射程を急速に広げている研究テーマを積極的に取り上げている。

　加えて，科学としての要件を満たした研究領域としての興味深さを，オーソドックスなスタンスで伝えることも重視した。ややもすれば，浅薄な領域として受けとられるきらいさえある社会心理学を，本来の実証科学的な研究領域の姿としてストレートに紹介するためである。そのため，実験研究や調査研究といった実証研究の知見を，その論理とともに詳しく取り上げ，さらに理論的背景にも踏み込んだスタイルとなるよう留意がなされている。

　また大学における講義での活用も意識されている。各回の講義でのタイムマネジメントとそこで論じるテーマの明確化が望まれている近年の状況を踏まえて，約1時間半ほどの授業で1章分を講義し終えることができるような分量構成としてある。

　大学の講義用以外の関心で本書を手にされた方々におかれては，価値観やシステムが高度に複雑化した現代社会の中で，例えば以下のようなテーマに興味をお持ちではないだろうか。

　「自己をどのように位置づけ，各々の個性も尊重しながら，他者そして社会をどのように捉えていくべきなのか」，「質的にも大きな変容を遂げている対人関係・人間関係の諸側面において，分析的に考察し，より良く行動していくためには，どのように考え，対応をすることができるのか」，「個人が重層的に所

i

属するさまざまな組織と自身との関係性をどのように位置づけていくことが可能であり，また望ましいのか」，「文化的背景や価値観，そして行動基準が多様化した人々の中にあって，主体的にそして適応的に行動していくには，どのように考え，どのようなことに留意すればよいのか」。

これらの問いには，簡便な回答も画一的な回答も存在してはいないであろうが，これらの問いについて多面的に考えていくためのさまざまなアイディアや素材を提供してくれる書籍となっていると自負している。

幸いにして，東北大学文学部／文学研究科を中心とした研究ネットワークに縁がある我々には，これまでにも『社会心理学——日常生活の疑問から学ぶ』(1993年)，『【教科書】社会心理学』(2000年)と受け継がれてきた優れたプラットホームが存在していた。そのおかげでこの出版企画も世に問うことができた。

ご執筆の先生方をはじめ，関連する多くの先生方にこれまでの感謝を申し上げるとともに，何よりも感謝しなければならない方は，私たち編者が大学院生時代からご指導をいただいてきた東北大学大学院の大渕憲一教授である。今回の企画・編集の全ての段階において，大渕先生からいただいたご助言がなければ，この本は実現しなかったことは言うまでもない。私たち編者は，私たちが初めて大渕先生に出会った頃の先生の年齢を越えた年齢になってしまっている。しかし，当時からそして現在でも一段と，その存在は私たち編者の遙か先を邁進しておられる。

今回も北大路書房の関一明社長に編集をお引き受けいただいたことに感謝したい。関さんに初めてお会いしたのは，大渕憲一先生が主催されておられた社会心理学の研究会が盛岡で行われた時で，私たち編者はまだ大学院生の頃であった。当時は遠路盛岡まで足を運ばれたにもかかわらず，夜遅くまで熱く語っておられた関さん（関社長）のことを今でも鮮明に憶えている。編者としての経験に乏しい私たちに対して，常に的確なアドバイスをくださった。

読者の皆さんがそれぞれの興味に応じて，本書が社会心理学への関心を増す機会となってくれればありがたい限りである。

2007年2月

編者を代表して　潮村公弘

目次

第 I 部 個人内過程の社会心理学

1章 自 己 …………………………………………………… 2
1節 「自己」の概念 2
2節 自己の形成 4
3節 自己と行動 6
4節 自己の文化差 8

2章 パーソナリティ ………………………………………… 12
1節 人間−状況論争 12
2節 「特性」の根拠の探求 14
3節 パーソナリティにおける社会−認知論 17
4節 社会−認知論研究の展開 20

3章 対人認知 ………………………………………………… 24
1節 対人認知の特徴と初期の研究 24
2節 暗黙の人格観 27
3節 帰属理論 29
4節 対人認知と感情 31

4章 社会的認知 ……………………………………………… 33
1節 社会的認知研究のパラダイム 33
2節 潜在的認知 34
3節 ステレオタイプの機能 37
4節 偏見・差別とその認知的メカニズム 39

第 II 部 対人関係の社会心理学

5章 説得と態度変化 ………………………………………… 44
1節 態度とその諸属性 44
2節 態度−行動関係 46

3節　認知的均衡と態度変化　48
　　4節　説得の受容と拒否　49

6章　攻撃と社会的勢力 ……………………………………………… 53
　　1節　人間の攻撃性：3つの立場　53
　　2節　社会的勢力：影響力の根拠　61

7章　援助行動 ……………………………………………………… 63
　　1節　援助行動とは　63
　　2節　援助行動の動機　66
　　3節　援助行動を規定する要因　68
　　4節　援助行動研究の動向　70

8章　ソーシャルサポート ………………………………………… 73
　　1節　ソーシャルサポートとは何か　73
　　2節　ソーシャルサポートのメカニズム　76
　　3節　ソーシャルサポートはどのように効くのか　78
　　4節　ライフサイクル別ソーシャルサポート　79

9章　魅力と対人関係 ……………………………………………… 82
　　1節　対人魅力の規定因　82
　　2節　対人関係の進展と維持　84
　　3節　対人関係の問題と認知の歪み　87
　　4節　対人関係研究の諸相　89

10章　非言語コミュニケーション ……………………………… 92
　　1節　対人コミュニケーションにおける相互作用過程　92
　　2節　コミュニケーション手段としての非言語　93
　　3節　非言語行動の機能　95
　　4節　コミュニケーション・メディアと非言語情報　96

11章　対人葛藤と交渉 ……………………………………………100
　　1節　対人葛藤とその解決　100
　　2節　対人葛藤と認知　102
　　3節　対人葛藤と感情　104
　　4節　対人葛藤と動機　106

12章　社会的公正 …………………………………………………110
　　1節　価値の相対性　110
　　2節　分配的公正　111
　　3節　手続き的公正　114
　　4節　不正の検出に関する情報処理　117

目　次

第Ⅲ部　集団・組織における社会心理学

13章　集団とアイデンティティ ………………………………………………… 122
1節　集団成員性と社会的アイデンティティ　122
2節　集団間関係　124
3節　集団成員性と攻撃行動　126
4節　集団同一視の役割と状況の現実感　128

14章　集団過程 ……………………………………………………………………… 131
1節　同調と服従　131
2節　集団のパフォーマンス　132
3節　集団意思決定と集団の生産性　135
4節　集合行動　138

15章　社 会 化 ……………………………………………………………………… 140
1節　社会化とは　140
2節　生涯にわたる社会化　141
3節　個人と社会　144
4節　おわりに　146

16章　家族とジェンダー ………………………………………………………… 148
1節　家族と社会化　148
2節　集団としての家族の変貌　149
3節　統計でみる家族の変貌　150
4節　家族のかかえるジェンダー問題：態度と行動のギャップ　154

17章　社会的ジレンマ …………………………………………………………… 157
1節　個人的合理性と社会的最適性との乖離　157
2節　社会的ジレンマとN人囚人のジレンマ　158
3節　「囚人のジレンマ」研究の新しい動向：なぜ協力するのか？　160
4節　「協力」行動を説明するさまざまな仮説　161

18章　組　　織 ……………………………………………………………………… 166
1節　組織と個人　166
2節　人的資源管理における人事アセスメント　168
3節　仕事への動機づけ　170
4節　組織コミットメント　173

第Ⅳ部　応用的領域に展開する社会心理学

19章　宗　　教 …………………………………………………… 178
　1節　日本人の宗教意識　178
　2節　民俗宗教性　179
　3節　青年の宗教性　182
　4節　回心の研究　184

20章　文化的価値 ………………………………………………… 187
　1節　文化的価値観とは　187
　2節　社会心理学における主要な価値研究　188
　3節　日本における文化的価値観研究：教育価値観研究を中心に　195

21章　情報と社会的ネットワーク ……………………………… 199
　1節　社会的ネットワークとは　199
　2節　「弱いタイの強さ」仮説　201
　3節　社会的ネットワークと情報の冗長性　203
　4節　現実的なネットワークの同質性と同質性がもたらすもの　205

22章　ボランティア活動 ………………………………………… 208
　1節　社会心理学とボランティア活動との出会い　208
　2節　災害救援活動　209
　3節　環境ボランティア活動　211
　4節　組織市民行動　213

23章　非行と更生 ………………………………………………… 220
　1節　非行への関心　220
　2節　犯罪原因論の発想　221
　3節　集団非行の発生過程　224
　4節　更生に向けたはたらきかけ　226
　5節　被害者に向けるまなざし　228

24章　社会的適応 ………………………………………………… 230
　1節　適応とストレス　230
　2節　大学生のストレッサー　232
　3節　現代の大学生の友人関係と適応　234
　4節　対人関係における適応を促進・妨害する要因　236

　引用文献　239
　事項索引　265
　人名索引　270

第 I 部

個人内過程の社会心理学

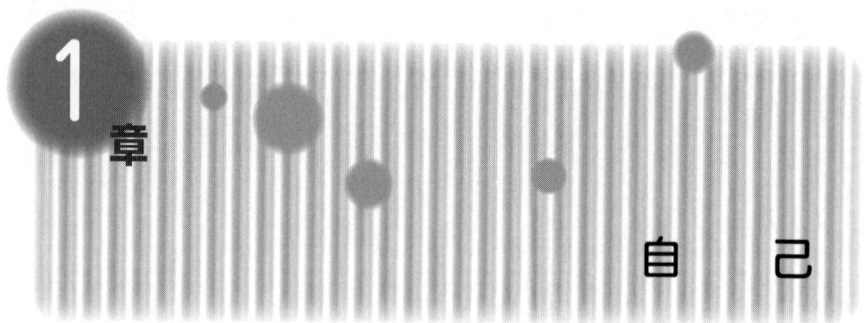

1章　自己

1節　「自己」の概念

1. Iとme

　外界や他人から区別された「私」「自分自身」を多かれ少なかれ意識することは，通常，普遍的な現象である。古くはジェームズ（James, W., 1892）が，「私が何かを考えているときには，同時にいつも私自身を……多少なりとも意識している。また意識しているのも他ならぬ私である。したがって私の自己全体はいわば二重であって，一部は被知者であり一部は知者であり，一部は客体であり一部は主体である……」と述べている。自己の認識を，意識する知者（主体）と意識される被知者（客体）との2つに分ける彼の立場は，社会心理学における自己（self）研究の基本的枠組みとなったのである。

　ジェームズは，主体としての自己を主我（I），それによって知られる客体としての自己を客我（me）と呼んだが，彼が心理学的研究の対象としてことに重視したのは前者である。自己の問題は，発達心理学や臨床心理学などでも主要な位置を占め，それぞれ力点は異なるが，社会心理学では，客我が研究のおもな対象となっている。したがって，自己という概念がそのまま客我をさして用いられることが多い。

2. 自己の構造と機能

　ジェームズは，自己はいかなる内容から構成されているかについて，①物質

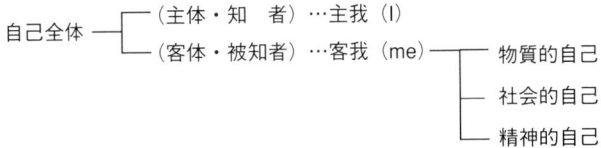

図1-1 ジェームズによる自己の理解 (James, W., 1892)

的自己（自分の身体，家族，財産など），②社会的自己（周囲の他者が自分にもつ印象），③精神的自己（内的な意識や能力，特性など），の3つに分類している（図1-1）。また，自己認識に関してどのような衝動や行動が生じるか，自己認識がどのような感情や情緒を引き起こすか，などについても論じている。

このように，自己の認識は人間の心理や行動にさまざまな影響を与える。社会心理学における自己研究の基本的視点は，①自己概念の構造の問題，②自己の動機づけ機能の問題，の2つに大別できる（Berkowitz, L., 1988）。前者は，ジェームズの自己の3分類をはじめとして，自己はどう構成され，その性質はどのようなものであるかを明らかにしようとする。自分自身についてのあらゆる自己知識，自分の全体統合的な姿をとらえた自己概念，自己に関する情報処理装置としての自己スキーマなどを中心とした研究がこれにあたる。後者は，自分への肯定的感情を保つ，自己概念の安定を図る，他者に対して好印象を与えようとするなどの，自己が動機となる諸行動を扱う研究である。

3. 自己と社会的適応

客体としての「私」を認識できることは，他の動物とは異なる人間の最も重要な特質の1つである。鏡に映った自分自身の姿を自分だと認知できることは，少なくとも身体的な自己を認識できる証左であり，自己認識の基礎といえる。しかし，鏡映像の自己認知は，チンパンジーなど一部を除いた動物にはできないことが示されている。

人間の場合でも，2歳未満の幼児では不可能であり，認知症の高齢者も鏡に映った自身の姿を自分と認知するのは困難だという（熊倉，1983）。また，統合失調症患者の鏡映像認知が歪んだものであることを示した実験もある

(Orbach, J. et al., 1966)。これらのことは，人間が社会に適応し正常な生活を送るうえで，自分を客体として認識できることが不可欠であることを意味している。自己認識と適応との間に密接な関連があることは否定できない。

他方，親や仲間から遠ざけられ，孤立して育ったチンパンジーも鏡映像の自己認知ができないという知見があり（Gallup, G. G., 1977），自己の認識が可能になるには，社会的接触が不可欠であることが示唆される。自己認識の内容にせよ，自己がもたらす動機にせよ，他者とのかかわりなしには成立し得ない。自己にかかわる諸現象は，基本的に社会的な性質を帯びているといえよう。

2節　自己の形成

1. 自己認識の手がかり

自己概念がどのようにして形成されるかについて，これまで多くの研究者が論じている。高田（2004）はそれらを整理して，自己概念が形成される際の手がかりは，以下の4つに大別されるとしている。

①物理的環境：そこからのフィードバックなど
②個人：自分の行動やその決定要因の自己観察，過去の自分との比較など
③他者：他者からのフィードバックや他者の視点の取り入れ，他者との比較，他者との同一視など
④集団：自分の属する集団と他の集団との比較など

シェーネマン（Schoeneman, T., 1981）は，①自己観察，②他者との比較，③他者からのフィードバック，のいずれが自己概念形成への影響が大きいかをアメリカ人大学生を対象に調べている。自分の特性を評価するのによく用いる方法はどれかを尋ねたところ，自己観察という答えが圧倒的に多かった。わが国における同様の調査でも，自己観察があげられる率が各年齢層で最も高い（高田，2001）。知者としての主我が被知者としての客我を認識する，という前述のジェームズの根源的観点に立脚すれば，これは当然ともいえる。

2. 自己と他者

　一方，自己の認識にとって他者がきわめて重要な役割を果たしていることが，多くの論者によって指摘されている。自己の認識は個人の心的作用である。しかし，それは個人内部に閉ざされたものではなく，社会的な性質をもつ。個人の自己は，周囲の他者や集団を介して，社会へとつながっているからである。

　他者の眼には，自分の姿や性格がどのように映っているかを想像することを通じて，自己認識が成立すると説いたのはクーリー（Cooley, C., 1902）である。あたかも他者が鏡となって感知された自分の姿は，鏡映自己（looking-glass self）と呼ばれる。一般化された他者の立場から見た自分の姿を取り入れて，自己認識が形成されることはミード（Mead, G. H., 1934）も論じている。さらに，他者の感情や行動様式などを自分の中に取り入れる同一視も自己の認識に影響を及ぼすことは，フロイト（Freud, S., 1964）やバンデュラ（Bandura, A., 1977）などの理論家が説くところである。これらの理論はすべて，自己認識にとって周囲の他者は欠くことができないことを示している。

3. 社会的比較

　自分と他者とを比べる社会的比較は，自分との関連において他者に関する情報を思考する過程であり（Wood, J. V., 1996），自己認識の機制の1つとして位置づけられる（高田，1992）。これについてはフェスティンガー（Festinger, L., 1954）の社会的比較過程理論が著名であるが，そこでは自分自身の能力，あるいは意見（自分の周囲の環境の受けとめ）が不明確なときに，自分と他者，とりわけ自分と類似した他者と比較することを通じて，それをはっきりと評価しようとする過程が論じられている。

　サルスら（Suls, J. et al., 1982）が提唱する生涯発達モデルによると，自分と同年齢の他者との比較を通じて自己評価を行なう傾向は，青年期に最も著しいという。類似した他者と比較すれば正確な自己評価ができることを理解する認知能力の発達と，学校生活で同年齢の他者と接触する機会が多いことがその背景にある。アメリカ人の青年から老人に対する調査の結果は，このモデルとほぼ一致するものであった（Suls, J., 1986）。日本人でも，大学生と成人に対する調査で同様の結果が得られている（高田，1993）。社会的比較が自己概念の形

成に重要な役割を果たすのは，おもに青年期であるといえる。

同時にフェスティンガーは，能力を比較する場合には他者よりも優れていたいという向上性の圧力が作用し，競争が生じがちであることを論じている。この場合，自分自身を正しく把握したいという動機だけでなく，自分を他者より優位に評価したいという動機も，社会的比較の背後で作用している。このような自尊心を維持・向上するために行なわれる比較については，下方比較理論（Wills, T. A., 1981）や自己評価維持モデル（Tesser, A. et al., 1983）でさらに詳しく論じられている。

3節　自己と行動

1. 自己過程

自己の認識をめぐるさまざまな現象とその一連の心理過程を，中村（1990）は自己過程と呼び，それは，①自己への注目，②自己の把握，③自己の評価，④自己の表出，の4つの位相に区分できるという，明快な枠組みを提唱している。すなわち，自分自身に注意を払い，自分自身の姿を知り，その姿を評価するという各段階を経て，自己が認識されると，それを他者に対して示す位相が続くというのである。

これらの位相が実際にこの順序で生じるか，個人内の過程のみにとどまるか，などの問題については議論の余地があるだろう。しかし，自己の認識にともなうこれら一連の心理過程は，多岐にわたる社会的行動と関連していることが，多くの理論や知見によって明らかにされている。このうち，自己の把握については前節で述べたところであり，ここでは，自己への注目，自己の評価，自己の表出の位相について，その代表的なものをいくつかみてみよう。

2. 自覚理論

デュバルら（Duval, S. et al., 1972）は，自分自身への注意が増大した状況を自覚（self-awareness）状態と呼び，鏡に映った自分の姿を見たり，録音され

た自分の声を聞くことが，その状態をもたらすとした。自覚状態では，理想の自己像や行動の基準が意識される。現実の自己はそれに合致せず不快感が生じるため，基準に近づこうとする努力や行動，あるいは，自覚をもたらす状況を回避する傾向のいずれかが生じる，というのが彼らの議論の骨子である。

　自覚状態は，刺激や環境のような状況要因によってもたらされるだけではない。フェニグスタインら（Fenigstein, A. et al., 1975）やバス（Buss, A. H., 1980）は，自己を特に意識しやすい性格特性をもつ個人があることを指摘している。そのような特性を自己意識（self-consciousness）というが，フェニグスタインらはそれを測定する尺度を作成している。その結果によれば，自己意識は，①自分の感情や性格など内的側面を意識する私的自己意識，②容姿や行動など他者から見られる外的側面を意識しやすい公的自己意識，の2つに区別されることが見いだされている。

3. 自尊感情

　自分自身に対する評価をめぐって，自尊感情（self-esteem）の問題をジェームズは論じている。彼によれば，自己に対する感情には満足と不満足とがあり，それは自分のもつさまざまな願望のうち，どれだけが成功したかの割合によって決定される。自尊感情の概念については多くの見解があるが，自分自身に対して満足し，肯定的にみる程度をさすとする見方が一般的である。自分への肯定的評価を保てず自尊感情が脅威にさらされたとき，あるいは脅威を受けそうだと予想したときには，不安が生じ，自己防衛のための種々の反応が起こる。また，自尊感情の程度は適応と関連することも指摘されている。

　従来の伝統的な見解では，自分でとらえた自分の姿を評価する，個人内の過程が自尊感情であるとされてきた。また，パーソナリティ特性と類似した，持続的な個人的特性であるというとらえ方も一般的である。しかし，最近，自尊感情は個人内過程であるよりも，自分と周囲の他者との関係がどれくらい適切であるかの感覚に基づく，という社会性あるいは関係性を強調した理解がリアリーら（Leary, N. R. et al., 1995）やグリーンバーグら（Greenberg, J. et al., 1997）によって示されている。

4. 自己呈示

　他者からの好意的な評価や，社会的承認，物質的報酬などの利益を得ようとする意図のもとに，自分に関する情報を他者に伝えるのが自己呈示である。この場合，言語的コミュニケーションだけでなく，非言語コミュニケーションも含む。これは，相手によい印象を与えようとする試みでもあるので，印象操作とも呼ばれる。他者から好意的な評価を得ることは自分への肯定的評価をもたらすから，自己呈示は自尊感情の維持や高揚の機能ももっている。

　これに対し，自分自身に関する情報を言語を介して特定の他者に伝える行為が自己開示である。それも，何の意図もなしに，自分のありのままの姿を伝えることをさす。しかし，自分自身の姿を本人が正確に認識していない，あるいは，相手が意図を誤認する可能性などの問題もある。したがって，一定の意図のもとに必ずしも正確ではない自分の姿を示す自己呈示と，厳密に区分することは難しい。相手になんらかの影響を与えることの重要性を考え，最も重要性が低い場合が自己開示であるとする見解もある（安藤, 1994）。

　自己呈示のための行動は，さまざまな形態をとる。テデスキら（Tedeschi, J. T. et al., 1985）は，特定の対人場面で一時的に行なわれるか（戦術的），それとも長期にわたってある印象を他者に与えようとするか（戦略的），および，他者に悪い印象を与えそうな場合にそれを防ぐためか（防衛的），あるいは特定の印象を与えるために積極的に行なわれるか（主張的），の組み合わせによる4種に自己呈示行動を分類し，精神病などの不適応や，社会的に好ましい特性をもつことなども含む，多様な社会的行動が自己呈示に根ざしていることを指摘している。

4節　自己の文化差

1. 文化と心

　文化と心とが相互に影響を与えあう過程を取り扱い，近年注目を浴びている文化心理学の観点では，文化は慣習（ある社会集団で共有された行動の仕方）と，

意味構造(行動に対応した信念体系)から成る(北山,1998)。そして,個人の心的過程は文化の内容を取り込むことによって成立する。その結果として文化による心の違いが生じるが,その背景として,一人ひとりの人間自体をどのようにとらえるか,いわば自己観あるいは人間観の相違が大きな役割を果たしている。この文化によって異なる自己観によって,これまで考察してきた自己のあり方(ある個人がどのような主体の性質をもつか,どのような自己認識をもつか)が大きく影響されるからである。

同時に,文化の内容はその文化に属する個々の成員の心的過程を映し出すものでもある。会話の仕方や言葉の使い方,エチケット,子育てや教育の習慣,さらには法律や社会制度など,ある文化に特有の内容は,その文化に属する人々の心のあり方が生み出したといえる。このように,心と文化は互いに生成しあい,一方なしに他方はあり得ないとされる(北山,1998)。

2. 文化的自己観

ある文化において歴史的につくり出され,暗黙に共有されている自己についての前提や通念が文化的自己観である。マーカスら(Markus, H. R. et al., 1991)は,文化的自己観を相互独立的自己観と相互協調的自己観の2つに大別している。

相互独立的自己観は,自己を他者から分離した独自な存在としてとらえるものであり,西欧とりわけ北米中産階級に典型的である。ここでは,自己はある個人のもつさまざまな特性によって定義されるが,それは周囲の状況とは独立したものである。他方,相互協調的自己観は,他者と互いに結びついた人間関係の一部として自己をとらえる考えで,日本を含むアジアの文化において一般的であるという。ここでは,自己は他者との関係によって規定され,その特性は他者を含む周囲の状況の性質によって変動する(図1-2)。

この2つの自己観の基本的相違は,自分と他者・社会との関係をどうとらえるかという自己の定義だけでなく,自己の構造,個人の特性の意味,社会の中で個人に課される課題,自己にとっての他者の役割,自尊心の基盤などの広い範囲に及ぶ。その結果,個人の認知,感情,動機づけなどの心的過程における文化差がもたらされる。たとえば,自分の成績がどれくらいかを判断する状況

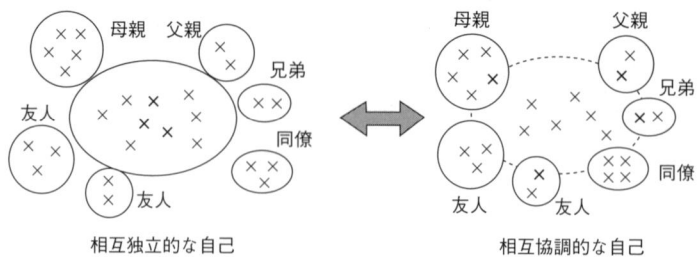

相互独立的な自己では、自他の境界は明確で、いかなる他者とも重なりはなく、自己の中心的特性は自己の内部にある。相互協調的な自己では、自他の境界は曖昧で、関係のある他者は自己と重なり、中心的特性は他者との境界にある。

図1-2　文化的自己観の2つのタイプ（Markus, H. R. et al., 1991）

で、カナダ人は少ない情報をもとに自分は平均以上だという確信を得るのに対して、日本人は自分は劣っているという結論に達しやすいという、カナダ人の自己高揚と日本人の自己批判傾向（Heine, S. J. et al., 2000）などがその例である。

3. 文化差をめぐる議論

自己のあり方の文化差に関して多くの知見が集積されてきているが、近年それに対する反論もある。相互独立的・相互協調的自己観に類似した概念に、個人の利益と集団の利益のいずれを優先するかという個人主義と集団主義の考え方がある（Triandis, H. C., 1995）。これに対し高野ら（1997; Takano,Y. et al., 1999）は、アメリカの個人主義と日本の集団主義という通説は現存する実証的知見によればまったく支持されず、文化的自己観に関する知見についても同断としている。多数の知見のメタ分析でも、文化的自己観からの予測に必ずしも適合しない事例が少なからずみられる（Oyserman, D. O. et al., 2002）。

また、マツモト（Matsumoto, D., 1999）は、従来の比較文化的知見に対して、実験参加者の国籍（独立変数）と諸社会的行動（従属変数）との関係を示しているだけで、その間に文化的自己観の介在を示す証拠はないと論難している。さらに、1人称代名詞の欠如など日本語の言語体系は相互協調的自己観を背景としているという一般的見解に対し、広瀬ら（2001a、2001b）は言語学の観

点からの詳細な分析を通じて批判を加えている。

　これらの批判には首肯しうる側面もある一方，自己の文化差を明らかに示した日常的事象や実証的知見も存在するのは事実であり，また，文化的自己観の概念を否定した後の有効な理論的枠組みはいまだ呈示されていない。いずれにせよ，「自己」という概念を再吟味し，その文化を越えて普遍的な側面と文化規定的な側面を明確にし，あわせてその形成の過程を発達的考察をも含めて検討を加えることが今後は必要とされるであろう。

2章 パーソナリティ

1節 人間－状況論争

1. 社会心理学とパーソナリティ心理学の研究パラダイム

　社会心理学の伝統的な研究パラダイムは，おおむね社会・文化→個人という方向性をもつ。とりわけ，1950年代までの社会心理学の伝統的な研究の多くは，レヴィン（Lewin, K.）らによる集団力学（グループ・ダイナミックス）の研究にみられるように，社会的な状況が個人の行動に与える影響の大きさを主たる関心としてきた。これに対し，古典的なパーソナリティ心理学では，主として個人の特徴によって，さまざまな状況における行動が規定されるという，個人→社会・文化というパラダイムに基づく研究が行なわれてきた。

　こうしたパラダイムに基づく特性論，動機論，精神分析等のパーソナリティ研究には，「パーソナリティ」を，①個人のユニークさを反映したもの，②持続的で安定したもの，③個人の内にあり行動を決定するもの，と考える共通の基盤があるとされる（Krahe, B., 1992）。とりわけ，特性論的立場をとる研究では，このような前提に立って「パーソナリティ」の構成要素を測定するさまざまな尺度を開発し数多くの研究を生み出してきた。

2. ミッシェルのパーソナリティ研究批判

　これに対し，ミッシェル（Mischel, W., 1968）は，①パーソナリティ（特性）は内的実在性をもつのか，②質問紙法や投影法による行動予測は有用か，③行

動には状況を越えた一貫性があるのか，④行動の決定因は人に求められるか状況に求められるか，という4点を中心に，特性論的研究に対する批判を行なった。主要な論点は以下のとおりである。

「パーソナリティは行動についての抽象概念である。……パーソナリティは推論されたもの，仮説されたものにすぎない。……特性論や精神力動論は，こうした推論されたにすぎない諸傾向を，人の反応や行動に普遍的・持続的効果を及ぼすと考えている。……現実には，行動はそれが引き起こされる状況的文脈に影響されており，少しでも状況が変化すれば行動も変化する。……にもかかわらず，人の行動は状況を越えて一貫したパーソナリティの特徴として解釈・説明されている。……パーソナリティ特性が実在するという信念の大部分は，実際に人が示した行動の一貫性よりも，観察者が行動に与える一貫性の解釈を反映している可能性がある。……実際のところ質問紙から推測されるパーソナリティ次元を，異なる手段で抽出された外的基準と関連づけた研究では，せいぜい .20 から .30 の相関しか得られていない。……構成概念の有用性は，予測や決定を促進する程度によって評価されるべきである。……投影法的技法に関する妥当性研究の結果も低い相関しか示しておらず，投影検査法は有用性をもたない。……同様に特性に関する質問紙への反応も意味をもたない」(Mischel, W., 1968／詫摩（監訳）1992)。

3. 人間-状況論争

この批判をきっかけに，「人間-状況論争」もしくは「一貫性論争」と呼ばれる論争が生起し，さきに示した4点を中心とする活発な論議が行なわれた（論争の詳細に関しては，堀毛, 1989, 1996; Krahe, B., 1992 などを参照)。この論争には，状況主義的な社会心理学者・社会的学習論者と，特性論を擁護するパーソナリティ心理学者の対立という局面も含まれており，その影響は現在にいたる双方の領域の研究動向にも大きな影響を与えてきた。スワンら（Swann, W. B. Jr. et al., 2005）は，2000年までの *JPSP*（*Journal of Personality and Social Psychology*）誌の研究内容の分析を行ない，1968年から1980年にかけて，個人差研究が急速に減少し，実験的な手法をとる研究が増加していることを明らかにしている。スワンらはこれをミッシェルの批判がもたらした影響とみなして

いる。一方で、そうした傾向は1980年代に入るともとのレベルに戻り、1987年以降はむしろ1968年以前より個人差研究が増加していることも指摘されている。スワンらはこれをパーソナリティ研究のリバウンド現象と呼んでいるが、現実には個人差に関心をもつ社会心理学者は、「パーソナリティ」の代わりに「自己」や「自己過程」を課題や変数とする研究に関心をシフトさせていったように思われる。スワンらもパーソナリティ心理学の研究が、心理学のメインストリームから外れてしまったことを指摘したうえで、社会心理学との共生の重要性を指摘している。

2節 「特性」の根拠の探求

1. 特性論的立場の復権とビッグ・ファイブ研究

ミッシェルの批判は特性論的立場に立つ研究者たちに危機感を与え、特性研究の妥当性を検証することを目的とする、方法論的論議を含む活発な研究を生み出した。一方で、批判の主体となった社会的学習・認知論者は、折衷的な立場として論争を盛り立てた新相互作用論の考え方を取り込みながら、特性論的立場とは異なる「もう1つのパーソナリティ理論」を構築していった（図2-1）。

特性論的立場を擁護する研究のおもな流れは、①ビッグ・ファイブ研究、②進化論的アプローチ、③行動遺伝学的アプローチ、④心理生物学的アプローチ、の4つに分類される。これらの研究は相互に補完しあいながら、「特性」を内的実在性をもつ存在として考えることの妥当性を検証すべく努力を重ねている。

ビッグ・ファイブ研究では、特性に関する分類や構成次元が通文化的・継時的であることを内的実在性の根拠としている。ビッグ・ファイブと呼ばれるパーソナリティの主要5因子説の提唱者であるゴールドバーク（Goldberg, L. R., 1981）は、「人間の活動にみられる個人差の重要な側面は、すべて日常使用している言語（自然言語）として記号化されている」とする基本名辞仮説を提

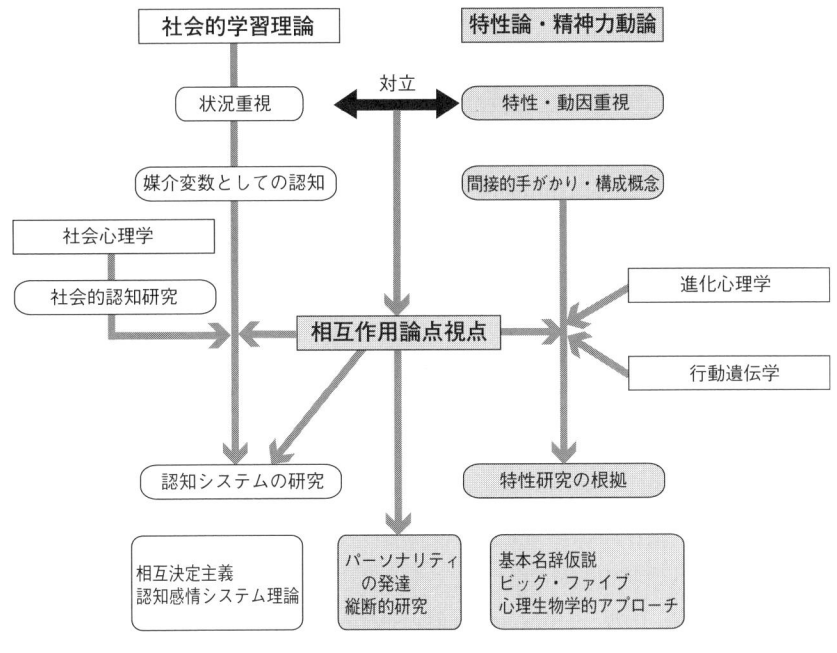

図 2-1　人間-状況論争の流れ

唱した。そのうえで，オールポートら（Allport, G. W. et al., 1936）が行なったウェブスターの辞典に基づく性格表現用語の再分析や，過去のパーソナリティ因子に関する因子分析結果を検討した結果，パーソナリティの主要な側面として，外向性，神経症傾向，開放性，協調性，誠実性という5つが抽出されることを示し，これをビッグ・ファイブと命名した。辞書的な研究は，その後，ドイツ，オランダ，イタリア，フィリピン，中国などでも行なわれ，一部に相違はあるものの，ほぼ文化的に共通する5つの側面が抽出されることが明らかにされている。一方，コスタら（Costa, P. T. Jr. et al., 1985）は，高齢者研究の中で開発してきた，外向性，神経症傾向，開放性を中心とするパーソナリティ測定の質問紙（NEO）の改訂版として，ビッグ・ファイブの各側面を測定する質問紙（NEO-PI-R）を測定し，通年代的な安定性や通文化的な因子構造がみられることを明らかにした（Costa, P. T. Jr. et al., 1997; McCrae, R. R. et al., 1997)。コスタらの研究は，辞書的な研究と区別する意味で FFV 研究と呼ばれ，理論的なモデル化も図られている（McCrae, R. R. et al., 1996）。NEO-PI-R は，わが国でも下仲ら（1999）により訳出・標準化されている。また形容詞対を用いた 5 因子の評定尺度も和田（1996）により開発されている。一方，辻（1998）らは，日本文化に特有な 5 因子が想定されると論じ，独自の測定尺度である FFPQ を開発するとともに，辞書分析も行ない（辻，2001），5 因子の文化特有性を主張している。

2. 進化心理学・行動遺伝学・心理生物学的アプローチ

進化心理学では，特性を適応に必要な課題に関する解決戦略の個人差を反映したものと考え，その有用性を主張している。たとえば，バス（Buss, A. H., 1988）は，活動性，恐怖心，衝動性，社会性，養育心，攻撃性，支配性という 7 つの特性を，遺伝的影響の大きい特性であるとともに，進化的適応，言い換えれば人間の生き残りに必要とされた個人差として位置づけている。また，バス（Buss, D. M., 1991, 1997）は，同性内の競争や配偶者選択・維持，他者との協調，子どもの養育など，種の維持・再生産にかかわる 8 つの問題がパーソナリティの個人差と関連をもつことを指摘している。さらに，ラーセンら（Larsen, R. J. et al., 2002）は，ヒトの個人差が，①特定の性質に影響する環境の違い（例：幼少時における父親の不在による性的行動への影響），②遺伝的特質に関する適応的自己評価（例：身体能力による攻撃的方略採用の相違），③頻度依存選択（例：2 つ以上の選択肢がある場合に，他者と共通する頻度の高い選択を採用すると結果の一般性が高くなり，子孫の将来の被選択の可能性が低くなる），という 3 つの原理によって形づくられてきた可能性を示唆している。

行動遺伝学では，双生児研究を中心に，表現型のばらつきを説明する要因として，遺伝，環境，相互作用の大きさを構造方程式モデルを用いて推定しようとする試みが行なわれている（Plomin, R., 1990; 安藤，1999）。その成果は多岐にわたるが，遺伝による説明率が従来考えられていた以上に大きいこと，また環境の中で共有環境（家族の成員を類似させる効果）よりも，非共有環境（一人ひとりに固有な効果）の効果が大きいことが指摘されている。たとえば前述

のビッグ・ファイブに関しては,遺伝による説明率が30〜50%であること,外向性では遺伝による説明率が高く,協調性では説明率が低くなること,どの側面でも非共有環境の説明率が最大になることが明らかにされている。

さらに,ズッカーマン(Zuckerman, M., 1991)による心理生物学的アプローチでは,神経生理学や分子生物学的な知見と結びつけたパーソナリティ・モデルが展開されている。最近の分子生物学では,遺伝子情報の解析の進展とともに,人間の量的形質の遺伝子座を発見しようとする試みが続けられており,新奇探索傾向とドーパミン・トランスポーターの数を規定する遺伝子座のくり返し数との相関関係が見いだされるなど,徐々に成果を上げつつある。

このように,ビッグ・ファイブ研究も含めた4つのアプローチは,パーソナリティ「特性」が人類に普遍的な個人差をもたらすもので,遺伝的にも根拠のある内的実在性を有するという見方を相互補完的に展開している。

3節　パーソナリティにおける社会−認知論

1. 新相互作用論の展開と社会的状況研究

人間−状況論争の中で関心を集めた立場の1つとして,新相互作用論と呼ばれる考え方がある。新相互作用論とは,人間行動の説明の際に,内的な要因と外的な要因の複合的な影響性を重視する立場である。提唱者のエンドラーら(Endler, N. S. et al., 1976)によれば,相互作用論の特質は,①行動は個人と個人が出会う状況との力動的・双方向的・連続的な相互作用の関数である,②個人は相互作用過程における意図的・能動的エージェントである,③個人の側からみた場合,行動の主たる決定因は認知的要因である,④状況の側からみた場合,状況が個人にとってもつ心理学的な意味が重要な要因となる,という4点に集約される。「新」相互作用論と呼ばれるのは,こうした発想が,レヴィンやエンジェル(Angyal, A.)などによる古典的な相互作用論の考え方と共通する側面をもちつつ,さらに精緻化された考え方であることによる。

新相互作用論に基づく研究には,エンドラー(Endler, N. S., 1975)による

対人不安の研究や，マグヌセン（Magnusson, D., 1988）による発達研究などがあるが，全体的には，個別の研究よりも，従来の方法論的観点を統合的に体系化した視点として評価がなされている。とりわけ，従来関心の向けられることが少なかった，社会的状況に関する関心を誘起したことは，新相互作用論の大きな功績の1つであろう。こうした状況研究としては，①フォーガス（Forgas, J.P., 1979）による状況の構成単位としての社会的エピソード研究，②アーガイルら（Argyle, M. et al., 1981）による目標，ルール，役割等のシステム論的な状況構成要因研究，③ヴァン・ヘック（Van Heck, G. L., 1984）による辞書的な状況分類研究，などをその代表とみなすことができる（詳細に関してはKrahe, B., 1992; 堀毛，1996などを参照）。けれどもこうした研究成果は，現状では社会的状況の分類枠として研究者間で合意された組織的な体系にはなり得ておらず，現在にいたるまで社会的状況や社会的文脈に関する相違は，認知・行動との相互作用変数として領域特定的に処理されることがきわめて多い。

2. パーソナリティの社会−認知論

ミッシェルらは，相互作用論的視点を取り込みながら，認知感情システム（CAPS）モデルと呼ばれる新たなパーソナリティ・モデルを提唱し（Mischel, W. et al., 1995），最近，最も影響力のある立場（Mayer, J. D. et al., 1997）として注目を集めている（図2-2）。このモデルでは，①パーソナリティは機能的に異なる一連の相互に関連するサブ・システム（認知，感情，動機など）から構成され，②これらのサブ・システムは全体としてコヒアラント（統合的）なシステムを構成する。③サブ・システムを構成する変数は個人ごとに If-Then というプロダクションに基づく領域特定的，文脈依存的な性質をもち，④通状況的・領域的にみれば，そこには個人を特徴づけるユニークな状況−行動のパターン（「行動指紋」と呼ばれる）が存在する，と考える。そのパターンを見いだし，説明することがパーソナリティ研究の目的となる。サブ・システム間の関係は，ニューロモデルを基盤とした活性化拡散モデル（コネクショニズム）によって説明されている。すなわち，複数の処理ユニットが同時並列分散処理を行ない，各処理過程から処理結果がコネクトしているユニットに伝達（促進的または抑制的）され，伝達されたユニットは結果にウエイトをかけて処理を継続し，新

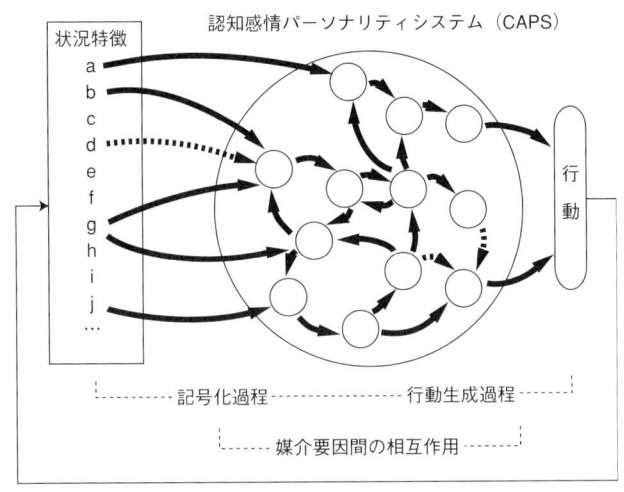

図2-2　ミッシェルらのCAPSモデル（Mischel, W. et al., 1995）

たな処理結果を次のユニットに伝達し，最終的に行動（制御）ユニットの処理結果として行動が生起すると考える。セルボーンら（Cervone, D. et al., 1999）は，このモデルの基盤に，ミッシェルの考え方，バンデューラ（Bandura, A.）の社会的学習理論とともに，社会的認知に関する研究があると指摘しており，社会心理学的なパーソナリティ・モデルとして，社会的認知研究や自己過程の研究においても適用性の高いモデルと考えられる。

　ミッシェルらは，特性論者が，「誠実性」があるから誠実になると説明するのに対し，「誠実性」は行動パターンから推測されたものなので，それを説明変数にすることはまちがいであると指摘し，サブ・システム間の関連により「誠実性」を説明するべきだと主張する。行動パターンのコヒアラントな個人差をパーソナリティとみなすならば，パーソナリティは原因ではなく結果として理解されることになる。神経生理学や遺伝的な要因の関与についても，それを「特性」と結びつける必要はなく，認知－感情システムとの関連で把握することが重要との指摘がなされている（Mischel, W. et al., 2003）。

4節　社会−認知論研究の展開

1. 行動指紋研究

　ショウダら（Shoda, Y. et al., 2002）は，模擬状況（Simulated situation）パラダイムと名づけられた手法を用いて「行動指紋」の検討を行なっている。この研究では実験参加者はまず，特定のストレス場面に遭遇した相手といっしょになったという状況を想定するように教示を受ける。たとえば，「コピーをしたいのだが，財布を忘れてしまったので1ドルを貸してほしい」などである。この要請はコンピュータの画面上で行なわれ，一人ひとりの声と写真が呈示され，実験参加者はそれぞれの人物からの要請についてお金を貸すか，貸さないか，その可能性がどれくらいあるか，9段階で評定するように求められる。また，状況の違いはお金を貸してほしいという人のふるまい，頼み方，外見の違いなどによって操作され，1人の実験参加者は60名の人物について評定を行なうこととなる。ショウダらは個々人の実験参加者のデータから，横軸には60名の状況（相手）を並べ，縦軸に貸す可能性の程度（9段階）をプロットした行動指紋を作成した（図2-3a）。1〜2週間後にも同じ実験を行ない，2回の実験結果の間の相関を求めたところ結果は.62となり，状況（相手）に対する反応が個人内で安定したパターンを示すことが確認された。さらに，個人の得点から全体の実験参加者の平均値を引き，偏差を算出し，同様のプロフィールを作成した（図2-3b）。このプロフィールはその個人に特有の反応傾向を示しており，このデータを用いた場合でも2つの実験の間には.55の相関がみられた。ショウダらはこのようなシミュレーション実験を9つの場面について行ない，いずれの場面においても2回の実験の間に.47〜.83の相関を得ている。こうした結果は個々人に状況に応じた特有の反応傾向があることを示している。さらに，ショウダらは60名の刺激人物について魅力的な，クールな，友好的ななど16の尺度で評定させ，行動指紋との関連性を検討している。たとえば，ある実験参加者では同意の程度が刺激人物の誠実さの程度によって分かれること（図2-3c），また別の実験参加者では同意の程度が刺激人物の身なりのよさ（well-dressed）によって分かれることが示された（図2-3d）。この結果は，個々人の行動指紋の相違には個々人の認知的枠組みが重要な影響を与えており，そ

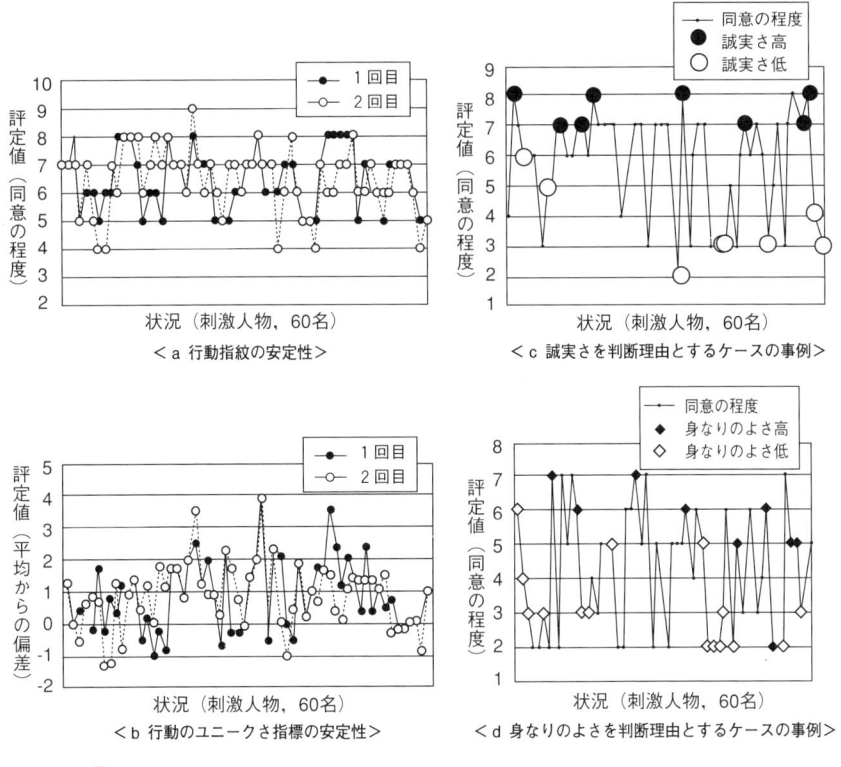

図 2-3　ショウダらによるシミュレート状況実験の実験参加者のプロフィール例
(Shoda, Y. et al., 2002; 堀毛, 2005)

こには明確な個人差があることを示している。

2. 知識‐評価構造モデル

　セルボーン (Cervone, D., 2004) は CAPS モデルを踏まえたうえで，人間行動の通状況的な一貫性と状況間の多様性の矛盾を解決するために，パーソナリティの知識‐評価構造モデル (A Knowledge-and-Appraisal Personality Architecture Model: KAPA モデル) という概念を提唱している。この概念のポイントは認知的側面を知識 (knowledge) と評価 (appraisal) の2つに区分して考える点である。セルボーンは知識が自分や他者，そして環境に対する現

在あるいは将来的な観点による表象から構成されているのに対し，評価は力動的な過程であり，自分自身や世界に対する独立した信念ではなく，自分自身と特定の状況との関連性の判断であるとする。

　セルボーンは122名の実験参加者に対して，セッションを3つに分けて1か月間にわたって実験を行なった。まず，セッション1では自己スキーマの測定が行なわれた。実験参加者は自分の長所と短所についてそれぞれエッセイを記述し，それぞれのエッセイの中で，最も重要な特徴を3つずつ選んだ。さらに25の性格特性について11段階で自己評定を行なうとともに，それぞれの特性が自分にとってどの程度重要なのか評定を行なった。セッション2では状況的知識の測定が行なわれた。実験参加者はセッション1で抽出された長所，短所，重要とされる特徴の中から3つの特徴を割り振られ，さらにあらかじめ用意された性格特性（創造的，怠惰など）の中からポジティブな特性とネガティブな特性をそれぞれ1つずつ加えた5つの特徴について，81の状況(たとえば，クラスのディスカッションに積極的に参加するなど）で，おのおのの特徴がその状況で行動を行なう能力にどれだけ関連性があるか，「まったく関連性がない」から「最も関連性がある」の5つのカテゴリーに分けるよう求められた。さらにセッション3では，81項目の多面的自己効力感尺度への回答を求めた（評価セッション）。項目は，セッション2の状況と対応し，特徴的な状況に対する行動が記述されており，それに対して「私はそれを行なうことができない」から「私はそれを行なうことができる」までの10段階で評定を求めた。

　自己スキーマと状況に関する知識に関しては，たとえば「自立した」という同じ特徴で自身を記述していても，その特徴がどのような状況と関連しているかには相違がみられ，ある実験参加者の場合には,「友人の計画に賛成する」「教授から批判されたときに自分を守る」といった状況との関連で「自立」と評定されているのに対して，別の実験参加者では,「クラスのミーティングに遅刻するのを避ける」など何かを達成する状況と「自立」が結びついていることが示された。

　また，自己効力感の評価との関連では，実験参加者は自分の短所よりも長所や重要な特性が関連する状況において高い自己効力感を示していた。一方で，あらかじめ用意されたポジティブあるいはネガティブな特性については効力感

評定は低かった。つまり，すべての状況について等しく高い自己効力感評価が行なわれているわけではないことが示された。また，ここでも，ある実験参加者は親切であるという長所をもつために，関連する状況でうまくふるまうことができると評定するのに対し，別の実験参加者は，他者をうまく使う能力があるという長所をもつために，それに関連する状況でうまくふるまうことができると評定するなど，同じ長所に基づく評定であっても，評定の根拠となる特徴には相違がみられた。

　以上の結果は，ショウダらの実験同様に，自己効力感の評定パターンには自己スキーマと状況についての知識・信念が重要な影響を与えており，そこには明確な個人差があることを示している。同じテスト得点を有していればその2人は同じような人物であるというトップダウン的なパーソナリティ理解よりも，状況と行動のコヒアランス（首尾一貫性）に基づくボトムアップ的な理解が重要であることが示唆されていると考えられよう。

3章　対人認知

　われわれは日々多くの他者とやりとりをしながら生活している。その際に、「彼女はお天気屋さんだから、機嫌のよい今日のうちに仕事を頼もう」とか「彼は落ち込みやすい人だから、慎重に忠告しよう」などといったように、われわれは自分なりに他者の特徴を推論、判断しながら、その他者に対する行動を決めたり、変えたりしている。他者のさまざまな情報をもとに他者の特徴を推論するこの過程は、対人認知（person perception）と呼ばれる。社会的行動への少なからぬ影響を前提として、1950年以降精力的に行なわれてきた対人認知研究について、本章では概観する。

1節　対人認知の特徴と初期の研究

1. ものの認知と対人認知

　同じものを見たとき、人は誰でも正確に、あるいは同じように感じるのだろうか。そうではないことが、心理学では早くから注目されてきた。図3-1は有名な錯視図形であるが、上下の線分の長さは物理的には等しいにもかかわらず、一般に閉じた矢羽根の線分のほうが開いた矢羽根の線分よりも短く感じられる。また、図3-2は多義図形の一種であるが、サイコロの透視図として見た場合、サイコロを斜め上から見ているように感じる人もいれば、斜め下から見上げているように感じる人もいる。

3章　対人認知

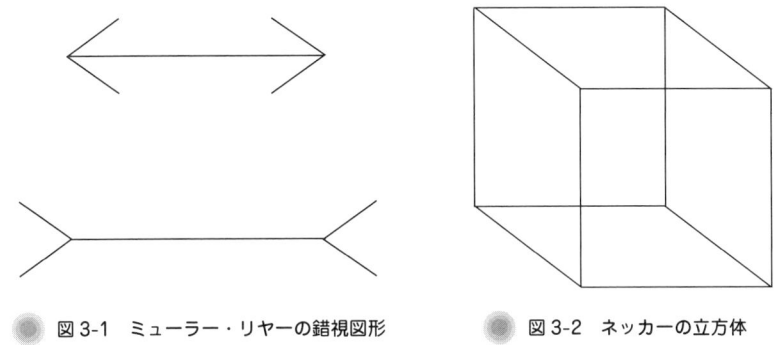

図 3-1　ミューラー・リヤーの錯視図形　　図 3-2　ネッカーの立方体

　対人認知においては，ものの認知におけるこうした見る側（認知者）の正確性や個人差の要因がさらに大きく関与すると考えられている。まず，対人認知に使われる情報は，他者の言動のみならず，容貌や出身地など，ものの認知以上に多様である（情報の多様性）。また，不明確な他者の特徴を推論する際に，どの情報に着目し，どう処理されたかによっては，推論の結果に大きな違いが生じることになる（認知者の個人差）。さらに対人認知研究で重要なのは，見られる側（被認知者）も人であり，認知者を見ているのであり，刻々と変わる両者のやりとりを通じて，感情や関係性も変わっていく中で，対人認知がなされていくという点である（相互作用の影響）。

2. 印象形成

　対人認知研究の先駆けとなったのは，アッシュ（Asch, S. E., 1946）の印象形成の研究である。アッシュは，架空の人物の性格特徴を示す特性語リストを実験参加者に呈示し，それによってつくり上げられる人物像を問うという形式で，一連の実験を行なった。表 3-1 は，この実験に用いられた特性語リストの一部である。特性語リスト A を用いた実験では，2 群に分けられた参加者にいずれか一方のリストが上から順に読み上げられ，その後に人物の評定が求められた。その結果，リスト A-1 から人物像をつくり上げた参加者群のほうが，「楽しい人かどうか」などの多くの側面で好ましい評定を行なった。また，アッシュは「あたたかい－冷たい」を「丁寧な－無骨な」に変えて同様の実験も行なっているが，「あたたかい－冷たい」をリストに含めたときのような好まし

表 3-1　印象形成研究で使用された特性語リスト （Asch, S. E., 1946）

特性語リスト A		特性語リスト B	
リスト A-1	リスト A-2	リスト B-1	リスト B-2
知的な	知的な	知的な	嫉妬深い
器用な	器用な	勤勉な	頑固な
勤勉な	勤勉な	衝動的な	批判的な
あたたかい	冷たい	批判的な	衝動的な
決断力のある	決断力のある	頑固な	勤勉な
実際的な	実際的な	嫉妬深い	知的な
注意深い	注意深い		

さの違いは生じなかった。このことから，アッシュは，「あたたかい－冷たい」のように印象形成に中心的な役割を果たす特性語の存在を認め，中心的特性と呼び，印象形成にあまり重要でない周辺的特性と区別した。

　さらにアッシュは，特性語呈示順序の効果を検討するために，特性語リスト B を用いた実験も同様の手続きで行なった。この2つのリストは呈示順序を逆にしただけで内容は同一であるが，リスト B-2 よりもリスト B-1 のほうが能力的に優れているという評定となった。この結果から，アッシュは最初に呈示された特性語がもとになり全体の印象が形成されることを指摘した（初頭効果）。

　この他にもアッシュは，特定の特性語の印象に与える効果は，他の特性語との関係や文脈によって異なることも指摘している。たとえば，中心的特性か周辺的特性かは文脈などによって変化する可能性があるというものであるが，そうした変化を規定する要因を明確にするまでにはいたらなかった。その後の研究は，さまざまな観点からアッシュの研究を発展させていくものになっていった。アンダーソン（Anderson, N. H., 1965）は，情報統合理論という考え方から，特性語の社会的望ましさの程度によって代数的に印象形成を予測するモデルを提案している。加重平均モデルと呼ばれるもので，各特性語の「好き－嫌い」から求められる社会的望ましさの程度に各特性語の重要度を掛け合わせたものを重要度の総計で割ることで印象を予測しようとするものである。アンダーソンのモデルは，特性語の関係が印象に与える効果を認知者個々人の感じる社会的望ましさという観点から整理したものともいえる。一方，呈示順序の効果に

ついて，ルーチンス（Luchins, A. S., 1958）は，最後に呈示された特性語が全体の印象に与える影響が大きい場合もあることを示した（新近効果）。この点について，アンダーソンら（Anderson, N. H. et al., 1961）は，初頭効果は認知者の注意が減退することで後半の特性語の重要度が漸減するために生じるのであり，注意が持続された場合には新近効果が生じるという仮説を提起している。

2節　暗黙の人格観

1. 暗黙の人格観の考え方

　他の特性語との関係で中心的特性と周辺的特性が決まるというアッシュの示唆について，ウィシュナー（Wishner, J., 1960）はアッシュの用いた特性語間の相関を求めることで再検討した。その結果，「あたたかい－冷たい」という特性語は「丁寧な－無骨な」という特性語よりも，「楽しい人かどうか」など多くの評定特性語と関連をもつものとなった。すなわち，中心的特性は，特性語固有の性質というよりも，評定特性語との関連によって決まると考えられる。

　このような特性語間の関連の背景には，人々が素朴にいだく人格観，あるいは個々人の経験に基づく信念が想定できる。たとえば，「明るい人は，自分に自信をもっているが，感じのよい人かどうかは深くつきあってみないとわからない」という人格観においては，「明るい」という特性語は，「自信のある」という特性語との関連は強いが，「感じのよい」という特性語との関連は弱いことが予想できる。こうした人格観は知らず知らずのうちに自他のパーソナリティ判断のよりどころになっており，ブルナーら（Bruner, J. S. et al., 1954）は，これを暗黙の人格観（implicit personality theory）と名づけた。

2. 暗黙の人格観研究の経緯

　1930年代から1950年代初期，研究の焦点は「パーソナリティを正確に把握する能力に当てられていた」（Schneider, D. J., 1973）。たとえば，どのような

カウンセラーがクライエントのパーソナリティを把握できるのか，どのような教師が生徒のパーソナリティを正確に把握できるのかなどについて論じられてきたのである。しかし，研究が進むにつれ，認知者の要因のほうが被認知者の要因よりも影響が大きい可能性が指摘されるようになった。たとえば，同一の実験参加者が現実の人物を評定してもステレオタイプ的人物を評定しても，そこから得られる認知構造には差異がないこと（Mulaik, S. A., 1964）や，熟知している人物の評定と未知の人物の評定とで認知構造がきわめて類似すること（Passini, F. T. et al., 1966）が明らかになってきた。

　その後の暗黙の人格観研究は，暗黙の人格観の一般的構造に関する研究と個人差に関する研究の2つの流れで進められてきた。前者は，実験参加者に共通の特性尺度（共通尺度：common trait）上で人物の評定を求め，因子分析など多変量解析と呼ばれる統計手法を用いて構造を析出するものである。ノーマン（Norman, W. T., 1963）は「外向性」「温厚性」「良心性」「情緒安定性」「文化的洗練性」の5因子を，ローゼンバーグら（Rosenberg, S. et al., 1972）の研究では，「一般的評価」次元が「社会的望ましさ」と「知的望ましさ」の下位次元に分類できることを見いだしている。林（1978）は既存の研究によって抽出された暗黙の人格観の分類と整理を試み，3因子にまとめている。すなわち，あたたかさややさしさなどに代表される「個人的親しみやすさ」，誠実さや知的課題遂行にかかわる「社会的望ましさ」，そして，積極性や社交性などを含む「力本性」の3つが，人々が人物を評定する際によりどころとしている一般的な暗黙の人格観であるとしている。

　一方，暗黙の人格観研究のもう1つの流れは，暗黙の人格観の個人差を重視するものである。暗黙の人格観の一般的構造に基づき，実験参加者の性や年齢による違いを比較する研究（林，1981）もあるが，個々人の暗黙の人格観の忠実な抽出そのものを目的とした研究も少なくない。たとえば，小説や自叙伝の中で用いられているパーソナリティ特性語の用いられ方から著者の暗黙の人格観を検討する研究（Rosenberg, S. et al., 1968; Rosenberg, S., 1989など）をあげることができる。このような研究の方法は，実験参加者に個別尺度（free-response trait）を設定する点に特徴がある。

　1980年代以降，暗黙の人格観研究は，その発達的過程に関する研究（松原

ら，1982），被認知者との関係による影響（Gara, M., 1990）など，それまでの研究成果をもとにしての形成過程や影響因に関する検討がなされるようになってきた。また，統合失調症患者（照井ら，1986 など）や小学校教師（田名場ら，2003 など）の暗黙の人格観の特徴に関する研究のように認知者の属性などに着目した応用的研究もなされている。とくに，暗黙の人格観の一般的構造を基準に個人差を明らかにする方法論を提出した林ら（1983）の研究は，一般的構造研究と個人差研究を統合する方法論を提出している点で注目に値する。こうした知見をもとに，暗黙の人格観を抽出する心理検査（細江ら，2005）も開発されてきている。

3節 帰属理論

1. ハイダーの帰属理論

われわれは，日常刻々と変わっていく行動やできごとからも，自他の特徴について推論を行なっている。ハイダー（Heider, F., 1958）は，人がある事象を観察したときに，その事象の原因を推論し，事象と原因を結びつけることを帰属（attribution）と呼んだ。たとえば，教室で教師が転ぶのを見たとき，その教師のそそっかしさが原因なのか，あるいは床が滑りやすいのが原因なのかといった推論がそうである。ハイダーは，一般の人々が行動の結果をどのように帰属するのかは，意図や能力など行為者そのものに原因を求めることと，課題の困難さや運などの行為者以外の環境に原因を求めることの両者の相互作用によって決まると考えた。

2. ケリーの帰属理論：ANOVA モデルと因果スキーマモデル

ハイダーの帰属理論をより洗練させ，発展させたのがケリーの帰属理論である。ケリー（Kelly, H. H., 1967）は，原因は結果とともに変化するものに求められると考えた。つまり，原因は，結果が生じたときに存在し，かつ結果が生じなかったときに存在しない条件に帰属されるという考え方（共変原理）によ

る。たとえば、われわれが「ゲームで興奮している」他者を見たとき、そのゲーム自体の特殊性によるものと思うだろうか、それともその他者が興奮しやすい人と考えるだろうか。どちらの原因に帰属されるのかについて、ケリーは、実体、人、時、様態の4条件を組み合わせることでの効果の有無のパターンによるとした。パターンを吟味する際の基準としては、①弁別性：特定の実体（この例では、あるゲーム）によってのみ、効果（興奮）が生じるかどうか、②一貫性：時や様態にかかわらず、効果が生じるかどうか、③一致性：他の人でも同様の効果が生じるかどうか、の3つとなる。弁別性、一貫性、一致性ともに高い（いつどこでも、そのゲームをすると誰もが興奮する）場合、原因は実体に帰属される。一方、一貫性のみが高い（他の人が興奮しないようなゲームも含め、その他者はゲームをするといつでも興奮する）場合、原因は人に帰属される。このモデルは、統計手法の分散分析に似た方法を前提としていることからANOVAモデルと呼ばれる。

　ANOVAモデルは、複数の事象の観察が可能で、情報量が多い場合を想定したモデルであるが、現実生活では1回限りの事象に対しても原因を推論しなければならないことが少なくない。こうした事態を想定したケリー（Kelly, H. H., 1972）のもう1つの帰属理論が、因果スキーマモデルである。因果スキーマとは、因果関係に関する知識の体系をさし、過去経験によって形づくられるものである。因果スキーマにはさまざまなものがあるが、ここでは結果に影響を与えると予想される原因がAとBの2つあるとき、どちらか一方の原因のみでも効果が期待できる場合（複合十分原因：multiple sufficient cause スキーマ）の原因Aへの帰属の程度について取り上げる。まず、2つの条件がともに結果に促進効果を与えると考えられるとき、原因Aの効果は割り引いて評価されやすい（割引原理）。他方、結果に対して原因Aが促進効果、原因Bが抑制効果をもつとき、原因Aの効果は割り増して評価されやすい（割増原理）。たとえば、陸上短距離記録の自己ベスト更新という結果について、本人の努力（原因A）と整備されたトラック（原因B）とがある場合が前者であり、本人の努力（原因A）と体調不良（原因B）とがある場合が後者である。

3. さまざまな帰属研究と帰属のバイアス

　ケリーの帰属理論は，典型化されたモデルではあるが，その適応範囲が広いこともあり，後の多くの帰属研究に影響を与えてきた。また，ケリーと同時期の帰属研究の中には，行為の望ましさの程度と行為と結果の結びつきの程度に着目したジョーンズら（Jones, E. E. et al., 1965）の「対応推測理論」などがある。1970年以降，隆盛をきわめた帰属理論は，さまざまな方向に展開していく。帰属の結果の検討のみならず，帰属が行為に与える影響に関する検討もなされていった。ワイナー（Weiner, B., 1979, 1985）の成功－失敗に関する一連の帰属研究では，帰属を，原因が安定か不安定か，内的か外的か，統制可能か否かという3次元上で分類し，将来への期待や感情，動機への影響など，帰属と行為の関連性を検討している。

　また，帰属理論のモデルは合理的に原因と結果の結びつきを説明するものであったが，その後の研究では必ずしも合理的モデルにあてはまらない結果も提出されるようになってきた（Nisbett, R. E. et al., 1975など）。こうした偏りは，文脈の要因や自尊心などによって生じるものが多いと考えられており，帰属のバイアスと呼ばれている。以下に，主要な帰属のバイアスを略記する。

①基本的帰属錯誤（fundamental attribution error）：環境等の外的原因よりも性格等の内的原因に帰属する傾向。
②行為者－観察者効果（actor-observer effect）：行為者自身は自分の行動を状況等の外的原因に帰属し，観察者は行為者の行動を行為者個人の性格等の内的原因に帰属する傾向。
③セルフ・サーヴィング・バイアス（self-serving bias）：行為者自身が行なった行動が成功した場合には内的原因に帰属し，それが失敗であった場合には外的原因に帰属する傾向。

4節　対人認知と感情

　対人認知は，それ自体が閉鎖的なシステムではなく，認知者の状態や他者との相互作用などと無縁ではない。近年，対人認知と感情の関連が注目されてき

ている。感情とは，怒りや恐怖など一時的な生理的興奮をともなう概念である「情動」や，一定期間持続する漠とした悲しさや穏やかさなどをさす「気分」を包含する概念である。感情と認知の関係を検討した有名な研究に，感情による誤帰属を扱ったダットンら（Dutton, D. et al., 1974）の吊り橋実験がある。この研究では，吊り橋を渡り終えた生理的覚醒状態の実験参加者が，自身の胸の高鳴りを異性の魅力の高さゆえのものと誤って帰属することが確認されている。

　感情と認知の関連性に着目した近年の研究の主要なテーマの1つとして，気分一致効果（mood congruent effect）を紹介する。気分一致効果とは，特定の気分が生起したときに，その気分と関係するネガティブあるいはポジティブといった評価的側面と一致する記憶や認知，あるいは行動が促進される傾向をさしている。フォーガスら（Forgas, J. P. et al., 1987）は，実験参加者に偽りの課題成績をフィードバックして気分を操作したあとに，人物の印象評定を求めた。その結果，良い成績を告げられた実験参加者（ポジティブな気分）では，ネガティブな評定よりもポジティブな評定をしやすいことが明らかとなった。また，フォーガスら（Forgas, J. P. et al., 1990）は，成功と失敗の原因帰属への気分の影響について検討し，ポジティブな気分では自己の成功を内的に，失敗を外的に帰属する傾向があるのに対し，ネガティブな気分では逆に失敗を自己卑下的に，内的に帰属する傾向が高まることを見いだしている。こうした気分一致効果の過程に関する説には，いくつかのものがある。バウアー（Bower, G. H., 1991）は，感情がさまざまな情報とともに連結したネットワークを構成しており，ある感情と結びつくできごとや概念などが活性化するためであるという感情ネットワークモデルを唱えている。一方，推論や判断の根拠となる情報があいまいなとき，認知者が感情状態を情報源として利用するために気分一致効果が生じるとする感情情報機能説を唱える研究者（Schwarz, N. et al., 1988）もいる。

4章 社会的認知

1節　社会的認知研究のパラダイム

　ガードナー（Gardner, H., 1985）の『認知革命（*The Mind's New Science: A history of the cognitive revolution*）』の出版を契機として，心理学の諸領域に認知科学（cognitive science）の枠組みが本格的に興隆してきた。社会心理学においても，1980年代半ば以降，社会的認知研究（social cognition：社会認知研究ともいう）と総称される研究パラダイムが急速に進展した。この社会的認知研究とは，認知科学／認知心理学的な概念と測定手法を用いて，心のはたらきの情報処理過程についてモデル化・理論化をしていこうとする立場である。その背景には当時のコンピュータ科学の発展があり，人間をコンピュータという情報処理装置のように，入力情報を受け取り，処理し，判断（出力）を下す存在とみなして研究を進めていこうとするスタンスがある。

　社会的認知研究における代表的な測度としては，記憶測度（再認，再生），刺激に対する反応課題をどれだけ短時間で行なうことができたかを測定する反応時間（反応潜時ともいう）測度がある。ほかにも生理心理学的な測度の採用も増加してきている。測度以外の点での特徴としては，認知的な情報処理モデルの考え方に立脚し，構築されたモデルの検証と改良をめざしていることが特徴としてあげられる。そのため，自動性（当人が意識することなく影響を受けていること）や，表象（representation：日常用語では「イメージ」）という概念や，情報処理メカニズム（たとえば，最も著名なものに情報処理の2過程モデル（Posner, M. I. et al., 1975）がある）を取り上げて社会心理学に応用し

た研究などが典型的な社会的認知研究であるといえる。

　具体的な研究例を紹介していこう。スルルら（Srull, T. K. et al., 1979）は，一見無関連と思われる2つの課題に取り組むことを通じて，他者に対する判断がプライミング（先行する課題での処理が後続の課題処理に影響を及ぼすこと）と呼ばれる現象の影響を受けていることを示した。最初の課題は，乱文再構成課題と呼ばれるもので，ばらばらな順序で配置されている単語から意味の通る文章を再構成する課題である。単語のリストに敵対性（hostility）にかかわる単語が多い条件と，友好性（kindness）にかかわる単語が多い条件とが設定されているが，実験参加者はそのようなことには気づかずに課題に取り組む。その後，無関連の課題と称して，ある人物に関する行動記述文を読んで，その人物に対する印象を評定した。この印象評定の結果は，先行する実験で敵対性にかかわる単語が多い条件群のほうが敵対的な印象を回答していた。また潮村ら（2004）はアーロンら（Aron, A. et al., 1991）の研究をもとにして，自分が所属している集団（内集団という）と自分が所属していない集団（外集団という）とが認知的表象の点で質的に異なることを析出した。すなわち，自己と内集団とはお互いに不可分の関係にあるのに対して，自己と外集団とはそのような関係にはないことを反応時間測度と回答の際のエラー率測度に基づいてアーロンら（Aron, A. et al., 1991）の実験研究をもとにさらに精緻に実証した。

2節　潜在的認知

　社会的認知研究では広義の認知科学的モデルを採用し，社会的な状況下における心のはたらきについて検討してきた。その中で，認知科学的なモデルを採用することで最も大きな進歩が期待できる領域の1つとして，潜在的認知と呼ばれる領域がある。

　科学的な心理学が始まるはるか以前から，「無意識」という言葉で心理学のみならず哲学，文学，社会学などの諸領域で，自身が意識していない（あるいは，少なくとも明瞭には意識していない）心のはたらきについて思索的な検討がなされてきた。また日常的な表現においても，「無意識」という言葉は市民権を

得て一般的に用いられており，自身が意識していない心のはたらきが存在していることは経験的にも多くの人が了解しているといえるだろう。ここで問題となるのは，その「無意識」（本章では，科学性を重視する立場から，以下では「非意識」という語を用いる）を科学的に検証する概念枠組みや手法がこれまでは存在していなかったことである。とくに，社会的な判断といったような高次の心のはたらきを扱うことが多い社会心理学においては一段と解決が困難な問題であった。

　ここで潜在的認知研究の研究パラダイムとその知見について紹介していこう。主要なパラダイムとして，プライミング効果研究とIAT研究を取り上げる。前節でスルルら（Srull, T. K. et al., 1979）の研究としてプライミング効果について紹介した。潜在的認知研究として，ステレオタイプの問題に関してこのプライミング効果を適用した研究にデヴァイン（Devine, P. G., 1989）がある。この研究は，Study 1～3の3つのStudyから構成されている。ここでは，その中で中核的な位置を占めるStudy 2について紹介する。研究の大枠としては，さきに述べたスルルら（Srull, T. K. et al., 1979）の研究枠組みと類似している。最初の課題では，アフリカ系アメリカ人（以下，黒人と称する）を表現する言葉や連想語を，実験参加者自身が意識できないほど短時間のみ（閾値下と呼ばれる）呈示される。無関連の課題と称される次の課題では，人種についての記載がなされてはいない人物に関する描写文を読んで，その人物に対する印象評定が求められた。結果は，閾値下（すなわち非意識レベル）であっても黒人に関連する語を多く呈示されていた条件群の実験参加者は，黒人との結びつきが強いと考えられている敵対性特性の点で対象人物に関して高く印象評定した。さらに注目すべきことには，質問紙を用いた偏見の測定では偏見がないと判断される人たちにおいてさえも，非意識的なレベルではこのような偏見的な反応が同様に生じていたということである。

　このプライミング効果研究とは異なるパラダイムに基づき，近年の潜在的認知研究で最も多く用いられている技法がIAT（Implicit Association Test: Greenwald A. G. et al., 1998）である。この技法は，呈示される刺激に対するカテゴリー分類課題での分類の速さを指標とすることによって，潜在的態度（潜在的連合）を測定しようとするものである。現在では日本語でこのIATを実

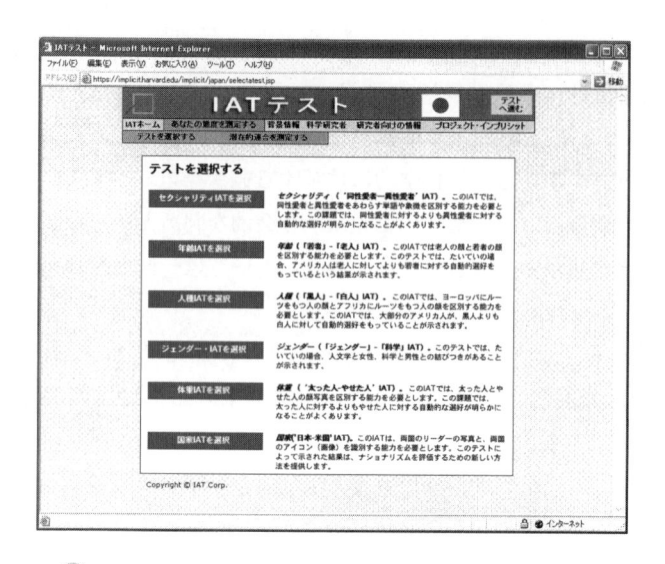

図 4-1　日本語版 IAT（Implicit Association Test）サイト

施し，自身の潜在的態度を知ることができるサイト（図 4-1 参照）が存在している[注1]。潜在的態度とは「対象にかかわりを有する過去経験の痕跡であり，内観によって同定できない（あるいは正確に同定することはできない）痕跡のこと」（Greenwald A. G. et al., 1995）と定義されている。この潜在的態度を測定するための技法には複数の技法が考えられているが，その 1 つが IAT である。この IAT は潜在的な測定技法の中でも，信頼性の点で優れた手法であることが示されている（Bosson J. K. et al., 2000）。なお，日本語での IAT 紹介論文として潮村ら（2003）がある。

近年の潜在的認知研究では，この意識と非意識の関係について多くの進展が報告されてきている（代表的な研究書に，Hassin, R. R. et al., 2005 がある）。たとえば，他者に対する印象形成というのはきわめて身近な現象であるが，ユルマンら（Uleman, J. S. et al., 2005）は，潜在的印象（implicit impression）

注1　下記 URL で日本語版 IAT を実際に体験し，自身の潜在的態度を知ることができる。また，この日本語サイトでは IAT に関連する情報も豊富に提供されている。
https://implicit.harvard.edu/implict/japan/（2007 年 2 月現在）
なお，さらなる詳細情報はこのプロジェクトのトップページからアクセス可能である。
https://implicit.harvard edu/（2006 年 11 月現在：ただし英語）

が顕在的印象とは別に存在しており，潜在的印象が他者に対する判断に影響を及ぼしていることを指摘している。またシュテフェンスら（Steffens, M. C. et al., 2006）は，非意識的な行動（自発的（spontaneous）な行動とも呼ばれている）の予測においては，伝統的な顕在的測度よりも，IATを用いて測定された潜在的測度のほうが優れた予測が可能であることを示した。なお，自動性や潜在的認知の研究領域をリードしてきた研究者であるバージ（Bargh, J. A.）は，意識的な気づきによって行動をする心理過程と意識的な気づきなしに行動を規定している心理過程とが別個のものであることを示す知見は，社会心理学，認知心理学，神経心理学といった異なった枠組みにおいて広範囲に支持されてきたことをレビューしている（Bargh, J. A., 1997, 2005）。このように潜在的社会的認知研究の魅力は，人の意識や行動に関する科学的な発見が次つぎとなされ，その理解が深まっていくことにある。

3節 ステレオタイプの機能

　ステレオタイプとはジャーナリストのリップマン（Lippman, W., 1922）がはじめて用いた言葉で，頭の中にあるイメージをさす言葉として用いられた。現在では，特定の集団およびその集団メンバーに対して付与されている特性を表わし，通常その特性は，人々の間で一定程度共有されている。また広義には，たとえば「人前で部下を厳しく叱責する人は，自分の上司に対しては反論ができないような人だ」といったような，対象となる集団が明示的に存在していない場合も，ステレオタイプに属すると考えられる。なぜなら「人前で部下を厳しく叱責するような人たち」という集団が非明示的に仮定されているからである。

　またステレオタイプ（社会的ステレオタイプ）は，否定的な側面と肯定的な側面の両側面からとらえていく必要がある。否定的側面としては，対象となる集団のメンバー個々人の多様性を無視あるいは軽視し，固定的な認識をいだいてしまうという側面がある。一方，肯定的側面とは，限られた情報処理容量という制約の下で，ヒューリスティックス（heuristics：発見的方法）として効

率的な情報処理に結びつくという側面である。したがって理論上はステレオタイプが消失することはあり得ないことにもなる。しかし現実社会において種々の問題を引き起こすステレオタイプについては，その解消のための営為が不断に続けられなければならない。とくに現代先進社会においては，個々人の個性と主体性が高度に保証されなければならず，10年前ならば取り立てて問題にならなかったようなステレオタイプ的な言動も，現代では厳しく批判されることが起こりうる。

　次にステレオタイプの特徴について論じていく。ステレオタイプはその内容が社会における価値体系の縮図であるとともに，人々の心のはたらきを映し出す。ステレオタイプには特徴的性質として一般に，「共有性」「予期合致性」「修正困難性」が指摘されている。

　まず「共有性」とは，人々の中で一般に共有されたイメージとしてステレオタイプが保持されているということである（たとえば，Devine, P. G., 1989 のStudy 1参照）。この性質により，他者との間で伝達コストをセーブした効率的なコミュニケーションがなされうる側面がある。その際，等質性が高い人々の間では人々がいだくステレオタイプの共有性は一段と高いものとなる。

　「予期合致性」とは，人々が予期（期待）している内容がステレオタイプに反映されやすいことをさす。ステレオタイプは，当人が期待している方向に（肯定的な方向にも否定的な方向にも）歪められる。その内容と原理については，次節で「認知的確証効果」として特定的に述べる。

　また「修正困難性」とは，あいまいにでもいったん形成されたステレオタイプは容易に変更（修正）がなされない性質のことをさす。ステレオタイプに反する具体的な事例（反証事例）を呈示された場合でも，その事例に対して不合理ともいえるような疑念をいだいたり，その事例を特殊な事例としてサブタイプ化（例外化）したりして（Devine P. G. et al., 1991），自身がいだいているステレオタイプそのものは保持し続けようとする傾向がある。この性質が，ステレオタイプの問題性をより大きくし，問題の解決を困難なものにしている。

　なお，ステレオタイプがどこから生じ始めているのかを根源的に明らかにしていくことは難しい。その理由は第一に，人が生まれ，社会に適応していくために社会化（socialization）がなされていく過程において，既存の社会にお

けるさまざまな価値観をステレオタイプとして受け入れていくことが避けられないからである。第二に，個人間のコミュニケーションによる情報やマス・メディアで形づくられ提供がなされている情報など，現代社会においてはきわめて多様な情報源が存在しているからである。その一方，どのようにしてステレオタイプが変容していくのかという問題は，理論的にも実践的にも興味深いテーマであり，多くの研究が行なわれてきた（たとえば，Hewstone, M. et al., 1992）。近年では主要な理論的立場として，簿記モデル（bookkeeping model：ステレオタイプは少しずつ変化すると仮定），転向モデル（conversion model：ステレオタイプは急激に変化すると仮定），サブタイプ化モデル（subtyping model：サブタイプが形成されることにより，集団全体に対する当初のステレオタイプは維持されることを仮定）といったモデルが提唱され，これらの理論的な融合が図られている。

4節　偏見・差別とその認知的メカニズム

　偏見（prejudice）や差別（discrimination）は，ステレオタイプと同様に，ある社会集団やその成員への態度を表わす概念であり，これらは相互に密接に関連している。とくに，客観的な必要条件や事実に合わないという点で不合理な，その対象への感情反応を偏見，行動反応を差別という。たとえば，あなたは1人の黒人を知っているとする。「黒人」には「勤勉さのない」や「乱暴」などの性質が思い浮かびやすいかもしれず，そしてまた，このようなステレオタイプは，軽蔑や恐れといった感情を生じさせる可能性が高いだろう。だが，「黒人だから」という理由のために，当人を「見劣りがする（軽蔑）」とか「怖い（恐れ）」などと判断するならば，そしてまた，そのために当人に対して他の人と違った対応をするならば，それらは偏見に基づいた判断と差別的行動である。なぜなら，それらの判断や行動は合理的とはいえないからである。偏見や差別は，人種，職業，性別，疾病や障害をもつ人に対してなど，さまざまな形で存在する。
　これらは，客観的には不合理であるにもかかわらず，その行為者にとっては合理的な判断や行動とみなされる可能性がある。ダーリーら（Darley, J. M.

第Ⅰ部　個人内過程の社会心理学

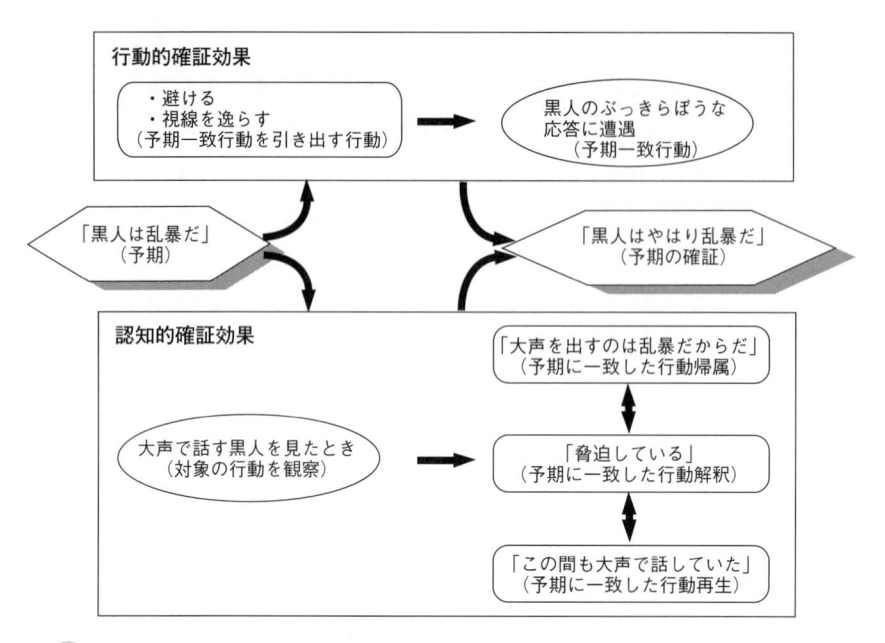

図 4-2　行動的確証効果と認知的確証効果（Darley et al., をもとに具体例を追加して作成）

et al., 1983) は，それが2種類の過程によって起こると述べている（図4-2）。第一の過程は行動的確証効果あるいは自己成就予言と呼ばれ，行為者が対象のなんらかの属性についての予期（expectancy: 期待）をもつことで，行為者自身がその予期と一致する対象の行動を生じさせるようにふるまってしまい，結果としてその予期が確証される。たとえば，黒人は怖いという予期をいだいたあなたが，相手を避けたり，視線を逸らしたりすると，相手は自分が拒絶されていると感じるようになるだろう。すると，相手はしだいにあなたと会うことに居心地が悪いと思うようになり，ついには態度もぶっきらぼうになるかもしれない。そして，そのような相手に接したあなたは，最初にいだいた予期はやはりまちがっていなかったと思うようになるだろう。第二の過程は認知的確証効果と呼ばれ，予期をもつ側からのはたらきかけがなくても，相手の行動についての情報をそれに一致するように解釈したり，それに一致する情報に選択的に注意が向いてしまったりすることで，やはりそれが確証されてしまうのであ

る。たとえば，不動産屋の店員と大声で話している黒人を見たとき，「乱暴」という予期をもったあなたは，彼が本当は不当に賃貸借契約を断られたことに抗議をしていたとしても，彼が店員を脅していたと解釈するかもしれない。そうなると，たとえば彼の親切な行動のような，予期に不一致な情報は，割り引かれたり，歪められたり，忘れられたりする。こうして，あなたが最初にいだいた予期は確かなものとされてしまうのである。

　平等主義的価値観が浸透した現代社会では，かつてのように偏見や差別を直接的な形で目にすることは少なくなった。だが，ドビディオら（Dovidio, J. F. et al., 2004）の研究によれば，根深い偏見や差別は，適切な行動のガイドラインや社会的判断の基盤があいまいであったりするような状況では，間接的で合理化されたものとして現われる。たとえば，彼らの擬似的雇用決定の実験（Dovidio, J. F. et al., 2000）での白人の実験参加者は，候補者が採用される資格が明らかにある場合と，その資格が明らかにない場合には，その候補者（白人候補者／黒人候補者）を推薦する程度は白人でも黒人でも同じであったが，資格があるともないとも判断がつかない場合には，黒人よりも白人の候補者を推薦した。ドビディオらは人種差別に関する多くの実験でこれに類似した特徴を確認しているが，このことは現代のあらゆる種類の偏見・差別に通じる特徴であると考えられるだろう。

　そしてまた偏見や差別は，恣意的に与えられた否定的な名前によってもつくり出されてしまう可能性がある。田村ら（2006）の攻撃実験は，攻撃を含む相互作用を相手と行なった実験参加者が，実名の相手よりも「ゴミ」という名前を与えられた相手に対してより配慮を減少させ，そしてそれが攻撃を強めることを明らかにした。これは，この名前で生じた予期（期待）のために，実験参加者が対象との相互作用をよりネガティブに判断したことによると考えられる。

　これまでの多くの研究が，差別の原因となるステレオタイプや偏見はなくなりにくいことを示している。だが，それらが効果を及ぼすメカニズムや維持されるメカニズムについて知るのは無駄ではない。これによってわれわれは，どのような状況でそれらが歪んだ判断をもたらすのかを知ることができ，そして，いかにしてそれとつきあっていくべきかを考えることができるのである。

第 II 部

対人関係の社会心理学

5章 説得と態度変化

1節 態度とその諸属性

1. 態度とは何か

「省エネルギーに協力しましょう」というメッセージ（説得）は，省エネへの態度と行動を変えようとする試みである。態度の定義はその強調点の違いによりたくさんあるが，態度の中心的な側面が対象への感情・評価であるという点についてはおおむね一致している（Albarracin, D. et al., 2005）。たとえばイーグリーら（Eagly, A. et al., 1998）は，態度を「ある対象への好意的・非好意的な評価により表出される心理的傾向」と定義している。またパーロフ（Perloff, R., 2003）によれば，態度とは「学習により獲得された，ある対象（人，場所，社会問題など）への包括的な評価であり，思考や活動に影響を与えるもの」である。

たとえばわれわれは，「省エネをすると地球温暖化を防ぐことができる」などの報道に接して「なるほど」と思ったり，「そうはいっても冷房温度28℃は暑い！」などと感じたりする。こうした個々の判断や感想が総合されて「省エネ」への包括的評価，すなわち態度が形成される。態度は目に見えない構成概念であるが，「省エネは大変だが賛成だ」といった意見や，「できるだけ冷房は使わない」といった行動として表出されうる。そしてひとたび形成された態度は心理的な傾向として，その後の思考や活動を方向づけていく。このように，個人の社会的行動の一貫性や，感情・認知・行動の整合性を説明しうる点に，態度

概念の重要性がある。

2. 態度の諸属性とその影響

　人はさまざまな対象に態度を形成しうる。友人や上司への好き嫌い，ある商品やブランドへの評価，政党支持や政策への賛否なども態度の表われといえる。一方で，態度の一貫性や，思考・活動への影響力には大小の幅がある。この違いは，態度の強度（strength）や機能（function）の差異から生じる。

　態度の一貫性および思考・活動への影響力が大きいのは，強い態度の場合である。クロスニックら（Krosnick, J. et al., 1993）によれば，強い態度がもつ特徴には以下のものがある。

①重要性（importance）：その話題に関心があり大事な問題と思っている。
②自我関与（ego-involvement）：態度が中核的価値または自己と関連づけられている。
③極端性（extremity）：賛否を問わず中立から非常にかけ離れた立場である。
④確信度（certainty）：自分の意見・立場の正しさを確信している。
⑤接近可能性（accessibility）：自分の態度をすばやく思い出せる。
⑥知識（knowledge）：その話題について判断するための情報を十分に得ている。
⑦階層的体制化（hierarchical organization）：態度が内的に一貫し，さらに精緻化された態度構造の中に組み込まれている。

　たとえば，①重要な話題について，④自信をもって，③絶対に反対である人は，その意見を行動に移しやすいであろう。

　また態度が重要な機能を果たしている場合にも，態度の一貫性と影響力は高まる。カッツ（Katz, D., 1960）によれば態度には4つの機能がある。

①適応機能：態度は報酬を最大化（罰を最小化）し，環境適応を助ける（例：自分の中でこれまでの評価が高いブランドの製品を買えば，失敗する可能性は小さい）。準拠集団の標準的態度を支持していれば，成員から受け入れられやすい（例：会社や所属団体の方針に賛成する）。
②自我防衛機能：態度は不安や劣等感を緩和し，情緒を安定させる。ただしそれが偏見を生むこともある（例：劣等感の強い男性が女性を蔑視する）。

③価値表出機能：態度は自尊心を高め，アイデンティティの確認に役立つ（例：愛国心や環境保護など，理想的な価値観をもっているとみずから思えるならば，誇りや自分らしさを維持できる）。

④知識機能：複雑で多義的な世界を理解するための判断基準や枠組みを態度は提供する（例：込み入った個々の事案も，改革派か守旧派か，反米か親米かなどの観点から単純化して割り切ることができる）。

なお，態度機能の近年の研究動向についてはマイオら（Maio, G. et al., 2000）がまとめている。

2節 態度－行動関係

態度はその定義からも，行動と密接な関係にあるはずだが，初期の研究では態度と行動の相関は低かった（La Piere, R. T., 1934; Wicker, A. W., 1969）。しかし近年では両者に一定の相関があることが確認されている（Ajzen, I. et al., 1977; Kraus, S. J., 1995）。クラウス（Kraus, S. J., 1995）のメタ分析によれば，態度と行動の相関係数は，88個の研究での平均値が+0.38であった。

行動をよりよく予測するために，フィッシュバインら（Fishbein, M. et al., 1975）の合理的行為の理論（theory of reasoned action）では3つの工夫をしている。まず，行動（「ジョギングをする」）の直接的な規定因を態度ではなく，遂行前の行動意図（「ジョギングをするつもりだ」）であると仮定する。そして行動意図を，一般的な態度（「運動は健康によい」）ではなく，当該の行動への態度（attitude to behavior：「ジョギングは健康によい」）で予測する。さらに態度だけでなく，主観的規範（subjective norm：その行動に関する重要他者からの期待「家族は私がジョギングをすべきだと思っている」）も行動意図の規定因として加えた。すなわち，個人は自分が肯定的に評価する行動，および他者から期待される行動をしようと思い，それを実行に移す。合理的行為の理論では，態度は行動の間接的な規定因と位置づけられている。

一方，本人がいくらやろうとしてもできない場合がある。仕事が忙しかったり雨が続いたりすれば，ジョギングしようにもできない。アイゼンら（Ajzen, I.

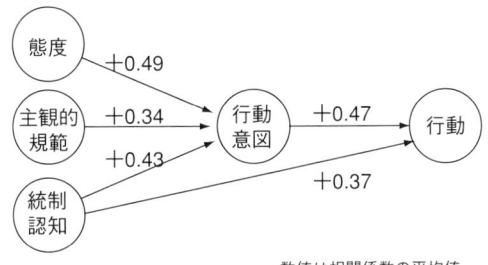

```
        態度
         ↓ +0.49
主観的規範 → +0.34 → 行動意図 → +0.47 → 行動
         ↑ +0.43            ↑ +0.37
        統制認知 ─────────────┘
```

数値は相関係数の平均値

図 5-1　計画的行動の理論（Ajzen, I., 1991）

et al., 2005）も，行動意図から行動遂行をよく予測できるのは，その行動が意志により統制可能な場合であることを認めている。この点を補うため，アイゼン（Ajzen, I., 1991）は合理的行為の理論を拡張して，計画的行動の理論（theory of planned behavior）を提唱した。この理論では行動意図に加えて，認知された行動統制（perceived behavioral control：以下，統制認知と表記）を行動遂行の予測因にあげている（図5-1）。統制認知とは，行動遂行の容易さ・困難さについての認知である。行動遂行の前提となる機会や資源（時間，資金，技能など）があれば統制認知は増大し，障害があれば減少する。同理論によれば，行動遂行は行動意図が強ければ促進されるが，統制認知が小さければ抑制される。一方，行動意図は3つの要因により規定される。自分がよいと思うもの，他者から期待されているものに加えて，「これならできる」と思うものを人はやろうとするだろう。

　行動遂行と行動意図がそれぞれどの要因によって規定されるかは，予測される行動の種類や研究対象者の属性によって変動しうる。一方で，各変数の相対的重要性については，メタ分析という統計手法により推定が可能である。アーミテージら（Armitage, C. J. et al., 2001）は185の先行研究をメタ分析して，変数間の相関の平均値を算出し，各要因の規定力の相対的な大きさを示している（図5-1に記載）。どの変数間の関係も，計画的行動理論が予測する正の相関となっている。このうち，行動遂行が行動意図だけでなく統制認知によっても規定されていること，行動意図の規定因として主観的規範の影響力が相対的に小さいことが注目される。

3節 認知的均衡と態度変化

　感情・認知・行動の間に矛盾が生じると，態度が変わる場合がある。フェスティンガー（Festinger, L., 1957）はこの矛盾を，認知的不協和として概念化した。2つの認知要素を考えたとき，一方の逆が他の要素から帰結されるなら，両者は不協和な関係にある。「原子力発電所は安全だ」と考えている人に対して「原発で放射能漏れ事故」のニュースは衝撃を与える。「事故が起きた」にもかかわらず「安全だ」と考えることは認知的に不協和だからである。この不協和は，「原子力発電所は安全ではない」と意見を変えることで解消される。ただし，態度変化が生じるまでには，「たぶん誤報だろう」「大きな被害はなかったのだ」など，原発安全論と協和な認知を追加して，なんとかしてつじつまを合わせようとする努力が払われるだろう。また，自分の態度に反する行動をとってしまったとき，その行動に合致するように態度が変化することがある（Festinger, L. et al., 1959; Cooper, J. et al., 2005）。たとえば，自分がやってみて非常につまらないと思った仕事を，次の人に「面白い」と言うように頼まれる。これを引き受けた人は，自分の感想と発言との矛盾を解消するために「よく考えるとけっこう面白かった」と自分でも信じ込むようになる。

　重要他者と意見が異なることも，われわれに矛盾を感じさせる。ハイダー（Heider, F., 1958）の認知的均衡理論は，私（P），他者（O），対象（X）の関係が認知的に均衡する条件を示している（図5-2）。矢印は心情関係で，態度を表わす（類似・所有を意味する単位関係もある）。親友（O）への私（P）の態度は好意的（＋）である。私（P）の映画鑑賞（X）への態度は好意的（＋）であるとする。ところが親友（O）は「映画鑑賞（X）はくだらない」と否定

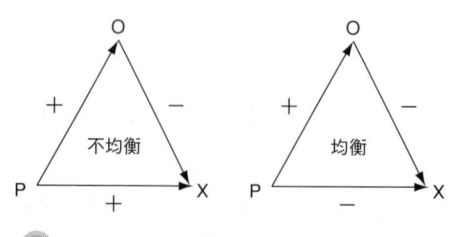

図 5-2　認知的均衡理論（Heider, F., 1958）

的な態度（－）を表明した（図 5-2 左）。重要他者と意見が異なることは認知的に不均衡である（3 符号の積が－）。認知的不均衡は不快な緊張をもたらすので，われわれは認知が均衡状態（3 符号の積が＋）となるように 3 つの認知のどれかを変えるだろう。① P → X を－に：自分も「映画はくだらない」と思うように態度変化する（図 5-2 右）。② O → X を＋に：親友を説得して映画好きにさせる。③ P → O を－に：映画嫌いの人とはもう友だちでいられない。

4 節　説得の受容と拒否

1. 説得とその理論

　他者から説得されて態度が変化することもある。説得（persuasion）とは，おもに言語的手段で他者の態度や行動をある特定の方向へ変化させようとすることをさす。説得の成否を左右する要因を探求するために，さまざまな説得理論がこれまでに提案されてきた。たとえば古典的なメッセージ学習説（Hovland, C. I. et al., 1953）では，①送り手（信憑性が高く，また魅力的な送り手は説得力がある），②内容（両面呈示や恐怖アピールが有効な場合がある），③媒体（難解な内容は視聴覚媒体では伝わりにくい），④受け手（同じ説得でも相手によって効果は異なる）を，説得効果の規定因としてあげている（詳細は，今城（2000）を参照）。

　われわれは説得の内容をじっくり考えて結論を出すこともあれば，「あの人が言うのだからそうなんだろう」となんとなく決めてしまうこともある。幅広い説得関連現象を統一的に説明するために，近年では 2 重過程モデル（Petty, R. E. et al., 2005; Todorov, A. et al., 2002）が注目を集めている。ここでは，早くから研究が進んだ精査可能性モデル（Petty, R. E. et al., 1986）を紹介する。

　送り手の主張や論拠・議論に関して受け手が能動的に考え，情報処理することを精査と呼ぶ。そして，精査が生じる可能性の高低を整理したものが精査可能性モデルである。態度変化には，精査の結果として生じるもの（説得への中心ルート）と，説得内容とは関係の薄い手がかりに影響されるもの（周辺ルート）

第Ⅱ部　対人関係の社会心理学

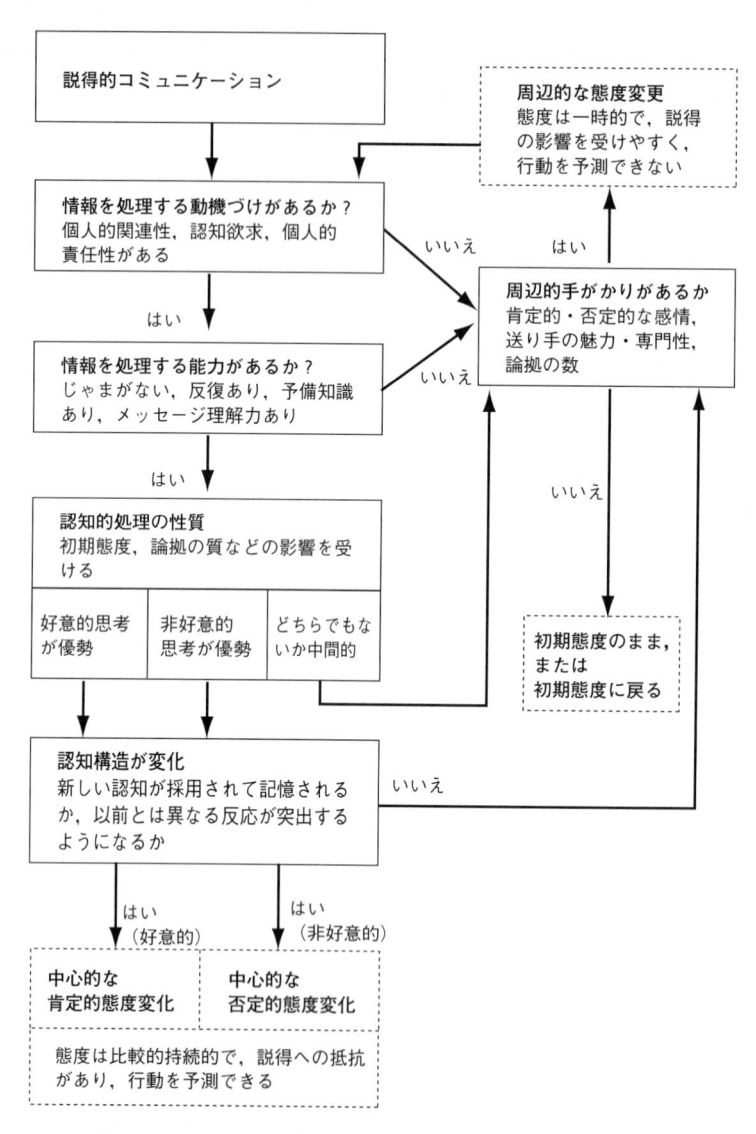

```
[説得的コミュニケーション]
        ↓
[情報を処理する動機づけがあるか？
 個人的関連性、認知欲求、個人的
 責任性がある]  ──いいえ──→  [周辺的手がかりがあるか
        │はい                   肯定的・否定的な感情、
        ↓                      送り手の魅力・専門性、
[情報を処理する能力があるか？            論拠の数]
 じゃまがない、反復あり、予備知識  ──いいえ──↑  ↓
 あり、メッセージ理解力あり]              はい│  │いいえ
        │はい                          ↑   ↓
        ↓                   [周辺的な態度変更
[認知的処理の性質              態度は一時的で、説得
 初期態度、論拠の質などの影響を受      の影響を受けやすく、
 ける]                        行動を予測できない]
  ┌─────┬─────┬─────┐
  │好意的思考│非好意的 │どちらでもない│
  │が優勢  │思考が優勢│か中間的   │
  └──┬──┴──┬──┴──┬──┘
     ↓      ↓      ↓
[認知構造が変化                [初期態度のまま、
 新しい認知が採用されて記憶される  ──いいえ──→  または
 か、以前とは異なる反応が突出する               初期態度に戻る]
 ようになるか]
  ┌──────┬──────┐
  │はい    │はい    │
  │(好意的) │(非好意的)│
  ↓       ↓
[中心的な   中心的な
 肯定的態度変化 否定的態度変化
 態度は比較的持続的で、説得への抵抗
 があり、行動を予測できる]
```

●　**図 5-3　精査可能性モデル**（Petty, R. E. et al., 1986 をもとに作成）

とがある(図5-3)。「この問題について考えなければ」と感じ(動機づけあり),「この問題は自分で判断できる」と思えば(能力あり),精査可能性は高い。この場合,説得内容が充実していれば(強い議論,例:調査データに基づく主張),好意的思考が生じ,説得は受容される。逆に内容が貧弱であれば(弱い議論,例:個人的経験に基づく主張),非好意的思考が生じ,説得は拒否される。いずれの場合も態度強度は強い。一方,情報処理の動機づけと能力が低い場合には,精査可能性は小さい。もし有力な周辺的手がかりがあれば(例:専門家が膨大な報告書を提出している),理解できないながらもなんとなく説得を受容することがありうる。ただしその場合,態度が変わったとしても,その強度は弱い。

2. 説得への抵抗

説得は拒否されることもある。一般に,態度強度の強い態度は,説得の影響を受けにくい。説得されても立場を変えず,さらには,唱導方向とは逆方向へ態度を変えることさえありうる(ブーメラン効果)。これらの現象は説得への抵抗(resistance to persuasion)と呼ばれる。

抵抗には4つの側面があることが指摘されている(Knowles, E. et al., 2004)。

①リアクタンス(reactance):提案されたことをやらない。
②疑惑(distrust):提案の真意を疑い,警戒する。
③吟味(scrutiny):提案内容を徹底的に検討し,批判する。
④慣性(inertia):均衡状態にある態度は現状のままであり続けようとする。

説得者の立場からいえば,抵抗は小さいほうがよい。①リアクタンス(Brehm, S. S. et al., 1981)は「侵害された自由を回復しようとする動機づけ」であるから,押しつけがましい表現を避け,受け手の自由を制約しないように留意すべきである。②疑惑をもたれないためには,誠実性(専門性と並ぶ信憑性の要素で,「この人はうそをつかないだろう」という信頼)の高い送り手に説得してもらったほうがよい。③どれほど批判的に検討しても受け入れざるをえないような,充実した説得内容を準備できれば理想的である。④現在の態度を変わりやすく不安定なものにするには,不協和な情報や恐怖アピールでショックを与えることもよいだろう。

一方，受け手やその関係者の立場からいえば，有害な説得に屈しないように，抵抗は大きいほうがよい。悪徳商法や破壊的カルト宗教の被害者にならないためには，どのような勧誘方法が使われるのかを知り，それへの抵抗をつくり出すことも必要だろう。

チャルディーニ（Cialdini, R., 1988; Cialdini, R. et al., 2005）は，われわれを自動的な承諾反応へと向かわせる「影響力の武器」について以下のように警告している。

①返報性：相手にさきに譲歩されてしまうと，こちらも「お返しに」譲歩せざるをえなくなる（door-in-the-face-technique）。
②一貫性：一回引き受けてしまうと，要求がエスカレートしても断りにくくなる（foot-in-the-door technique）。
③社会的証明：不確かな状況で「あなたに似た人はみんなこうしています」と言われると断れない。
④好意：友人・知人の頼みは断りにくい。だから勧誘者は真の狙いを隠して，まず親しくなろうとする。
⑤権威：われわれには正当な権威者の命令に服従する傾向がある（「ミルグラム実験」を参照）。
⑥希少性：「数量限定」「最終期限」といわれると飛びついてしまう。これは，機会の喪失に対するリアクタンス反応ともいえる。

また西田（1998, Pp.142-159）は，破壊的カルト宗教のマインド・コントロールには6つの側面，すなわち，①自由拘束，②異性感情抑圧，③肉体疲労，④外敵回避，⑤賞と罰，⑥切迫感があることを指摘している。

説得に関する科学的知見は諸刃の剣である。利害の調整や，福祉の増進のためには大いにそれを利用すればよいだろう。一方で，「影響力の武器」が知らないうちに自分たちに向けられている可能性についても警戒する必要がある。なお説得研究については詳しい研究書も出版されている（たとえば，深田，2002）。

6章 攻撃と社会的勢力

1節 人間の攻撃性：3つの立場

 20世紀は戦争の世紀と呼ばれ，数多くの殺戮が史上最大規模で行なわれた。世紀が変わっても同じ行為がくり返されている。攻撃性や破壊性はどこまで人間の本性なのであろうか。暴力や攻撃はどのような心の仕組みによって起こるのだろうか。

 本章では，人間の攻撃性に関して3つの理論的立場からそのメカニズムを考察する。それらの本質的特徴は図6-1に示されている。内的衝動説では，個体内に攻撃や破壊を求める欲望が存在し，それが高まることによって攻撃行動が動機づけられると仮定する。他の2つの立場では内的衝動は仮定せず，攻撃行動は直面している状況に対する反応であるとみなす。社会的機能説では，利害対立など葛藤問題を解決する手段として攻撃が選択されると仮定するのに対して，情動発散説では，嫌悪事象によって喚起された不快情動が自動的に攻撃反応を生み出すと主張する。

1．内的衝動説

 人間には攻撃本能があるという考え方は学問の世界にも，また一般の人々の間でも根強くもたれている。ここではローレンツ（Lorenz, K., 1963）の生得的攻撃機構説を紹介する。
(1) 攻撃の生物学的機能
 動物行動学者のローレンツは，攻撃は動物個体にとっても，また種族全体に

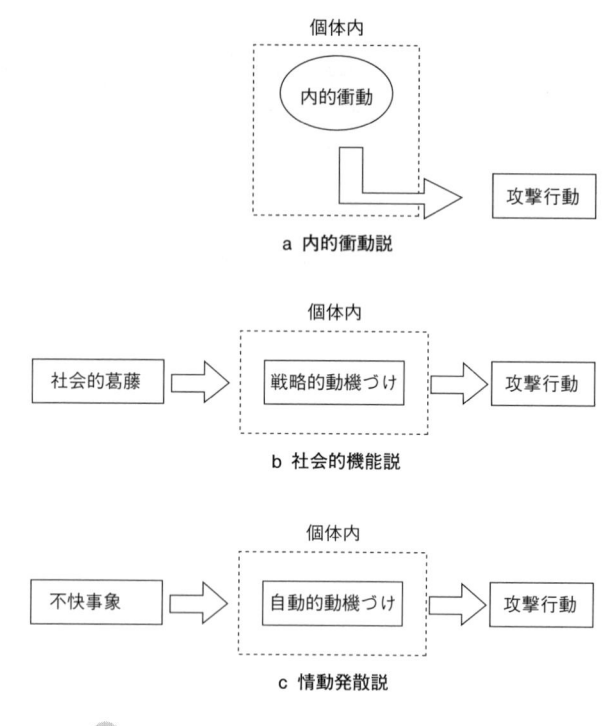

図6-1 攻撃性に関する3つの立場 （大渕, 2000）

a 内的衝動説: 個体内（内的衝動）→ 攻撃行動

b 社会的機能説: 社会的葛藤 → 個体内（戦略的動機づけ）→ 攻撃行動

c 情動発散説: 不快事象 → 個体内（自動的動機づけ）→ 攻撃行動

とっても有益なはたらきをもつ行動であるとみなした。その例として彼はライバル闘争，集団内順位性，テリトリーの形成と維持，子孫の防衛などをあげる。

ライバル闘争とは，食料，すみか，配偶者などの資源をめぐって同種内の個体が争うことである。攻撃力の高い個体は豊富な食料資源，安全なすみかを獲得して長命となり，また配偶者を得て多くの子孫を残す。ライバル闘争は，生活資源を強い個体に優先的に集めるシステムで，これは，長期的にみれば，生命力の強い個体の遺伝子を子孫に伝え，種族の繁栄をうながすことになる。

人間社会においても，家族を守るとか不正をただすなど，攻撃はしばしば有用なものとして用いられる。ローレンツは，有益な攻撃性は進化の過程でしだいに強化されてきたはずであるから，進化の頂点にいる人間は，当然，高い攻撃性をもっていると主張する。では，その攻撃性の仕組みとはどのようなものであろうか。

(2) 生得的攻撃機構

ローレンツは，攻撃が食餌行動や性行動などとともに本能行動の1つであり，これらは基本的に同一のメカニズムで作動すると仮定する。その仕組みは「動機づけの水圧モデル」と呼ばれる（図6-2）。本能行動（攻撃行動）は内的要因と外的要因によって制御され，内的要因である攻撃衝動が強まることが攻撃をうながす第一の原因である。しかし，同時に外的要因も関与し，これは攻撃を誘発する解発刺激と攻撃を抑制する抑制刺激からなる。代表的な解発刺激は他のオスの接近を告げるシグナル，抑制刺激はメスや子どもの特徴である。

外的要因と内的要因は相補的な関係にある。内的衝動が強いときには弱い刺激（たとえば，他のオスの姿が見えた）によっても攻撃反応が起こるが，衝動が弱いときに攻撃反応が起こるためには強い刺激（たとえば，他のオスがまっすぐ近づいてきた）が必要である。

食欲や性欲など本能的欲望の顕著な特徴は内発性である。食事をしても数時間すると自然に空腹を感じるように，本能衝動には外部から刺激されなくても一定の時間が経つと自然に強まるという特徴がある。ローレンツは攻撃衝動も本能の1つとして内発性という特徴をもつと主張する。彼は，動物の脳には攻撃中枢があり，時間とともにこの中枢において攻撃衝動レベルが自発的に上昇すると信じている。しかし，脳内の攻撃中枢の存在は確認されてはいない。

(3) 攻撃抑制システム

攻撃が種族維持にとって有益なものとしてはたらくには，攻撃が同胞に対し

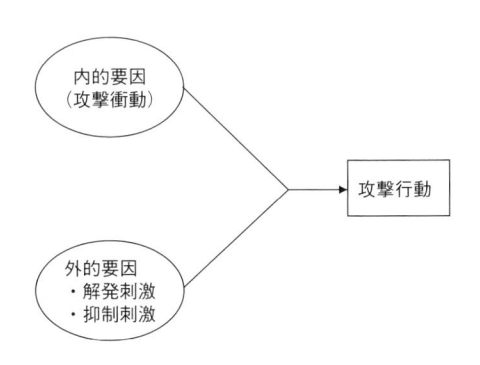

図6-2　ローレンツの生得的攻撃機構モデル（大渕，2000）

て実害をもたらさない仕組みが必要である。ローレンツは動物界の攻撃抑制システムとして，儀式化，降伏のサイン，連帯の絆をあげる。

人間どうしの場合，争いが起こったときにはまず言葉によって相手を責める。これによって暴力的闘争を回避することができるが，類似の行為が動物どうしの争いにもみられる。動物は言葉の代わりに，うなり声や怒りの動作によって相手を威嚇する。ローレンツはこれを攻撃の儀式化と呼び，動物界の非暴力的紛争解決方略であるとみなした。

時には威嚇だけでは決着がつかず，実力闘争にいたることもある。しかし，闘争が致命的な結果をもたらすことは少ない。それは，闘いの最中に不利と思った側は敗北のサインを示すからである。これらの効果は劇的なもので，攻撃者の行動はほとんど瞬時に停止する。敗北のサインは強力な攻撃抑制刺激で，「みずからの急所を相手にさらす」「子どものように甘えたり，メスが交尾を求めるようなしぐさを示す」などが観察されている。

人間どうしでは会えばあいさつをする習わしがある。類似の行動が動物にもみられ，両者の機能は基本的に同じである。それは，相手に対して敵意がないことを示す行動である。それは「威嚇と取られる動作をしない」「闘争ではないのに敗北のサインを示す」などで，ある鳥は「他のテリトリーに入るときに贈物を携える」といった行動を示す。ローレンツは，これら3種類の行動は攻撃抑制システムとして，動物たちに先天的に組み込まれたプログラムであるとみなしている。

2. 社会的機能説

本能かどうかは別にして，動物界では攻撃は生存や生殖の可能性を高めるために用いられる戦略的行動である。人間の世界にも戦略的攻撃を見いだすことができるが，それは多くの場合，社会的葛藤を解決するために行なわれる。社会的機能説では攻撃衝動を仮定せず，攻撃は状況的に喚起された戦略的動機づけによって起こるとみなす。

(1) 社会的葛藤と解決方略

人々が攻撃を戦略として選択するのは，人との対立が顕在化しているか予想される状況である。親は子どもに勉強させたいが，子どもはTVを見たいといっ

た葛藤は，家庭において頻繁に発生する。親は，はじめは「宿題はないの」と穏やかに声をかけ，子どもの注意が勉強に向かうようにうながす(暗示)。次に，「少しは勉強したら。試験も近いでしょう」ともっと直接にはたらきかける(説得)。これでもまだ子どもが言うことを聞かないと，親はTVを消して「いいかげんにして，勉強しなさい」と命令する(強制)。「今度，試験の点数が悪かったら，お小遣いはないよ」と脅すこともある(威嚇)。このように，ある目標達成(子どもに勉強させる)をめざし，間接的なはたらきかけ(暗示)から始まった一連の戦略行動が最終的には攻撃的手段へと発展することはよくみられる。

(2) 攻撃の意思決定過程

社会的葛藤を解決するには，示唆，説得，哀願，交換取引など平和的な手段がたくさんある。一方，攻撃にはいくつかのデメリットがある。相手が反発すれば葛藤がエスカレートする危険もある。攻撃的にふるまうと周囲の人から非難されることもある。しかし，それにもかかわらず，攻撃という危険な手段が選択されることがあるが，その背後には，どのような意思決定過程がはたらいているだろうか。ここでは4タイプの戦略的攻撃とそれをうながす社会的認知について述べる。

①回避・防衛　被害や危険から自分を守るという目的のために行なわれる攻撃は個人間でも集団間(国家間)でも頻繁にみられる。このタイプの攻撃を促進する社会的認知は悪意の帰属である。人が自分に対して悪意をもっていると知覚することは，たとえ実害が生じる前であっても強い防衛的攻撃反応を動機づける。敵意バイアスとは悪意の知覚傾向をもつ人の特徴である。攻撃的な子どもの研究をしているクリックら(Crick, N. R. et al., 2002)は，他の子どもとの間にトラブルが起こると，彼らは明確な証拠がないにもかかわらず相手が悪意をもっていると独断的に解釈し，これによって暴力行動に訴えようとすることを見いだした。

②影響・強制　攻撃は葛藤に対する1つの反応である。対立したとき，一方的に自分の意見や利害を押しつけ，人に何かを強いる行為(影響)は攻撃とみなされる。葛藤解決方略には多様なものがあり，その中で攻撃はコストやリスクをともなうために，あとまわしにされることが多い。しかしある人たちは，葛藤に直面すると真っ先に攻撃的手段に注意が向き，また，それがうまくいく

であろうという成功期待を強くもつ傾向がある（Dodge, K. A. et al., 1990）。こうした認知傾向をもつ人たちは当然ながら攻撃的である。大渕ら（1999）が刑務所において暴力犯罪者と非暴力犯罪者を比較調査したところ，暴力犯罪者には自己主張性や支配性の強さとともに，葛藤解決スキルの低さが見いだされた。このことは，暴力傾向をもつ人たちが他の穏やかな解決方略については知識，経験，スキルが乏しいことを示唆している。次節で述べるように，穏やかな方略によって影響力を行使するには，情報，専門性，地位，魅力など個人の側にいくつかの条件（社会的勢力資源）が必要である。こうした勢力資源をもたない人は，強制や攻撃などの危険な手段に向かう傾向があると考えられる。

③制裁・報復　葛藤当事者はしばしば「相手のやりかたは不当だ」「自分のほうが被害者だ」といった気持ちになる。相手がルールやモラルに反しているという知覚，あるいは自己を被害者とみなす認知は一般に強い攻撃を動機づける。それは，正義を回復するための報復行動は正当化されると信じるからである。しかし，葛藤当事者は双方ともに自分のほうが正当で，また，被害者であると知覚する傾向がある（Baumeister, R. F., 1997; 大渕, 2002）。この公正バイアスと被害者バイアスによって，双方とも強い攻撃に動機づけられ，その結果葛藤がエスカレートすることが少なくない。こじれた離婚訴訟や遺産訴訟，あるいは民族紛争などでそうした例をみることができる。

　このタイプの攻撃は，直接の被害者ではない第三者にみられることもある。凶悪犯罪のニュースを聞くと「こんな犯人は許せない」と多くの人が思う。国家による犯罪者の刑罰は，こうした一般市民の制裁感情によって支えられている。規則違反者を罰したいとする制裁動機は，直接の被害者であるかどうかにかかわらず喚起される。その理由としてタイラーら（Tyler, T. R. et al., 1997）は，公正回復，将来の違反予防，集団規範の維持，集団自尊心の回復などをあげている。

④印象操作・同一性　人づきあいにおける人々の基本的関心は同一性，すなわち肯定的印象の形成・維持で，これは個人の自尊心と結びついている。葛藤場面でもしばしば同一性（体面や面子）に対する関心が喚起され，それが攻撃を動機づけることがある。印象操作には主張的なものと防衛的なものがある。批判を受けたり，争いに負けることは同一性と自尊心に対する脅威である。そ

れは,「怠慢」「無知」「弱虫」といった負の同一性を押しつけられることである。黙っていてはこれを認めることになるので,これを拒否し,自尊心を回復するためには反撃をする必要がある。これが防衛的印象操作としての攻撃である（Tedeschi, J. T. et al., 1994）。

青年期の集団場面では,自分の勇気や男らしさを仲間に対して顕示するために攻撃的にふるまう少年がいる。交渉を有利にするために「強面(こわもて)」の印象を相手に与えるようと,必要以上に攻撃的な態度をとる交渉者もいる。このように,「男らしい」「頑固」などのイメージを周囲に与えるために故意に攻撃的にふるまうことが主張的自己呈示である。同一性と自尊心に対する関心は,しばしば実質的な利害以上に人々の行動に影響を与える。

3. 情動発散説

戦略的攻撃は,客観的にはともかく,当人にとっては目標志向的で合理的な反応である。しかし,現実の攻撃現象の中には情動性の強いものもある。「怒りに自分が抑えられず」,あるいは「思わずカッとなって」行なわれる攻撃行動がある。このように情動性の強い衝動的攻撃のメカニズムはどのようなものであろうか。

(1) ストレスと攻撃反応

不快な臭い,大気汚染,高温や多湿,あるいは不快な光景などは環境ストレスと呼ばれる。アンダーソンら（Anderson, C. A. et al., 1998）は,アメリカ合衆国におけるさまざまな地域における犯罪統計をもとに,暴力犯罪の割合を月別に調査した。図6-3に示すように,暴力犯罪は最も暑い8月を頂点に釣鐘型の分布となり,気温の高さと暴力犯罪の発生頻度がきわめてよく対応していることが見いだされた。

慢性病や痛みに苦しむ患者はうつ症状を示すが,しばしば家族などに対して八つ当たりすることがある。また,DVの加害者となる夫は,しばしば失業などのストレスを経験していることが指摘されている。彼は慢性的に不快な感情状態にあり,このため家族の些細な行為（食事の準備をしていなかったなど）に対して暴力的に反応するのである。こうした知見はストレスが人を攻撃的にすることを示唆しているが,研究者たちはこれが不快情動によって媒介される

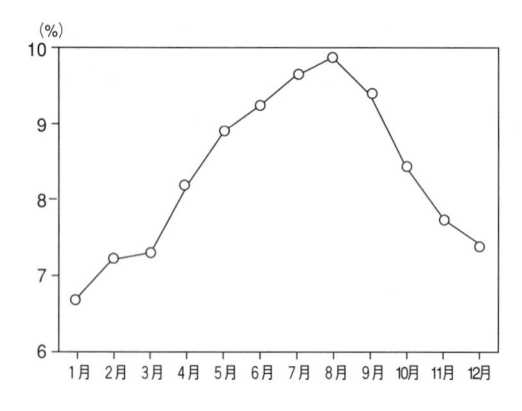

図6-3　気温と暴力犯罪（Anderson, C. A. et al., 1998; 大渕，2000 より）

ものであると解釈している。

(2) 攻撃プライミング

　不快情動のはたらきについてはアンダーソンやバーコビッツ（Berkowitz, L., 1998）が理論化を試みているが，ここではバーコビッツの認知的新連合モデルを紹介する（図6-4）。人間の心の中では，種々の感情，思考，運動スクリプト（パターン化された行動反応）がお互いに結びついてネットワークを形成している。不快な感情が経験されると，これと結びついている攻撃的な観念や記憶，攻撃的な反応スクリプトが活性化される。この活性化伝搬は連合という低次の認知機能によるもので，意識的制御ははたらきにくく，なかば無意識的に起こる。バーコビッツによると，不快な感情を経験した人の心の中では，攻撃に関連する観念，記憶，反応傾向などが自動的に強まり，これがその後の心理過程に影響を与える。たとえば，就職がうまくいかずいらいらしている夫の心の中では攻撃的観念が活性化されているが，この観念のせいで，妻が食事の準備をしていなかったことを「自分を軽視しているためだ」と悪意に解釈するのである。

　このように，攻撃的性質をもつ心的要素が活性化されていると，ある状況を解釈したり，それに反応する際，攻撃的な方向に歪みが生ずることをバーコビッツは攻撃プライミングと呼んだ。

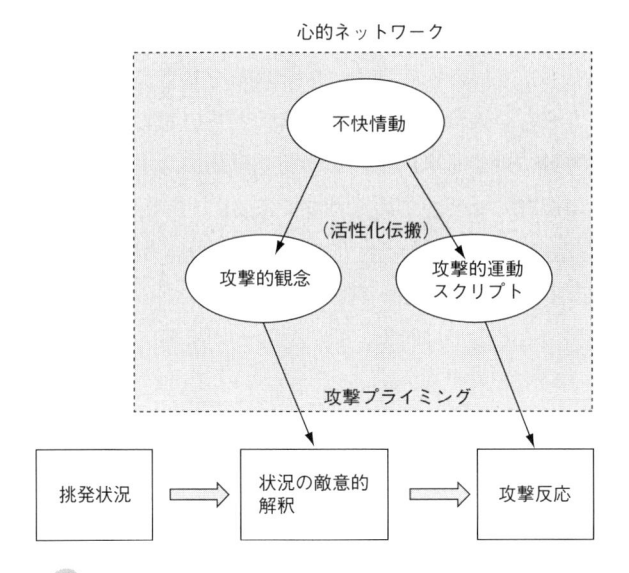

図 6-4　バーコビッツの認知的新連合モデル（大渕，2000）

2節　社会的勢力：影響力の根拠

1.　社会生活と影響力

さきにみたように，攻撃は影響力を行使する1つの手段として使用される。人々は，攻撃以外にも多様なやり方でお互いに影響力を行使し合っている。現代社会において，人に対する影響力をまったくもたない人は生存すら困難である。なぜなら，われわれは生存に必要な生活資源（食料，衣服，住居など）のほとんどを他の人から手に入れなければならないからである。そうした影響力はどこから生じるのだろうか。言い換えると，人の影響力の根拠は何だろうか。

2.　社会的勢力資源

レイバン（Raven, B. H., 1992）は，影響力の根拠となるものを社会的勢力資源と呼び，報酬，罰，情報，専門，正当，準拠などについて論じた。

①**報酬勢力**　これは人に報酬となるもの（財物，地位，評価，許可など）を

与える力である。店でわれわれが生活に必要なものを入手できるのは，金銭という報酬資源をもっているからである。それらを豊富にもっているとか，コントロールする力をもつ人は，それを求める人たちに対して影響力を与えることができる。従業員に対する雇用主の影響力，学生に対する教師の影響力，子どもに対する親の影響力などがこのタイプである。

②罰勢力　これは，逆に，人に対して不快なもの（苦痛，刑罰，その他の罰）を与える力である。雇用主，教師，親は報酬勢力とともに罰勢力ももっている。罰勢力だけをもつ人としては警察，裁判官などがある。ときには暴力によって仲間や家族を支配する人間もいる。

③情報勢力　豊富な知識や経験をもつ人は他の人たちから頼りにされ，アドバイスを求められる。情報通だとされている人の意見は会議の席でも説得力をもつ。デマや噂など誤った情報が社会的混乱を招くことがあるが，そうしたケースも含め，人々の情報への欲求は強いので，それだけ情報をもたらす人の影響力は大きいといえよう。

④専門勢力　同じ情報でも，専門家から与えられると信憑性が高まる。事件が起こるとマスコミには専門家が登場して意見を述べるが，これはそのほうが報道の信憑性が増すと信じられているためである。医師，弁護士など種々の資格をもつ専門家が人々の重要な意思決定（病気の治療，訴訟をするかどうかなど）に重要な役割を果たしているところからも，専門勢力の大きさがうかがわれる。

⑤正当勢力　上司である，当局者であるなど，ある社会的地位にともなって生ずる影響力がある。国家や会社による公式のランクには報酬や罰の勢力がともなうが，年長とか先輩であるといった非公式のランクにも影響力が付与される。われわれはさらに，名門とか高貴な血筋であるといったことにも一目置く傾向があり，これも正当勢力の一部である。

⑥準拠勢力　これは地位や職業に関係なく，その人の個人的魅力が生み出す影響力である。その高潔な人柄ゆえに多くの人から尊敬される人格者，男性を思いのままに操る魅力的な女性，信者の心と行動を支配するカリスマ的な教祖，こうした例にみられる影響力が準拠勢力と呼ばれるものである。

7章

援助行動

1節　援助行動とは

　人を助ける行動のことを援助行動という。人に害を及ぼす攻撃行動や犯罪行動の研究が，有史以来人々に言及され研究されてきたのとは対照的に，人を助ける行動は，人が食事をするのと同様にあまりにも当然な行動であったためか，宗教学や倫理学，哲学などで研究されることはあっても，心理学で研究されることは少なかった。しかし，人を助けるのは当然のことという前提を覆すような事件が，1964年3月にアメリカ合衆国のニューヨークで生じた。午前3時過ぎ，一人の若い女性（キャサリン・ジェノベーゼ）が深夜の仕事を終え，帰途についていた。車を止め，自分のアパートへと向かったところ，そこへナイフを持った暴漢が近づき，キャサリンを刺した。キャサリンは何回か助けを求めたが，3度目の襲撃のあと絶命してしまう。その後の調査でわかったことは，キャサリンが助けを求めたとき，近隣では38名の市民がそれに気づいており，部屋に明かりをともしたり，暴漢に「その女性を放せ」と言ったりはしていたのである。しかし，暴漢はみんなが直接出てこないので襲撃を続けたということであった。事件から1時間半後，やっと警察に通報があり，2分後にパトカーがやってきたが，キャサリンは絶命したあとであった。この事件が報道されたあと，人々は現代人の冷淡さ，無関心などを中心として論議をした。その7年後，社会心理学者のラタネら（Latané, B. et al., 1970）は，さまざまな実証研究に基づいて，この事件で人々が援助行動を起こそうとしなかったのは，無関心や冷淡であるからではなく，「他の人が助けるであろう」という傍観者効果

が生じていたためであると論じた。ここで重要なことは，人々の行動を冷淡さなどの個人的属性として考えるのではなく，そこにいた人々の相互間に生じた考えでもって説明しようとしたことである。彼らの研究をはじめとして，援助行動の研究は社会心理学で研究されるようになったのである。

　それでは社会心理学において援助行動はどのように定義されてきたのであろうか。中村ら（1987）は，困難を自力で解決できない状態にあったり，そのまま放置するとそのような状態になってしまいそうな人に対して，その状態から抜け出したり，困難な状態が避けられるように，多少の損失をこうむることは覚悟のうえで力を貸す行動としている。また，高木（1998）は，他者が身体的に，また心理的に幸せになることを願い，ある程度の自己犠牲を覚悟し，人から指示，命令されたからではなく，みずから進んで意図的に他者に恩恵を与える行動であるとしている。また，松井ら（1998）は，外的な報酬や返礼を目的とせず，自発的に行なわれた，他者に利益をもたらす行動としている。援助行動を社会心理学的に研究している日本の代表的な3名の研究者の定義に共通することは，これらは何がしかの限定をともなう，プロソーシャル行動（反社会的＝アンチソーシャルの反対の意の造語）のことをさしているのであって，人を助ける援助行動全般をさしているのではないということである。ちなみに海外の研究ではビールホフ（Bierhoff, H. W., 2002）は愛他的な行動，向社会的行動，援助行動を図7-1のように位置づけ，向社会的行動については援助行動に比べて限定的で，被援助者の状況を改善しようと望まれた行動であり，職業的倫理

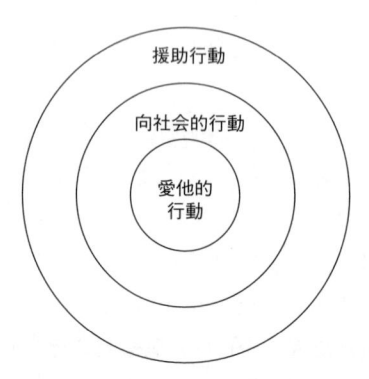

● **図7-1　援助行動の定義**（Bierhoff, H.W., 2002 に基づいて作図）

観に基づいているものではなく，あくまで個人的な行為としている。したがってこの定義に従えば，ボランティア行動は向社会的行動には含まれないこととなる。ドビディオら(Dovidio, J. F. et al., 2006)も同様のとらえ方をしているが，プロソーシャル行動は社会もしくは集団から他者に益を及ぼすと認められている行動であり，価値判断が含まれている。彼らは，プロソーシャルな行動について述べているのであり，援助行動全般を述べているのではない。この図の中には思いやりに基づく愛他的行動が含まれているが，社会心理学ではこのように行動を1つの性格特性でもって示す表現はあまり使用されない。

　それでは日常生活において援助とはどのように使用されているのであろうか。『新明解国語辞典 第6版』(三省堂)では，「援助」とは，じり貧状態にあったり挫折しかかっていたりする当事者に対してプラスの方向に向かうように力を貸すこととされている。本章では，とくに制限を設けず，人を助ける行動全般をさす「援助行動」について言及することとしたい。思いやり行動や向社会的行動と呼ぶことで，その内容や動機までもが限定されてしまうことを避ける

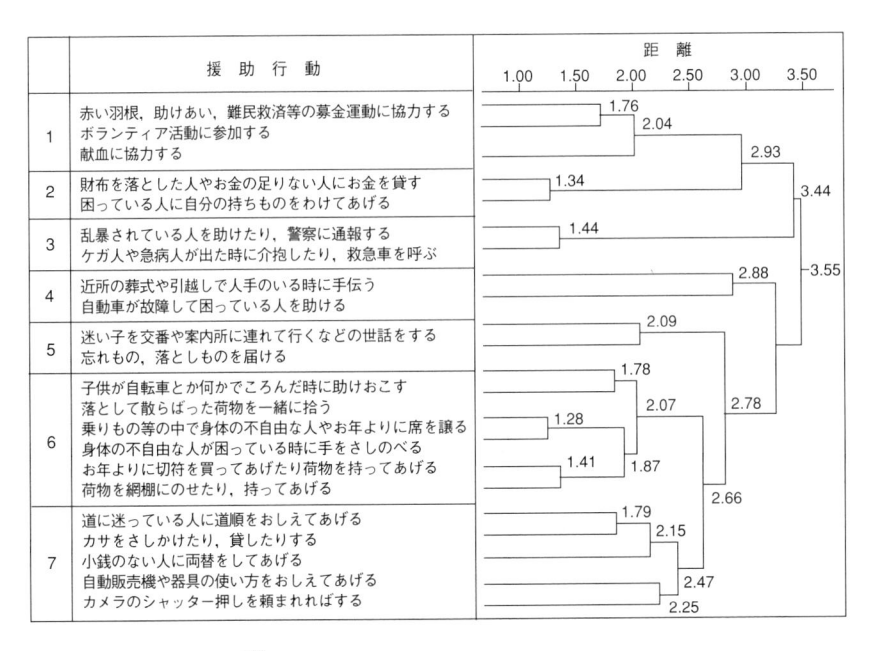

	援助行動	距離
1	赤い羽根，助けあい，難民救済等の募金運動に協力する / ボランティア活動に参加する / 献血に協力する	1.76 / 2.04 / 2.93
2	財布を落とした人やお金の足りない人にお金を貸す / 困っている人に自分の持ちものをわけてあげる	1.34
3	乱暴されている人を助けたり，警察に通報する / ケガ人や急病人が出た時に介抱したり，救急車を呼ぶ	1.44
4	近所の葬式や引越しで人手のいる時に手伝う / 自動車が故障して困っている人を助ける	2.88
5	迷い子を交番や案内所に連れて行くなどの世話をする / 忘れもの，落としものを届ける	2.09
6	子供が自転車とか何かでころんだ時に助けおこす / 落として散らばった荷物を一緒に拾う / 乗りもの等の中で身体の不自由な人やお年よりに席を譲る / 身体の不自由な人が困っている時に手をさしのべる / お年よりに切符を買ってあげたり荷物を持ってあげる / 荷物を網棚にのせたり，持ってあげる	1.78 / 2.07 / 2.78 / 1.28 / 1.41 / 1.87 / 2.66
7	道に迷っている人に道順をおしえてあげる / カサをさしかけたり，貸したりする / 小銭のない人に両替をしてあげる / 自動販売機や器具の使い方をおしえてあげる / カメラのシャッター押しを頼まれればする	1.79 / 2.15 / 2.47 / 2.25

距離右端: 3.44 / 3.55

図7-2　援助行動群の樹状図　(高木，1982)

ためである。

　人を助ける行動といっても，それは広範囲な行動であり，みずからの命を失う危険をともなう人命救助から，落ちた消しゴムを拾ってあげるような行動まである。高木（1982）は，大学生が体験した援助行動を内容分析により典型的な 22 種類にまとめた。次にそれらを，2 つずつ呈示しそれらがどの程度似ているのかを評定してもらってクラスター分析した結果が図 7-2 に示されている。これらは寄付・奉仕行動，緊急事態における救助行動，労力を必要とする援助行動，迷い子や遺失者に対する援助行動，社会的弱者に対する援助行動，小さな親切行動の 7 クラスターに分かれている。援助行動の動機や性格特性との関連を述べるときにもこれらのそれぞれについて研究されるべきであろう。

2 節　援助行動の動機

　それでは，人はなぜ人を助ける行動を行なうのであろうか。それを述べる前に，援助行動を説明するモデルを述べる。援助行動を説明するモデルに関しては援助行動の意思決定モデルとされている。意思決定のどのルートをたどったのかが援助行動の動機であり，そのルートをたどるもととなっているのが援助行動に影響を与える要因である（3 節で述べる）。

　援助行動を説明するモデルとしてはラタネら（Latané, B. et al., 1970）の緊急介入意思決定モデルが代表的である。彼らは図 7-3 のように，介入事態への注意，緊急事態発生という判断，個人的責任の度合いの判断，特定の介入様式の決定，介入の実行という段階的なモデルを提唱し，責任の分散とは逆である援助責任を感じるプロセスを説明した。その後，松井（1985）は国内外のモデルを整理し，中心概念が，規範的であるもの，感情であるもの，認知であるもの，その 3 つの複合型に分け，モデルを整理した。そして援助に関する状況対応モデルを図 7-4（緊急事態）のように提唱（松井，1989）している。彼によれば援助行動は少なくとも日常的援助，緊急事態の援助，寄付・募金，ボランティア活動の 4 種類に分類され，それらで生起する心理過程は異なる。これらのルートを整理し直してみると，

7章　援助行動

〈意思決定の段階〉　　〈影響する要因〉

介入事態への注意　← 場所へのなじみ・まわりにいる人
　↓
緊急事態発生という判断
　↓
個人的責任の度合いの判断　← 援助に値するか・傍観者の魅力・傍観者と被害者の関係・責任の分散
　↓
特定の介入様式の決定　← 自分の危険の大きさ
　↓
介　入　の　実　行

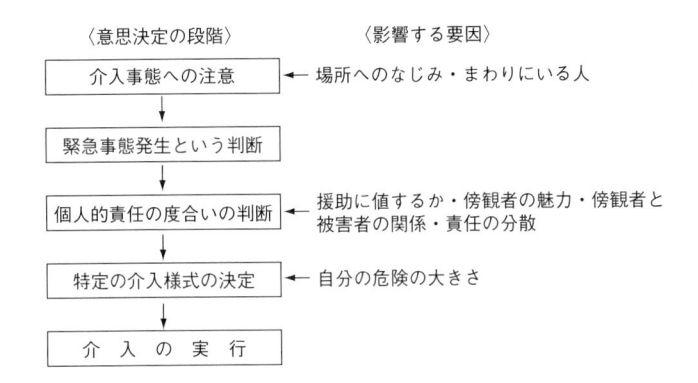

● 図7-3　ラタネらの緊急介入意思決定モデル （Latané, B. et al., 1970）

援助事態との遭遇
　↓
一次的認知処理
事態の概略認知
［意味・重大性・コスト］
関与の必要性の検討
［関係・要請の正当性（原因）・関与の責任性］

感情過程
　動揺・恐怖
　共感や同情
　（加害者への怒り）

規範的責務感
［援助責任・恩互恵］

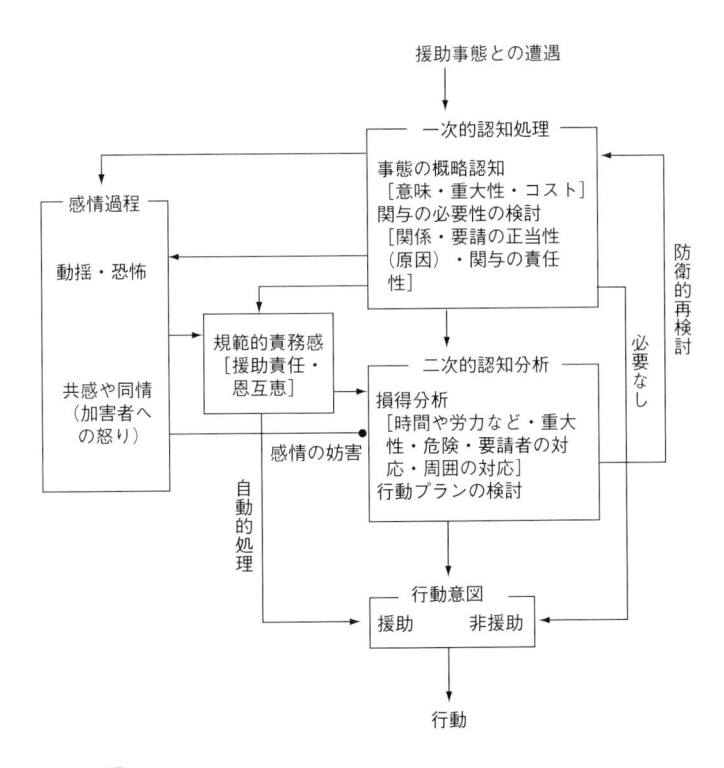

二次的認知分析
損得分析
［時間や労力など・重大性・危険・要請者の対応・周囲の対応］
行動プランの検討

防衛的再検討　必要なし

感情の妨害　自動的処理

行動意図
　援助　非援助
　↓
行動

● 図7-4　緊急事態における援助行動生起モデル （松井, 1989）

①一次的認知処理から感情過程をたどるルート
②一次的認知処理から規範的責務感をたどるルート
③一次的認知処理から二次的認知分析をたどるルート

の3ルートに分けることができる。①は感情過程が中心であり，恐怖の低減や共感や同情がある。②は規範が中心であり，とくに援助責任を感じるか否かが重要である。③は認知が重要であり，リスクの計算や行動プランの成立が重要である。これに対応して援助行動の動機も感情，規範，認知の3つに分けることができると考えられる。このことに関しては，水田ら（2006）が継続的な研究を行なっている。

3節 援助行動を規定する要因

援助行動がなぜ生じるかについては，単一的な要因では説明が困難である。むしろ援助行動を規定する諸要因として述べることが適切であると考えられる。高木（1998）は援助行動を規定する要因として，援助者の人的要因，援助が求められている状況の要因，援助要請者（被援助者）の人的要因，援助過程全体に影響を与える文化的要因，の4つに分けている。ここでは文化的要因を除く3つについて論じる。

1. 援助者の人的要因

従来の研究は，いついかなるときでも人を援助するスーパーマンのような援助的パーソナリティの存在には懐疑的であるが，個人差の一因として援助者の人的要因は考えている。まず，社会行動の常として援助行動には生物学的要因は存在するのであろうかという問題がある。ドーキンス（Dawkins, R., 1976）が提唱した利己的な遺伝子では利他的な行動を説明するのは難しいとされていた。しかし，人間は社会性をもち，信頼されるように努力し，協力しあおうとする。このような社会的本能で進化生物学は援助行動を説明しようとするが，有史以来社会的本能の存在すら疑うような事件や戦争が続いているのもまた事実である。したがって，援助行動を生物学的に説明するのは困難であると考え

る。次に共感性と援助行動との関連性であるが，これは松井ら（1998）に詳しく述べられている。共感性は，他者の感情を理解することと，他者の視点に立つ2つの要素から構成されている。情緒的共感性が高いほど援助行動が生じやすいと考えられがちであるが，あまりにも高い情緒的共感性は恐怖と結びつき，援助行動を生じさせないこともある。むしろ他者の視点に立つことによる共感性の操作が援助行動を促進することがトイら（Toi, M. et al., 1982）によっても示されている。年齢の要因に関しては，加齢にともなって人々はみずから進んでいっそう多くの，また，高い質の援助を与えるようになるといわれている。

2. 状況の要因

　状況要因に関して，まず行動の観察であるが，援助行動の目撃は援助モデルとなり，援助行動を促進することが知られている。次に，以前の援助体験はその後の援助行動に影響を及ぼすのかという点であり，フリードマンら（Freedman, J. L. et al., 1966）は一度小さな援助要請に応じると段階的に大きな援助要請にも応じることを示している。他者の存在に関してはラタネら（Latané, B. et al., 1970）は，援助が求められている状況で援助に消極的な傍観者の存在が，援助行動の生起を抑制するという「傍観者効果」を示している。しかし，これは援助抑制を示しているのであって，援助行動の生起を示すものではない。逆に援助責任が生じる状況要因，たとえば自分以外は誰も助けようとしない，助ける人が自分一人しかいないという援助責任の生起が援助行動の生起と関連している。また，その場の気分が援助行動に影響を及ぼすことが知られている。たとえば，よい香りがする環境のほうが援助行動が生じやすいし，よい気分になった人のほうに援助行動が生じやすいといわれている。これらの状況要因については，たとえば，運転中に道を譲ってもらった人は，よい気分となりその後他車に道を譲る行動が多くなる（援助行動）とされているが，これは他者の援助行動を目撃してモデリングとしたのか，あるいは車を譲ってもらってよい気分になったがゆえの援助行動であるのかは不明である。さまざまな状況要因がさまざまな形で影響を及ぼしていると考えられる。

　規範は個人的規範と社会的規範に分けられる。個人的規範は個人的要因，社会的規範はおもに状況要因と考えられるが，厳密に分けることが難しい。援助

に関する社会的規範は，
　①社会的責任性規範：困っている人は助けなくてはいけないなど，
　②公平規範：相手に貢献した量と相手から受けた報酬の量が互いに一致しているという公平感，
　③互恵性の規範：自分のために行動してくれた人には親切にすべきである，
　④贈与の規範：与えること自体に価値を見つけるべきである，
　⑤補償の規範：損害を与えてしまった相手には援助でその損失を償うべきである，
の5つがある。

3. 被援助者の人的要因

　援助行動を行なうか否かは被援助者の特徴にも左右される。まず，被援助者の性別であるが，女性が男性よりも援助されやすい。年齢に関しては年配の人は若い人よりも援助されやすい。女性や年配の人は自力援助が必要な状態から脱出できないと思われがちなのであろうか。身体的外観ではきちんとした身なりの人のほうが援助されやすい。被援助者が援助が必要となった理由では，統制可能な原因よりも統制不可能な原因であるほうが哀れみなどの感情が生じやすく，その結果援助行動が生じやすいといわれている。たとえば倒れている人が，酔って倒れているとするならば統制可能なので援助される可能性は少なく，誰かに殴られて倒れていたのであれば統制不可能なので援助される可能性が高くなるということである。

　援助者と被援助者の類似性に関しては，両者に類似点が多いほど援助されやすいという結果が出ている。援助者と被援助者との関係性では，両者の関係が緊密であればあるほど援助がされやすいとされている。

4節　援助行動研究の動向

　最近の援助行動研究の多くは，実際に生じている援助行動を対象としている。したがって援助行動がどこで生じているのか，誰を対象として行なっているの

かが問題となっている。また，従来は瞬時の判断が求められる援助行動がおもに研究対象とされたが，長期的な援助行動が研究されるにつれて集団や組織の重要性が再認識され，ボランティア行動や集団における協調性や援助行動生起に及ぼす集団の機能なども研究されている。

少子化，高年齢化にともない，高齢者への援助は重要な問題となっている。西川（1998）によれば，高齢者への援助は友人からの援助が重要でそれゆえ，友人関係の維持が大切である。また，高齢者の場合，一方的に援助される怒りも体験する。家族，親族からの援助も期待されるが，核家族化などにともない，しだいに期待できなくなっている。学校や近隣における援助行動も重要である。学校においてはとくに援助を要請する援助要請行動が重要であり，援助を求めるためには何が必要であるかを中心として研究されている。

1995年の阪神・淡路大震災後のボランティア活動を契機として，ボランティア活動も研究されるようになっている（本書22章参照）。高木ら（1996）によれば，災害後のボランティアの動機は，①共感や愛他的性格に基づく援助責任の受容，②援助したりされたりといった経験による好ましい援助・被援助経験，③援助に報酬や返礼を期待したり，非援助による犠牲が大きいと考えたことによる利得・損失計算，④被災者や被災地が好きだったり，被災地に知り合いがいたことによる被災地や被災者への好意的態度，⑤援助する積極的意図はなかったが，援助を依頼されたことによる援助要請への応諾，⑥援助することで他者からの避難を避けたり，今のよい気分を維持しようとしたことによるよい気分の維持・発展，⑦被災地の近くに住んでいることによる被災地との近接性，という7つに分けている。

ボランティアや近隣への援助行動を考えるとき，地域や人々の間の結びつきが重要となってくる。そのような概念をsolidarity（連帯，靱帯）と呼び，ビールホフ（Bierhoff, H. W., 2002）や社会学者は援助行動をそれによってとらえようとしている。

最近の研究の傾向として，水田（2000）は，援助行動を現実行動としてとらえる必要性を強調し，自然観察法に基づきデータを得た結果，スキー場において転倒した人への援助行動は，援助者と被援助者との関係性，被援助者の困窮の程度，被援助者からの要請が援助行動生起に影響を及ぼすとしている。そし

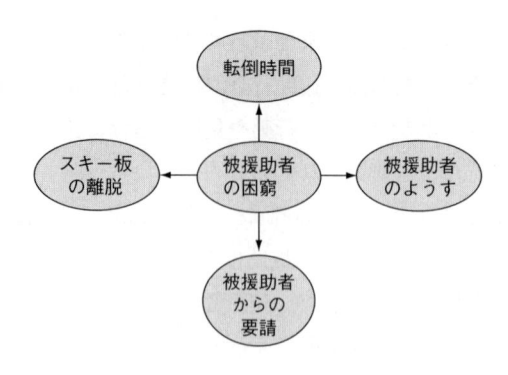

図7-5 被援助者が困窮していると判断される諸要因 （水田, 2000）

て，援助者にとって被援助者が困窮していると判断する要因を図7-5のように図示している。援助行動の研究は実験室や質問紙レベルでの研究のみにとどまらず，実際行動を現実の場で扱い分析する方向もひろがっている。

8章 ソーシャルサポート

1節 ソーシャルサポートとは何か

　ソーシャルサポート（social support）は医療，福祉，教育など幅広い領域で研究が行なわれているが，この研究の基本仮定は，「ソーシャルサポート，すなわち，ある人を取り巻く重要な他者（家族，友人，同僚，専門家など）から得られるさまざまな形の援助は，その人の健康維持・増進に重大な役割を果たす」（久田，1987）である。当初，ソーシャルサポート研究は，身体的健康または心理的健康（抑うつ等）との関連を検討する研究が多かったが，近年ではウェル・ビーイング（well-being）や適応との関連を検討する研究も増えつつある（図8-1，表8-1参照）。

1. 定　義

　ソーシャルサポートの定義は構造的にアプローチするのか機能的にアプローチするのかで異なるが，田中（1997）の定義は2つのアプローチの特徴を簡潔

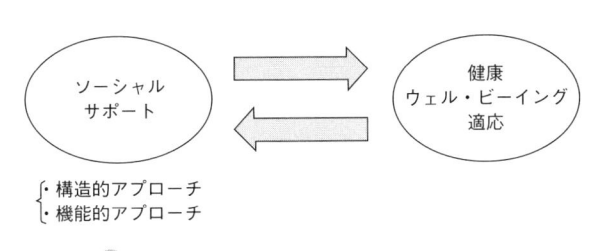

● 図8-1　ソーシャルサポートと健康との関連

● 表8-1 日本のソーシャルサポート研究に使用されたおもな健康測度

健康	ウェル・ビーイング	適応
一般精神健康調査票 GHQ 日本語版（福岡ら，1995）	主観的幸福感尺度（伊藤ら，2004）	学校享受感尺度（小林ら，1997）
精神的および身体的自覚症状票（周ら，1996）	日本語版 QLI（池内ら，2000）	中学生用ストレス反応尺度（岡安ら，1993）
ストレス反応尺度（谷口ら，2003）	生活満足感（兵藤ら，2003）	改訂版 UCLA 孤独感尺度（和田，1992）

注）（　）の中は測度開発者名ではなく測度を使用したソーシャルサポート研究者名である。

● 表8-2 サポート概念の整理

次元	英語	日本語
サポート受領（行動次元）	・received support ・enacted support	・サポート受領，受容（谷口ら，2005） ・実行されたサポート（中村ら，2005）
サポート期待（認知次元）	・perceived support ・support perceptions ・available support	・知覚されたサポート（本間ら，2005） ・期待されたサポート（Cohen, S. et al.,1984／小杉ら（監訳），2005） ・入手，利用可能なサポート（福岡，2000）

にとらえているので以下に紹介する。

「狭義には，個人が取り結ぶネットワークの成員間で，個人のウェル・ビーイングを増進させる意図で交換される心理的・物質的資源をいう。広義の概念には，社会的統合や社会的ネットワークも含まれる。」

なお，サポートという概念が機能面を重視して使用される場合は，行動的側面と認知的側面の2つの次元に区分され使用されることが多い（表8-2参照）。すなわち，「サポート受領」と「サポート期待」である。前者は，ストレス状況でサポートを実際に受け取ったかどうかという経験の有無または頻度で測定され，後者は，サポートを与えてくれると期待できるかどうか，または期待度で測定されることが多い。

2．構造的アプローチによるサポートの種類

構造的アプローチでは，ソーシャルサポートを社会的統合やネットワークの視点からとらえる。つまり，個人のまわりにサポートを提供する人がどの程度

多くいるのか（大きさ），どのくらいの頻度で接触しているのか（接触頻度），メンバーどうしがどのくらい知り合いであるのか（密度）などの基準により，ネットワークを分類する（橋本，2005）。ネットワークを構成するサポート資源は，関係性の点から，配偶者，きょうだい，子ども，親類，友人，近隣者などのインフォーマルな資源から，教師，医師，カウンセラーなどのフォーマルな資源にまで及び，研究の目的に応じて選択される。近年では，安藤ら（2005）がインターネット上の友人までサポート資源を広げた研究を行なっているが，今後このような間接接触のサポート資源を扱う研究が増してくると思われる。

3. 機能的アプローチによるサポートの種類

　サポートのはたらきにはどのようなものがあるのか。サポート機能の種類は研究者により異なるので多数存在するが，ここでは図8-2に示すとおり，他の研究者との共通性が高いと思われる4つのタイプを紹介する（Uchino, B. N., 2004）。①情緒的サポートはなぐさめや配慮を表現するサポート，②情報的サポートはアドバイスやガイダンスを提供するサポート，③道具的サポートは金銭や物質的な提供によるサポート，④所属的サポートは社会活動をともにすること，または社会への所属感を意味し，近年注目を浴びてきたコンパニオンシップ（Wills, T. A. et al., 2000）に相当する。なお，図8-2に示すとおり，サポートの4つの機能は研究の目的に応じてサポート受領とサポート期待の2つの次元に分けてそれぞれ測定される。他のサポート機能に関しては橋本（2005）の記述が詳しい。

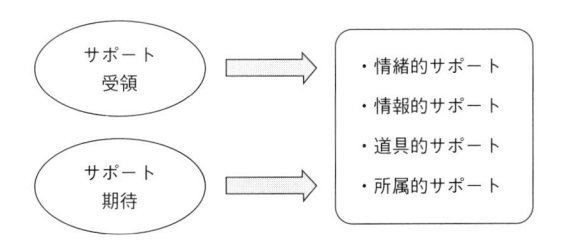

● 図8-2　2つの次元のサポートとサポート機能との関係（Uchino, B. N., 2004）

2節 ソーシャルサポートのメカニズム

ソーシャルサポートはなぜ健康によい影響を及ぼすのか。そのメカニズムはいかなるものかについて以下に紹介する。

1. ストレスの認知的評価と対処の理論

ラザルスら（Lazarus, R. S. et al., 1984）によれば，人はストレスの原因であるストレッサー（stressor）またはストレスフルなできごとに遭遇すると，これらのできごとがどの程度有害または脅威であるかどうかを評価する。これは一次的評価（primary appraisal）と呼ばれる。次に，これらのできごとがストレスフルであるときは，有効な資源をどの程度もっているか，所有の資源で対処可能かどうかの評価を行なう。この評価を二次的評価（secondary appraisal）と呼ぶ。これらの評価に基づいて，問題そのものの解決をめざすコーピング（coping）や，問題によって生じた不快な情動の解決をめざすコーピングをし，成功すればストレスが軽減される。逆に，コーピングがうまくいかなければ，再評価がなされ，コーピングが再考される。それでもうまくいかなければ，疾病などのストレス反応が生じる。

コーエンら（Cohen, S. et al., 1985）は，このラザルスらの理論を用いて，ソーシャルサポートが影響を及ぼす2点を仮定した（図8-3参照）。つまり，ソーシャ

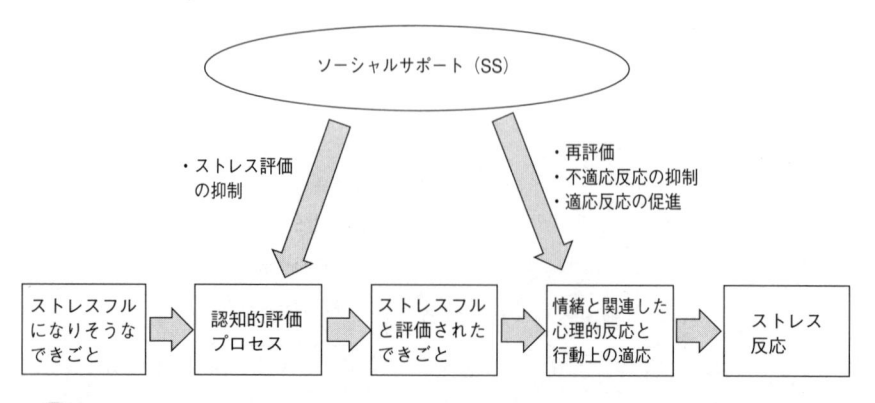

図8-3 ソーシャルサポートがストレス過程に緩衝する2点（Cohen, S., et al., 1985を修正）

ルサポートは「認知的評価」段階と「情緒と関連した心理的反応と行動上の適応」段階に影響を及ぼすと仮定したのである。この仮定は，ストレッサー（ストレスの原因）がストレス反応を引き起こす過程にソーシャルサポートが緩衝すると考えたモデルなので，ストレス緩衝モデルと呼ばれる。

2. サポート期待とサポート受領のメカニズム

ラザルスらの理論をソーシャルサポートに応用したコーエンらは，さらに，より簡潔なモデルを提供した（Lakey, B. et al., 2000）。すなわち，サポート期待は，ストレスフルな状況の認知に影響を及ぼし，その結果，ストレスが健康に及ぼす効果を緩衝する（図8-4参照）。つまり，サポート期待という認知が同じ認知次元の「評価」に影響を及ぼす。言い換えれば，サポートが利用可能であるとの信念は，ストレスフルなできごとに対する否定的な評価を弱め，その結果，ストレスフルなできごとがストレス反応に及ぼす効果を弱めるのである。

一方，行動次元のサポート受領は，コーピングを促進し，その結果，ストレスが健康に及ぼす効果を緩衝する（図8-5参照）。このとき実際に受けとるサポートはなんでもよいというわけではなく，ストレッサーの要請と一致する必要がある。これはストレッサーとサポートのマッチング仮説（Cohen, S. et al., 1984）と呼ばれる。つまり，一時的に失職した人には，金銭などの道具的サポート受領がコーピングを促進するが，友人を亡くした人には，道具的サポートよりも情緒的サポートが適応的なコーピングを促進し，ストレス反応を弱める機能をもつ。

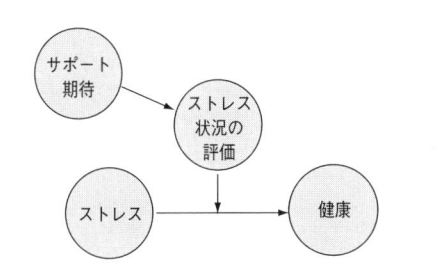

図8-4 サポート期待のストレス緩衝モデル
(Lakey, B. et al., 2000)

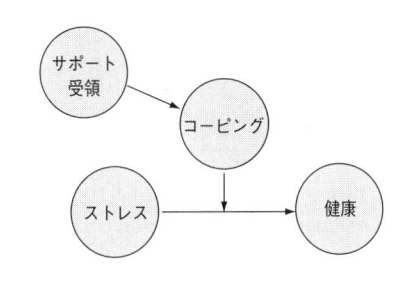

図8-5 サポート受領のストレス緩衝モデル
(Lakey, B. et al., 2000)

3節 ソーシャルサポートはどのように効くのか

　ソーシャルサポートはどのような効果をもつのであろうか。ソーシャルサポートの健康に及ぼす効果には大きく分けて2種類がある（Cohen, S. et al., 1985; 浦，1992; 橋本，2005）。1つが直接効果モデル（the main effect model）であり，もう1つがストレス緩衝モデル（the stress-buffering model）である。

1. サポートの直接効果モデル

　このモデルは，ストレスの程度に関係なくソーシャルサポートが症状の生じやすさに影響を及ぼすことを仮定するモデルである（図8-6参照）。つまり，ストレスが高い状態でも，ストレスが低い状態でも，サポートを多く受ける人（サポート高群）は少ない人（サポート低群）よりも症状が発生しにくいというモデルである。統計分析的には，症状という従属変数に対して，ストレス要因（高群 VS 低群）×サポート要因（高群 VS 低群）を独立変数とした2要因分散分析の結果，サポート要因の主効果が認められ，ストレス要因とサポート要因の交互作用は認められない結果を予測する。

2. サポートのストレス緩衝モデル

　このモデルは，ストレスの程度が低いときはソーシャルサポートが少なくても多くても症状の発生度に影響を及ぼすことはないが，ストレスの程度が高いときは，ソーシャルサポートの多い人は少ない人に比べて症状の発生度が弱まると仮定するモデルである（図8-7参照）。図8-7の直線Aはソーシャルサポー

図8-6　ソーシャルサポートの直接効果モデル
（Cohen, S., et al., 1985）

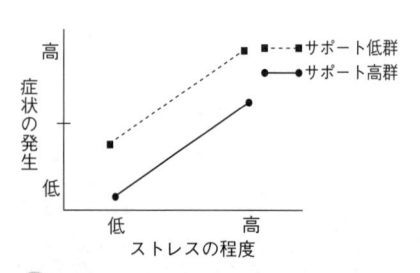

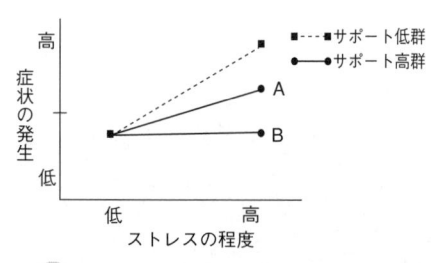

図8-7　ソーシャルサポートのストレス緩衝モデル（Cohen, S. et al., 1985）

トによって症状の発生度が弱まったことを示し，直線Bはソーシャルサポートによって症状が発生し難いことを示す。統計分析的には，ストレスとサポート要因の各主効果とともに，2つの要因の交互作用が認められる結果を予測する。

4節　ライフサイクル別ソーシャルサポート

　ゆりかごから墓場まで，人は周囲の人々からいろいろなサポートを受けているが，本節では大学生と成人を対象としたソーシャルサポート研究を紹介する。

1. 大学生を対象としたソーシャルサポート研究

　福岡ら（1997）は大学生における家族および友人についてのサポート期待と精神的健康の関連を検討した。方法は，大学生170名（男性75名，女性95名）の対象者に対して3つの質問紙を実施した。①ソーシャルサポート質問紙は，「アドバイス・指導」「なぐさめ・はげまし」と「物質的・金銭的援助」「具体的行動による援助」の4つのカテゴリーごとに各3項目で構成されるが，前者の2つのカテゴリーを「情緒的サポート」，後者の2つのカテゴリーを「道具（手段）的サポート」に再カテゴリー化し，分析に用いる。なお，この質問紙はサポート資源を家族および友人と考え，自分に対して援助的な行動をどの程度すると思うか（サポート期待）を5件法で尋ねたものである。②生活ストレスには，日常いらだち尺度（宗像ら，1986）を用いた。この尺度は高得点であるほど日常的ストレスを強く感じていることを示す。③抑うつは精神健康調査票GHQの日本語版（中川ら，1985）から7項目を選択し，使用した。

　結果は，表8-3に示すとおり男女ともに生活ストレスの主効果が認められ，生活がストレスフルであると認知されるほど，抑うつ度が高い結果となった。サポート期待の効果は，男性では家族からのサポートには有意な関係は認められなかったが，友人からの情緒的および道具的サポートともに主効果と交互作用効果（緩衝効果）が認められた。一方，女性はすべてのサポートにおいて主効果が示された。すなわち，家族と友人からの情緒的または道具的サポートの

● 表8-3　抑うつ度に対する階層的重回帰分析（福岡ら，1997より作成）

独立変数	男子大学生	女子大学生
A：生活ストレス	.427***	.165**
B1：家族からの情緒的サポート	.001	.068**
A×B1（交互作用）	.0003	.015
B2：家族からの道具的サポート	.003	.063**
A×B2（交互作用）	.0001	.036*
B3：友人からの情緒的サポート	.048*	.053*
A×B3（交互作用）	.037*	.006
B4：友人からの道具的サポート	.026⁺	.098***
A×B4（交互作用）	.032*	.0002

***$p<.001$，**$p<.01$，*$p<.05$，⁺$p<.10$

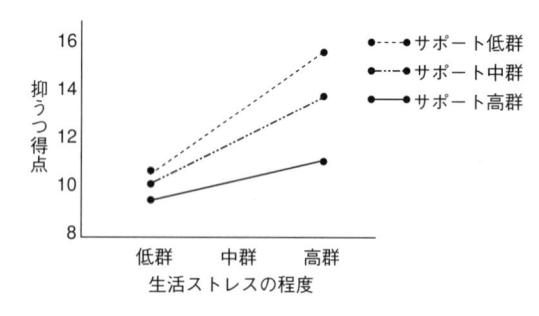

● 図8-8　女子大学生における家族からの道具的サポートが抑うつに及ぼす緩衝効果（福岡ら，1997）

いずれも抑うつを弱める効果が認められた。また，ストレスと家族からの道具的なサポートとの交互作用効果も示された（図8-8参照）。すなわち，サポートのストレス緩衝効果が認められたことになる。

　大学生を対象としたソーシャルサポート研究は嶋（1992）や和田（1992）の研究など多数あるが，和田（1992）の研究では健康のほかにも孤独感を従属変数として扱い，ソーシャルサポートと孤独感の間に，ソーシャルサポートの多い人ほど孤独感が小さく，ソーシャルサポートの少ない人ほど孤独感が大きいという関係を確認している。孤独感は不適応の指標の1つとして使用されることがあるが，「孤独感は必ずしもストレス経験に随伴するとは限らない」（橋本，2005）。むしろ，健康との関連で注目されるのは，主観的な孤独感よりも構造的測度としての社会的孤立（social isolation）である。

2. 成人を対象としたソーシャルサポート研究

　伊藤ら（2004）はソーシャルサポートと中年期の夫婦の心理的健康との関連を検討した。この研究はストレス要因を考慮せず，ソーシャルサポートが心理的健康に直接効果をもたらすかどうかを検討したものである。対象者は，男性483名，女性522名であり，平均年齢は男性が50.1歳，女性が47.5歳であった。質問紙は，ソーシャルサポートの測度には情緒的サポート質問紙を使用し，サポート資源を子ども，配偶者，親，きょうだい，友人などとし，サポート期待を尋ねた。従属変数には，主観的幸福感尺度（伊藤ら，2003）を用いた。重回帰分析の結果，男性では配偶者，子ども，友人へのサポート期待が幸福感に影響を及ぼし，女性では配偶者へのサポート期待のみが幸福感に影響を及ぼした（図8-9参照）。つまり，成人期の男性であれ女性であれ，配偶者からサポートを受けるだろうという期待が主観的幸福感の大きさに寄与することを示したのである。

　家族サポートの効果は，福川ら（2005）の研究においてもみられる。家族サポートの少ない成人に比べて多い成人は，友人との死別体験による抑うつ度を低める結果を示した。死別対象（友人）とは異なるカテゴリー（家族）のサポートでもストレス緩衝効果が認められたのである。

男性：配偶者 →（.21***）幸福感；子ども →（.17***）幸福感；友人 →（.10*）幸福感　$R^2=.08$ （$F=13.4^{***}$）

女性：配偶者 →（.32***）幸福感　$R^2=.10$ （$F=18.8^{***}$）

***$p<.001$, *$p<.05$

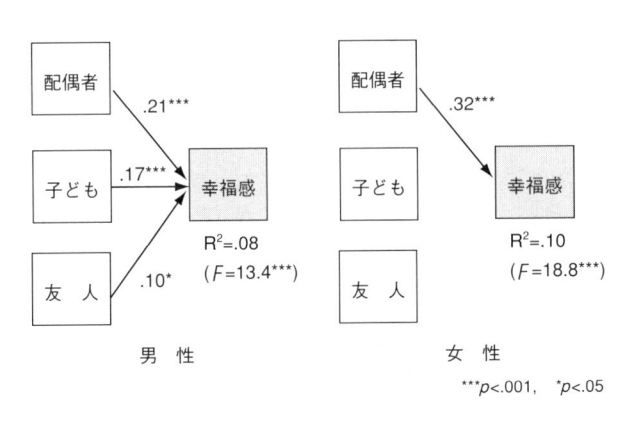

図8-9　中年期におけるソーシャルサポートが幸福感に及ぼす重回帰分析（伊藤ら，2004より作成）

9章 魅力と対人関係

　われわれが人に魅力を感じるときには，どのような要因が作用しているのであろうか。人との関係はどのように進展し，何が原因で崩壊するのであろうか。本章では，これらの疑問に挑んできた社会心理学の知見と，対人関係研究の他の諸相に言及し，魅力と対人関係に関する研究状況の概要を示そう。

1節　対人魅力の規定因

　対人魅力とは，他者について形成される肯定的な態度である。魅力を高める条件への研究関心は高く，多くの要因が見いだされてきた。第一は，熟知性（familiarity）である。われわれは一般に，まったくの見知らぬ人に比べると，見慣れた人に魅力を感じやすい。この熟知性の効果は，生活する人と人との物理的距離の近さ（近接性）が互いの魅力を高めることや（Festinger, L. et al., 1950; Segal, M. W., 1974），特定の刺激への接触回数の多さがその刺激の魅力を高める単純接触効果（Zajonc, R. B., 1968）から知ることができる。
　第二は，態度の類似性（attitude similarity）である。図9-1のように，人は態度（本書5章参照）が自分と似ている人を好きになる（Byrne, D. et al., 1965）。最近の研究では，現行の時間の流れにおける主観的経験を共有する他者（たとえば，だれかの冗談に自分と同じように笑っている人）が魅力的であると評価されやすいことが示されており，この効果は他者との経験の共有感が自己の存在的孤立感を緩和させるためであると解釈されている（Pinel, E. C.

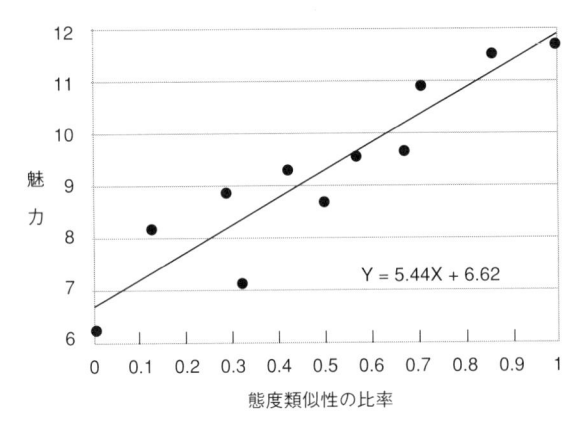

図9-1 他者との態度の類似性と魅力の直線的関係 (Byrne, D. et al., 1965より作成)

et al., 2006)。

　第三は返報性(reciprocity)である。たとえば，初対面の集団で人は，自分に好意をもっている人がいることを知ると，その人とペアを組んで作業をしたいと答える。しかし，その効果はメンバー間の相互理解が不十分な集団形成の初期段階でみられやすい(Backman, C. W. et al., 1959)。

　第四は，身体的魅力(physical attractiveness)である。新入生歓迎ダンスパーティの機会を利用したフィールド実験では，男女とも自分の魅力の程度にかかわらず身体的魅力の高い人に対して好意をもちやすかった(Walster, E. et al., 1966)。その後，美男美女に高い魅力を感じる現象は，美形な人がさまざまなよい特性をもつと誤って知覚される美形ステレオタイプの効果として考えられるようになった(Dion, K. et al., 1972)。また，近年の身体的魅力の研究では進化心理学的なアプローチもなされている。たとえば，もし配偶者選択において身体的魅力の高い人の獲得が繁殖の点で重要であるならば，それへの適応として，人は魅力の評価に認知資源を費やしてきたはずだとする見方がある。この観点からマナーら(Maner, J. K. et al., 2003)は，人に多くの顔写真を見せると，その中に含まれていた魅力的な顔の数を実際よりも多く答えることを見いだし，人が魅力的な顔に注目しがちであるからこそ，このような偏った反応が観察されるのだと解釈した。そして，とくに男性顔よりも女性顔についてその効果が顕著であり，さらに結婚や恋愛のパートナーの有無が影響を及ぼして

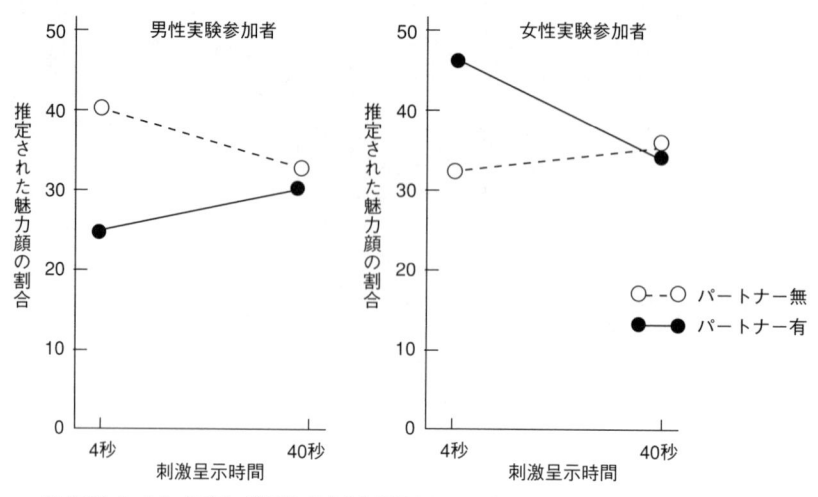

15枚のうち、5枚（30%）が事前に魅力的と評価されていた顔写真であった。男性はパートナーがいない場合に、女性はパートナーがいる場合に、短い呈示時間の条件で魅力顔の割合を高く推定している。長い呈示時間の条件ではおおむね正しく推定された。

● 図9-2　同時呈示された女性顔写真に占める魅力顔の割合の推定（Maner, J. K. et al., 2003より作成）

いた（図9-2）。まず男性はパートナーがいない場合に魅力的な女性顔に注目しやすかった。これは、男性は魅力的な女性の獲得が重要であるとする考えと一致するのでよくわかる。しかし、女性はパートナーのいる場合に魅力的な女性顔に注目しやすかった。これは一見すると不思議だが、女性は自分のパートナーを他の女性に奪われないようにするために、美人をチェックしておく傾向をもつためであると解釈がなされた。

2節　対人関係の進展と維持

　人が関係をつくる経緯は一通りではない。魅力的な人と積極的に関係をもとうとしたり、告白に散々躊躇した末に結ばれたり、気がついたら大親友になっていたりとさまざまである。どのような経緯であれ、その後、ある関係は続き、ある関係は終わる。いったい何が関係の行く末にかかわっているのであろうか。
　第一は自己開示である。一般に親密さが高い関係ほど続きやすいが、関係が

進展し親密化するためには，お互いのことをよく知る必要がある。そのためには，他の人には話さないような自己の秘密を打ち明けることが欠かせない。それが自己開示である。これまでに，表面的であるよりは深い自己開示をする人が好まれること，最初に好意を抱いた相手により多くの自己開示がなされること，自己開示の受け手は開示者に好意をもつことが明らかにされている（Collins N. L. et al., 1994）。

第二は，帰属である。人は関係の中で，相手の行動の原因帰属を行なう場合がある（本書3章参照）。とくに相手が自分を批判したり，無視したりするような否定的な行動をとったときは，なぜそのようなことをするのか考えるであろう。結婚している人々を対象とした研究では，ある時点においてパートナーの行動の原因をその性格や気分に帰属する人よりも，自分の言動や性格に帰属する人のほうが，1年後の結婚満足度が高いことが見いだされている（Fincham, F. D. et al., 1993）。

第三は，関係へのコミットメントである。これは関係維持の動機づけや意図の強さのことであり，個人の主観的，内的な心理状態であるとみなされている。コミットメントが高くなれば関係は維持されやすくなり，それが低くなれば関係は崩壊しやすくなる。コミットメントに影響するのは，関係への満足感，他の選択肢の質，投資量などがある（Rusbult, C. E., 1983）。関係への満足感はその関係にまつわる報酬とコストで規定される。他の選択肢の質とは，別の関係に移ったときに得られると予想される満足感のことである。投資量にはその関係につぎ込んだ時間や金銭だけでなく共有する記憶（たとえば，いっしょに旅行した思い出）なども含まれる。関係は2人で形成するものであるために，1人のコミットメントが高くてももう1人は低い場合があり，コミットメントの低い人のほうが，関係存亡の鍵を握っている（Attridge, M. et al., 1995）。こうしたケースは相互依存理論（Thibaut, J. W. et al., 1959; Kelley, H. H. et al., 1978）では，一方向的依存の関係という。この理論は，親密な関係にある2者は，一方の行動選択が他方の報酬とコストに影響するという状況にあると前提して，①依存の相互性（双方向か一方向か），②各人の依存の程度，③成果の一致性（一方の行動や選択が他方の成果にもなるか否か），④依存の基盤（運命統制：相手の選択によって成果が左右される程度，行動統制：相手と自分の選

択が同じか異なるかによって成果が左右される程度）といった特性から親密関係の多様な相互依存パターンの理解をめざすものである。

　第四は，最近になって研究が進んできた個人差要因である。ダウニーら（Downey, G. et al., 1998）は，恋愛関係の崩壊に関する自己成就予言について検討した。彼らは相手から拒絶されるのではないかと不安に思う傾向を拒絶への敏感さとして，この程度が高い人は相手のあいまいな行為に対して否定的な意図を推測しやすく，そのためそれに過剰な反応をしてしまい，結果的に相手の否定的な反応を実際に引き出すことを示した（図9-3）。一方，マレイら（Murray, S. L. et al., 2005）は，自尊心の低い人は恋人の自分への好意や気遣いも低く評価しがちであるが，それは恋人と比較して相対的に自分を低く評価するためではないかと考えた。そして，恋人の短所に気づかせて2人の差が小さいと認識させると，相対的な自己評価が高まり，恋人の好意や気遣いを高く評価するようになることを見いだした（表9-1）。

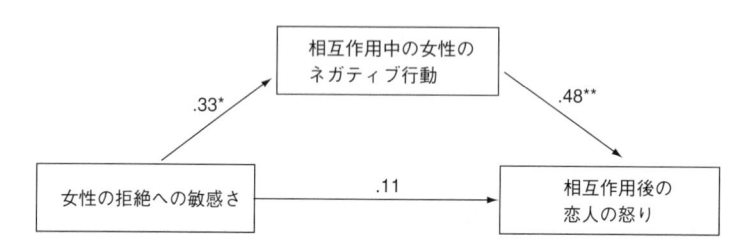

図9-3　女性の拒絶への敏感さがネガティブ行動を通して恋人の怒りを強める過程
（Downey, G. et al., 1998 より作成）

表9-1　自尊心と恋人の短所への注目が恋人からの評価に及ぼす影響（Murray, S. L. et al., 2005）

	低自尊心		高自尊心	
	恋人の短所に注目	統制群	恋人の短所に注目	統制群
恋人からの好意や気遣い	0.24	-0.61	0.13	0.31
対人的自尊心	-0.25	-0.67	0.43	0.61

　注）数値は回帰式に基づく予測値の条件別平均値である。恋人の短所に注目する群は「相手が自分勝手だと感じたことがありますか」など，関係の中での恋人の否定的な行動に関する多くの項目に回答した。統制群は「交通違反をしたことがありますか」など関係とは無関連な相手の行動に関する項目に回答した。恋人からの好意や気遣いは，「相手は私の欠点を受けいれて我慢してくれている」「相手は私に寄り添ってくれる」などの項目。対人的自尊心は対人関係内で自分に関する評価として「受容された－拒否された」「適切な－不適切な」などの項目に回答した。

3節　対人関係の問題と認知の歪み

　気が合う友人どうしでも，お互いに相手を正確に理解するのは難しい。相手が自分の期待するようにふるまってくれないと思うことや発言を誤解されることが，関係がうまくいかなくなる一因となることも少なくない。われわれが他者を認知する際にはさまざまなバイアスやエラーが生じるのだが（本書3章参照），ここでは，まず対人関係の問題と関連しやすい認知バイアスとみられる透明性の錯覚（Gilovich, T. et al., 1998）についてみる。

　これは自分の感情や思考などが，実際以上に他者に明らかになっていると考える傾向である。この錯覚が生じると，相手は自分の気持ちをわかってくれているはずだと考えてしまい，現実に期待がかなわないときに，相手への不満を高める可能性がある。また，もともと対人不安の高い人が，自分の不安が実際以上に他者に明らかになっていると信じることで，さらに不安を高めてしまうと考えられる（Gilovich, T. et al., 1999）。

　ギロビッチらは，いくつかの実験を通してこの錯覚が生じることを確認している。"集団による問題解決実験（研究3）"では，参加者は，与えられた問題について集団で考えるよう指示された。実は集団の中の一人は実験者側の協力者であり，ルールを無視した言動を行なった。すべての問題を解き終わったあと，参加者は，この事態に遭遇してどの程度心配に感じたか，自分の心配が他のメンバーにどの程度明らかになっていたと思うか，各メンバーはどの程度心配していたかについてそれぞれ評定した。すると図9-4のように，参加者の心配は，本人が予想したほど，他者には見透かされていなかったのである（Gilovich, T. et al., 1998）。

　透明性の錯覚は，自己中心性バイアスの一種であり，自己という視点を乗り越えることの困難さから生じると考えられる。人は最初の判断の出発点から調整を加えて推論を行なうことがある（Tversky, A. et al., 1974）。他者は自分について完全にわかっていないとは認識していても，自分の心の状態を出発点として，調整が不十分なままに他者の心を推測してしまう。そのため，実際よりも他者が自分のことをわかっていると推測しやすいと考えられる。

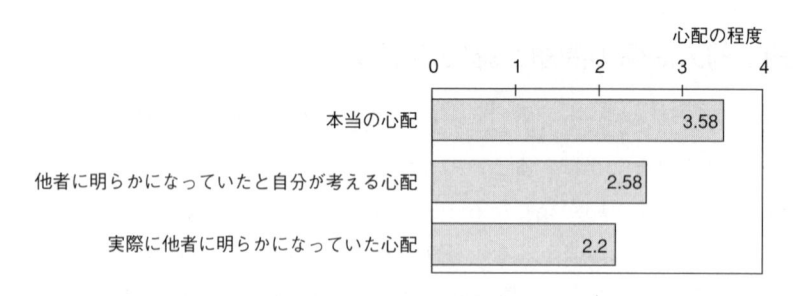

図 9-4 透明性の錯覚に関する実験結果 (Gilovich, T. et al., 1998)

心配の種類	心配の程度
本当の心配	3.58
他者に明らかになっていたと自分が考える心配	2.58
実際に他者に明らかになっていた心配	2.2

　一方，関係への期待や思い込みに関連する概念として，愛着スタイルがある。愛着（アタッチメント）とは，ある特定の他者との間に形成される強い情緒的な絆と定義される（Bowlby, J., 1969）。愛着は乳児期から養育者との関係の中で形成されていくが，その関係をどのように経験したかによって，愛着スタイルに個人差が生じ，それが成人の対人関係にも反映されると考えられている。たとえば，親しい友人をもつことは楽しいことだと考える人は，すすんで新しい友人をつくろうとするだろうが，親しくなってもいつかは別れなければならないと考えてしまう人は，新しい関係を築くことをためらうかもしれない。

　バーソロミューら（Bartholomew, K. et al., 1991）は成人の愛着に関する 4 カテゴリー・モデルを提案した。このモデルは，自己イメージが肯定的か否か（自分は愛される価値があるか否か）と，他者イメージが肯定的か否か（他者は信頼できるか否か）という 2 軸の組み合わせから，成人の愛着を，表 9-2 のように 4 つに分類するものである。安定スタイルの人と比べて，不安定な他の 3 つの愛着スタイルの人は，相手のあいまいな行動に敵意や思慮のなさを帰属する傾向（Collins, N. L., 1996），葛藤時に相手を非難しがちで心理的苦痛を感じやすい傾向（Collins, N. L. et al., 2006），さらには，相手の親切をサポーティブと受け取りにくい傾向（Collins, N. L. et al., 2004）など，関係上の不満や不適応感につながるような認知傾向を示しやすいことが指摘されている。

　愛着スタイルは長期にわたって継続性を有すると考えられている一方，ライフイベントや親密な対人関係の影響によって変化することも示唆されている（安藤ら，2005）。愛着スタイルはどのような条件下でどのように変化し，対人

● 表9-2 成人の愛着（アタッチメント）の4カテゴリー・モデル
（Bartholomew, K. et al., 1991 より作成）

		自己モデル（依存）	
		肯定的（依存低）	否定的（依存高）
他者モデル（回避）	肯定的（回避低）	安定型（Secure） 親密であることと自律的であることが快適	とらわれ型（Preoccupied） 関係への感情的巻き込まれ
	否定的（回避高）	拒絶回避型（Dismissing） 親密さの拒絶 反一依存的	対人恐怖的回避型（Fearful） 親密さへの恐れ 社会的関係からの回避

注）自己モデルと他者モデルの2軸は，関係への不安と親密性の回避という成人の愛着の基本的な次元を表わす（Collins, N. L. et al., 2006）。また，愛着スタイルについては安定型，アンビバレント型，回避型の3分類もよく知られている（たとえば，Hazan, C. et al., 1987）。

関係にどのような影響を及ぼすのか，今後の研究の進展が期待される。

4節　対人関係研究の諸相

　対人関係とはどのようなものであり，われわれにとって，いかなる意味をもつのであろうか。この問題には，多くの研究者が関心をもっており，さまざまな角度から解明が試みられている。ここですべてを網羅するのは難しいが，そのいくつかをみていこう。

　第一は，関係の類型である。そもそも対人関係にはどのような種類のものがあるのだろうか。フィスク（Fiske, A. P., 1992）は，共同体的共有，権威的順位，平等的均衡，市場的価値の4つが人間の基本的な関係の型であるとした（表9-3）。このモデルは，日常的な親子関係，友人関係，恋人関係といった分類とは別の，心理学的な観点からの類型の試みとして意義がある。

　第二は，進化的観点から対人関係をみるアプローチである。これらは基本的には個体の生存と生殖（自分の遺伝子を残すこと）の成功確率から関係における平均的な個体の行動の予測と説明を試みる（Buss, D. M., 1999）。たとえば，母親はみずから出産するのでその子が間違いなく自分の子であると確信できるが，父親は配偶者の産んだ子が自分の子であるという完全な確信がもてない。

● 表9-3　対人関係の4基本型 (Fiske, A. P., 1992 より作成)

特徴	共有	権威	平等	市場
相互交換	人々はできることを相手にしてやり、その際に必要なものは共通資源から取り出す。個人の獲得物は、集団への貢献度ではなく集団への所属によって決まる。	上位者は望むものを先取りしたり専有したり、下位者から貢物を受け取る。逆に、困窮している下位者に必要なものを与えて保護する責任がある。	バランスある現物の交換。適度な猶予期間をもって互いに同じ物や等価な物をやり取りする。	市場価格や有用性に応じて、受け取った物資の支払いや交換をする。
仕事	誰もが見返りを考えずに、できることを行なう。作業を分けて個人に割り当てを課したりせずに、やるべきことはすべて集団の連帯責任があるとみなされる。	上位者は下位者の仕事を指示・コントロールしながら、負荷の少ないことをする。上位者は下位者の労働生産をコントロールする。	同時並行的にはたらく、割り当てを等しくする、交換するなどのやり方を使って、仕事の各局面で各人物が同じように負担する。	時間や出来高に応じて計算される賃金で働く。
社会的アイデンティティと関係的自己	自然なメンバーシップ。自己は先祖、人種、民族、共通起源、共通運命によって定まる。アイデンティティは最も身近で永続的な人間関係から派生する。	崇敬される指導者あるいは忠実な部下としての自己。アイデンティティは、上位階級と特権か、下位階級と労役かによって定まる。	相互に独立しているが相等しい仲間、同等の仲間としての自己。アイデンティティは準拠集団に留まり、関係を維持するか否かに依拠している。	自己は仕事や経済的役割、すなわちどれくらい生計の資源を稼ぐかによって定まる。アイデンティティは事業の成功や失敗の産物。

注) フィスク (1992) では、全部で19の特徴が指摘されており、ここではそのうち3つを抜粋した。

　この相違によって，母親が父親よりも子の世話を多くするという現象や，女性よりも男性のほうが恋人の肉体的浮気を嫌がるといった実験結果 (Buss, D. M. et al., 1992) の説明が試みられている。ほかに，きょうだいあるいは親戚関係はおのおのの遺伝的関連性や包括適応度の観点から，仲間や集団関係は協力がもたらす利益の観点から，それぞれの関係における行動について理解が進んでいる。

　第三は，社会的排除の影響である。他者から排除されることは人々の認知や感情にどのような影響を及ぼすであろうか。たとえば，ボーマイスターら (Baumeister, R. F. et al., 2002) は，社会的排除の予期が単純な記憶能力よりも論理的思考を要する課題の成績を低めることを示した。これは，社会的排除

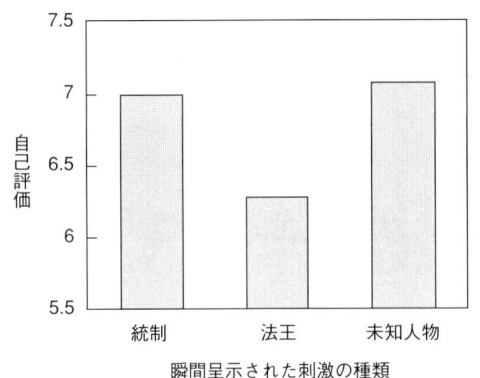

[図: 棒グラフ。縦軸「自己評価」5.5〜7.5、横軸「瞬間呈示された刺激の種類」。統制≒7.0、法王≒6.3、未知人物≒7.1]

実験にはカトリック信仰のある大学生が参加した。法王はカトリック教会ローマ教皇ヨハネ・パウロ2世（1978年10月から2005年4月まで在位）の顔写真，未知人物は他大学の教授の顔写真，統制条件は無地の白カードが瞬間呈示された。

図 9-5　関係性が自己評価に及ぼす影響（Baldwin, M. W. et al., 1990 より作成）

という重大な事態に対する防衛として，深い情報処理を中止し，自己の心的実行機能を低下させるためであるという。ボーマイスターの研究グループは，同様の手続きを用いて，社会的排除の予期が，リスクの高い選択，健康によくない行為の選択，課題実施前の練習時間の浪費といった自滅的な行動を増加させることも見いだした（Twenge, J. M. et al., 2003）。

　第四は，対人関係が自己評価や自己知識といった自己の定義に及ぼす影響である。この観点は100年以上も前にジェームズ（James, W., 1890）の社会的自己の論考の中で示唆されていたが，研究手法の発展によってその実態が明らかにされてきた。たとえば，ボールドウィンら（Baldwin, M. W. et al., 1990）は，特定の人物の顔写真の瞬間的な呈示によって，自己評価が変化することを示した（図9-5）。これは呈示された人物との関係性と自己評価とが対応づけられていることを表わすとみることができる。

10章 非言語コミュニケーション

1節 対人コミュニケーションにおける相互作用過程

　対人コミュニケーションは，なんらかのメッセージが送り手と受け手との間で相互に交換される。その相互作用過程は，図10-1のように示すことができる。

　対人コミュニケーションは，特定の社会的状況の中で，送り手は自分が感じ，思っていることなどの心的内容をさまざまな手段によってメッセージを伝達する。この心的内容をメッセージに変換する過程が，記号化（あるいは符号化：encode）と呼ばれる。そして，変換されたメッセージを伝達する手段や経路が，言葉や声，顔，姿勢，視線などのチャネル（channel）である。受け手は送られたメッセージに注目し，送り手が伝えようとしている意味内容を復元し解釈しようとする。この復元，解釈する過程が解読（decode）である。

　送り手・受け手との役割は交代する。しかし，現実には同時進行である。われわれは「こんにちは」と笑顔であいさつしながら，相手の表情を見る。また相手も，言葉に耳を傾けながら笑顔を返す。ただし，周囲の状況，相手との関係，互いの気分や感情など，多様なノイズによりメッセージが送り手の意図通りに伝わらず，受け手の誤解を生むこともある。そこで送り手は自分や相手の言動を確認しながら，送るメッセージを調整する。この送信内容を受信内容に戻す仕組みがフィードバックである。こうして，受け手の誤解を避けるのである。

　以上の相互作用モデルは個体間，集合体間（たとえば，企業間）や個体と集合体，さらにマス・コミュニケーションに対しても，適用可能なモデルとなっている（竹内，1990）。ただし，基本となったシャノン（Shannon, C. E., 1948）

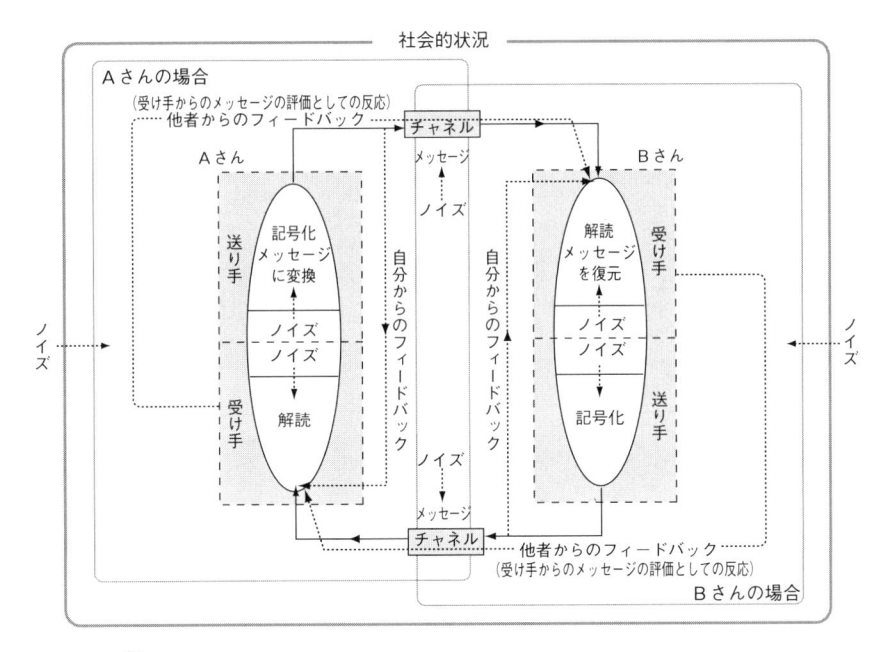

● 図10-1 コミュニケーションのプロセス・モデル（瀧本，2000を一部修正）

のモデルは，数学的に表現された通信の情報理論に基づいている。現実の世界は，さらに複雑な過程であることを忘れてはならない。

2節　コミュニケーション手段としての非言語

　対人コミュニケーションでは，送り手も受け手も，さまざまな手段や経路であるチャネルを用いる。このチャネルは，音声と非音声，言語と非言語という2つの要素に大別できる（図10-2）。非言語における音声は音響・聴覚的な要素を含み，非言語発話ともいわれる（Street, R. L. Jr., 1990）。非言語発話には韻律的特徴を示すプロソディ（杉藤，1992）と言語活動にともない意思伝達に寄与するパラ言語が含まれる。非言語における非音声には，視線行動から身体動作，身体特徴，対人距離・着席位置などの空間行動（プロクセミックス：proxemics，近接学ともいわれる；Hall, E. T., 1966），服装や化粧，アクセサリー

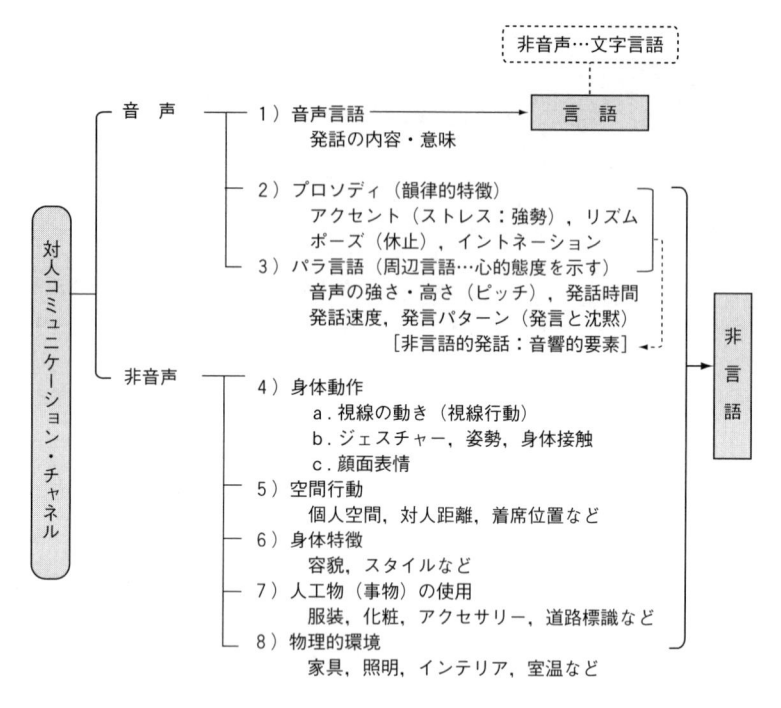

```
対人コミュニケーション・チャネル
├ 音　声 ─┬ 1）音声言語 ──────→ 言　語 ←┈┈ 非音声…文字言語
│　　　　　│　　発話の内容・意味
│　　　　　├ 2）プロソディ（韻律的特徴）
│　　　　　│　　アクセント（ストレス：強勢），リズム
│　　　　　│　　ポーズ（休止），イントネーション
│　　　　　└ 3）パラ言語（周辺言語…心的態度を示す）
│　　　　　　　音声の強さ・高さ（ピッチ），発話時間
│　　　　　　　発話速度，発言パターン（発言と沈黙）
│　　　　　　　　［非言語的発話：音響的要素］
└ 非音声 ─┬ 4）身体動作
　　　　　│　　a．視線の動き（視線行動）
　　　　　│　　b．ジェスチャー，姿勢，身体接触
　　　　　│　　c．顔面表情
　　　　　├ 5）空間行動
　　　　　│　　個人空間，対人距離，着席位置など
　　　　　├ 6）身体特徴
　　　　　│　　容貌，スタイルなど
　　　　　├ 7）人工物（事物）の使用
　　　　　│　　服装，化粧，アクセサリー，道路標識など
　　　　　└ 8）物理的環境
　　　　　　　　家具，照明，インテリア，室温など
　　　　　　　　　　　　　　　　　　　　　　　　　　　　　非言語
```

● 図10-2　対人コミュニケーション・チャネルの分類（大坊, 1998 と Hinde, R.A., 1972 を参考に作成）

などの身につけるもの，さらに道路標識などの人工物，インテリアや室温などの物理的環境まで含まれる。

さらに非言語の起源，用法，意図性，記号化などに着目した分類としては，エクマンら（Ekman, P. et al., 1969）およびエクマン（Ekman, P., 1980）による以下の5分類がある。

①表象（emblem）：一定の意味を伝達するきわめて言語を換言した動作。
②例示動作（illustrator）：発話内容や思考過程を手や腕で例示する動作。
③調節動作（regulator）：相手の発言にうなずくなど発話を調整する動作。
④感情表示（affect display）：顔の表情や身体による感情表現など。
⑤適応動作（adaptor）または身体操作（body manipulator）：頭を掻く，鉛筆を回すなど，ある身体部位で他の部位に何かをする適応的動作。

3節 非言語行動の機能

　言語は意味の伝達を目的とする意図性の高いチャネル，非言語は意図性の低いチャネルとされる。しかし，非言語においても高い意図性をもつこともある。リッチモンドら（Richmond, V. P. et al., 2003）は，意図性の観点から非言語行動と非言語コミュニケーションを4領域に分類した（表10-1）。

　意図性の有無に関係なく送信メッセージを受け手が解釈する領域①と③で，非言語コミュニケーションは発生する。領域②と④では受け手に解釈されないため，非言語コミュニケーションは発生しない。また，彼らは領域③を偶発的，かつ一般的なコミュニケーションであり，同時に，誤解を生み，コミュニケーション危機を生じさせる可能性があることを指摘している。

　そして彼らは，非言語メッセージの機能として以下の6点を示している。

①補完（complementing）：「ありがとう」と笑顔で握手をするなど，言語メッセージの意味を強化，明確化，詳細化，精緻化し，説明する機能。

②矛盾（contradicting）：相手を見ずに「ああ，いいよ」と承諾するなど，言語メッセージと反する内容を伝達する機能。皮肉や欺瞞などで示される。

③強調（accenting）：大きな声で話すことにより発話内容の重要性を伝えるなど，言語メッセージを強めたり，誇張したり，目立たせる機能。

④反復（repeating）：「煙草を1つ下さい」と言いながら（言ってから）指を1本示すなど，言語メッセージのくり返しや言い直しをする機能。

⑤調節（regulating）：話をしていて，相手を見る，沈黙を置くことで発言の交替を示すなど，言語メッセージの流れを調整，管理する機能。

● 表10-1　非言語行動と非言語コミュニケーション（Richmond, V. P. et al., 2003 より作成）

		送り手（Source：情報源）	
		メッセージを送る意図をもって行動	メッセージを送る意図をもたずに行動
受け手（Receiver）	行動をメッセージとして解釈する	①非言語コミュニケーション	③非言語コミュニケーション
	行動をメッセージとして解釈しない	②非言語行動	④非言語行動

⑥置換（substituting）：何も言わずに，手招きしたり，相手をにらむなど，言語メッセージの代わりに意味内容を伝える機能。

　以上のように，非言語メッセージは多様な機能をもつ。そして，多様な機能は複合してはたらき，言語，非言語ともに重要な役割を有する（McNeill, D., 1987）。また，これらのチャネルの使用は，社会的状況の特徴や媒介するメディアによって左右される（大坊，1998）。文化による差異も，無視できない。一方で，情報技術の進歩にともなって多メディア化が進み，コミュニケーションは複雑になってきている。

4節 コミュニケーション・メディアと非言語情報

1. コミュニケーション・メディア

　コミュニケーションにおけるあらゆる情報は，メディアを通して伝達される。メディアとは，コミュニケーションの成立を可能にする媒介物と定義され，電話やコンピュータだけでなく，直接会って話す対面もこれに相当する。こうしたメディアのおもな相違点は，伝達される非言語情報の種類や量であり，それらはコミュニケーション内容や行動に影響することが示されている。そこで，本節では，メディアの比較から示された非言語情報の効果について紹介する。

2. 対面メディアと音声メディアの比較

(1) 視覚情報の影響

　電話のような音声メディアは，対面メディアと違って身体動作や表情などの視覚情報が伝達されない。ラターら（Rutter, D. R. et al., 1977）は，これらのメディアを比較することで視覚情報の効果について検討した。その結果，音声メディアは同時発話の回数や時間が少なく，1回の発話時間が長かった。彼らは，視覚情報の欠如が相互作用の継続に対する不安を高めるため，相手の発話の妨害となる行動を抑制し，1回の発言の重要性を高めるとした。また，別の実験では，対面メディアよりも音声メディアにおいて，自己の発言が相手の印

象に及ぼす影響を無視した脱個人化発言や，課題のみに言及した課題志向的発言が多くみられた（Stephenson, G. M. et al., 1976）。

(2) 物理的距離の影響

視覚情報の効果を検討したラターらの実験に対して，ウィリアムズ（Williams, E., 1978）は，当事者間の物理的距離の重要性を指摘した。彼は，対面メディアと音声メディア，さらに対面メディアと物理的な情報量が同等のテレビ電話メディアを加え，比較した。その結果，対面メディアは他のメディアよりも同時発話と沈黙が多く，音声メディアとテレビ電話メディアには差がなかった。彼は，物理的距離も発話行動に影響することから，非言語情報の物理的な伝達量よりも，それによって喚起される社会的存在感が重要であると主張した。社会的存在感とはメディアを介して知覚される相互作用相手の存在に関する心理的顕在性の程度である（Short, J. et al., 1976; Lee, E. J. et al., 2002）。図10-3はメディアごとに知覚された社会的存在感の評定値である。この図は，社会的存在感が非言語情報の欠如や物理的距離の拡大によって低下し，対面メディアによって最も高く知覚されることを示している。

(3) 手がかり欠如モデル

ウィリアムズの指摘を受けたあと，ラターら（Rutter, D. R. et al., 1981）は対面状況，別室でのテレビ電話状況，カーテンで区切られた同室状況，電話状況を比較した。その結果，電話状況は対面状況よりも課題志向的発言が多く，相手の発言を妨げる可能性の高い同時発話が少なかった。そこで，彼らは特定の非言語情報の欠如よりも，伝達される非言語情報の絶対量の不足が個人の発

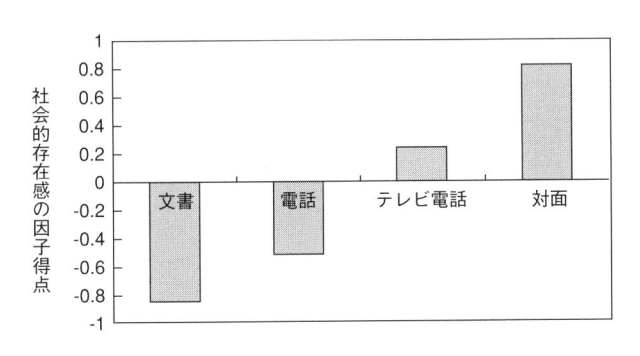

図10-3 メディアごとの社会的存在感（Short, J. et al., 1976を修正）

言に影響するという手がかり不足（cuelessness）モデルを提唱した。さらに，手がかりが少ないメディアほど，社会的存在感も低くなることを示唆した。

3. 対面メディアと電子メディア
(1) 社会的手がかり減少モデル

その後のメディア研究では，対面メディアとコンピュータを媒体とした電子メディア（Computer-Mediated-Communication: CMC）との比較がさかんに行なわれた。CMCでは視覚情報だけでなく，声の調子やパラ言語などの音声情報までもが欠如する。カーネギーメロン大学のキースラーら（Kiesler, S. et al., 1984; Siegel, J. et al., 1986）はCMC研究の先駆的研究グループである。彼女らは，電子会議において，個人の意見が極端化する集団極性化が生じやすいことや，フレーミングと呼んでいる侮辱や罵りなどの敵意的な発言，またはそのような発言の応酬が増加すること，議論への平等な参加が多くみられることを明らかにした。そして，CMCでは社会的規範に反した言動が生じやすいと結論づけ，社会的手がかり減少（Reduced Social Cue: RSC）モデルを考案した（図10-4）。このモデルでは，視覚的匿名性による社会的手がかりの欠如が個人の抑制力の低下を招くため，集団極性化やフレーミングをうながすと考える。

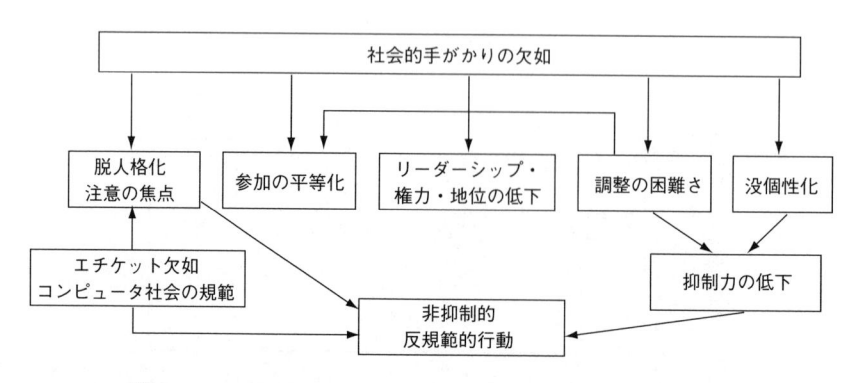

図10-4 社会的手がかり減少モデル（Kiesler, S. et al., 1984を修正）

(2) 社会的同一性と没個性化モデル

　RSC モデルに対して，スピアーズら（Spears, R. et al., 1992）は社会的文脈を重視した社会的同一性と没個性化（Social Identity and DE-individuation: SIDE）モデルを提唱した（図 10-5）。このモデルでは，社会的文脈によって高まった集団同一性が没個性化によって増大すると，当事者は集団規範に執着するため，集団極性化が生じやすいと考える。一方，個人の同一性が顕在化した場合，たとえ没個性化した状況であっても，当事者は個人的な規範に執着する。それゆえ，集団極性化は生じにくいとされる。これらのことから，彼らは社会的手がかりの欠如がただちに集団極性化やフレーミングなどの非抑制的行動を生じさせるわけではないと論じている。

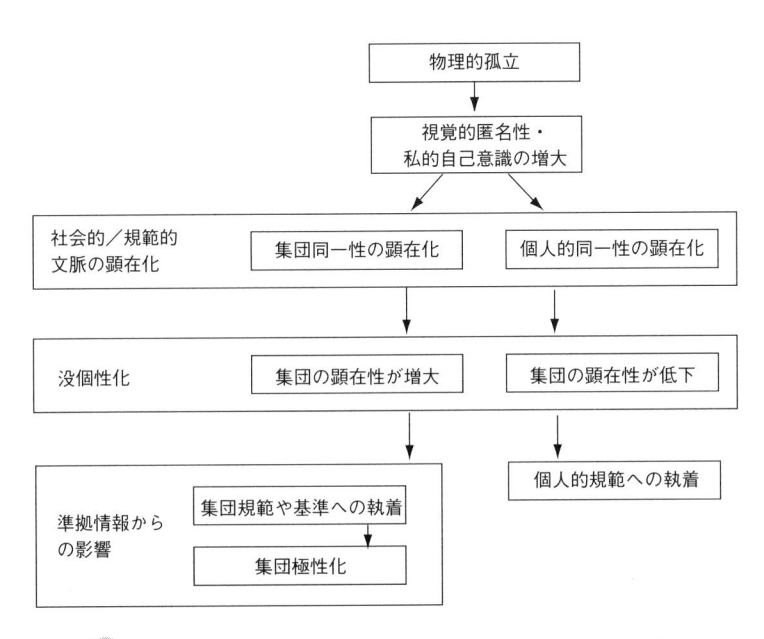

図 10-5　社会的同一性と没個性化モデル（Spears, R. et al., 1992）

11章 対人葛藤と交渉

1節　対人葛藤とその解決

1. 対人葛藤とは

　ある姉妹が1つのオレンジを取り合っている。どちらもそのオレンジがほしいといって譲らない。仕方がないので、半分に切って分けることにした。オレンジにナイフを入れようとしたそのとき、妹が「18にもなってあいかわらずお子様ね」と言った。それを聞いた姉は「妹のくせにえらそうに、あやまれ」と手にしたオレンジを妹に投げつけた。「いたっ、なにすんのよ」と妹。とうとう激しい口論が始まった。もはや妹の足元にころがったオレンジを気にとめる者はいなかった……。人々の間で生じる意見や利害の対立を対人葛藤という。対人葛藤はその原因から2つに分類できる（Thompson, L. L. et al., 1997）。資源葛藤と価値観葛藤である。資源葛藤はオレンジなどの資源をどう分けるかという点に両者の意見の不一致がみられ、対立の争点は明確である。また、それ以外の状況理解は共有されている。一方、価値観葛藤は意見や価値観、信念の不一致など状況のとらえ方の違いから生じる。その状況のどこに対立を知覚するかは当事者によって異なるので争点は共有されにくくなる。オレンジをめぐる姉妹の例では、姉は年上に対する妹の態度を問題視し、妹は人にものを投げるという姉の粗野な行動に不満を感じている。争点認識のずれは、自分の知覚した争点に対して、期待した反応が相手から得られにくくなることを意味しており、葛藤を長期化させるとともに感情的なしこりも残しやすい。複雑な対人

葛藤には資源分配と価値観の両方の対立が含まれていることが多い。

では実際の対人葛藤はどのような相手と生じているのだろうか。大渕ら（1997）は211名の大学生に葛藤経験を尋ねた（表11-1）。その結果，対人葛藤の相手は友人が最も多く，ついで同級生などの知人，初対面の相手，先生や上司といった目上の人，家族がつづいた。接触頻度の高い相手だけでなくまったく見知らぬ相手とも生じていることから，対人葛藤はどのような相手とも起こりうる日常的な現象といえる。

2. 葛藤解決の手続き

葛藤対処の方法は3つに大別できる。交渉（negotiation）や調停（mediation）といった当事者が共同で意思決定を行なう方法，裁判や仲裁（arbitration）といった第三者の意思決定に当事者が従う方法，闘争や回避など各当事者が別々に行動を選択する方法である（Pruitt, D. G. et al., 1993）。これらのうち，利害の不一致を当事者どうしの話し合いによって解決しようとする交渉は，双方にとって望ましい解決策を発見しやすい，経済的なコストが低い，人間関係を維持しやすいといった点で，とくに資源葛藤の解決に有効な手続きである。本章では交渉による解決過程に議論を限定する。

なお，調停と仲裁はいずれも第三者が非公式に介入して葛藤解決をはかる手

● 表11-1　大学生の対人葛藤の対象（大渕ら，1997のデータより作成）

対象	葛藤頻度（%）		親密さ評価
友人	50	(23.7)	4.31
知人	49	(23.2)	3.06
初対面	28	(13.3)	1.17
目上の人	27	(12.8)	2.50
両親	21	(10.0)	3.81
目下の人	6	(2.8)	2.17
他の家族	5	(2.4)	3.40
恋人	5	(2.4)	4.88
その他	20	(9.5)	2.00
	211		

注）親密さは「まったく感じていない（0）」から「非常に感じている（6）」の7段階で評価させた。

段だが，第三者の決定のもつ拘束力が異なる。調停では第三者の決定を当事者に強制するのではなく，あくまで当事者主体の葛藤解決を第三者が援助する形をとる（たとえば，Carnevale, P. J., 1986）。一方，仲裁は，第三者の仲裁案に当事者は従うという前提のもとに行なわれるため，その決定の拘束力は比較的強い。

2節　対人葛藤と認知

　葛藤や交渉は複雑な意思決定場面であり，当事者はその状況や相手に関するさまざまな情報処理をせまられる。こうした当事者の認知は葛藤行動やその結果に大きく影響する。

1. 固定和幻想

　冒頭の2人の姉妹がまだ幼かったころ，1つしかないクレパスのセットを取り合ったことがあった。「私がさきに使い始めたのに横取りしないで」「いいえ，これはもともと私のものよ」。よくよく聞いてみると，姉は水色のドレスを着たシンデレラを描きたかったのに対して，妹は真っ赤な太陽を描きたかったようだ。このようによく理解し合えば双方にとって望ましい解決策があるのに，互いの関心が真っ向から対立していると思い込むことを固定和幻想（fixed-pie assumption [perception]）という（たとえば，Bazerman, M. H. et al., 1983; 福野，2006）。こうした認知バイアスは葛藤の統合的解決を妨げる要因となる。トンプソンら（Thompson, L. L. et al., 1990）は大学生180名（90組）に買い手役か売り手役を割り当て，新車の売買交渉を行なわせた。ここでは4つの争点（ローン金利，税金，保証期間，納車日）が設けられ，それぞれの利得は得点表によって決められていた（表11-2）。なお相手の得点表は直接交換してみることができない。買い手の得点表では，「保証期間」において利得幅が最も大きく，「ローン金利」において最も小さく設定されていた。一方これとは反対に，売り手の得点表では，「ローン金利」において利得幅が最も大きく，「保証期間」で最も小さく設定され，両者の重要争点は異なっていた。実験参加者

表11-2　新車売買に関する交渉利得表 (Thompson, L. L. et al., 1990)

ローン金利	税金	保証期間	納車日
売手の利得			
10%　(4000)	レベルA　　(0)	6か月 (1600)	5週間後 (2400)
8%　(3000)	レベルB　(-600)	12か月 (1200)	4週間後 (1800)
6%　(2000)	レベルC (-1200)	18か月　(800)	3週間後 (1200)
4%　(1000)	レベルD (-1800)	24か月　(400)	2週間後　(600)
2%　　(0)	レベルE (-2400)	30か月　　(0)	1週間後　　(0)
買手の利得			
10%　　(0)	レベルA (-2400)	6か月　　(0)	5週間後　　(0)
8%　(400)	レベルB (-1800)	12か月 (1000)	4週間後　(600)
6%　(800)	レベルC (-1200)	18か月 (2000)	3週間後 (1200)
4%　(1200)	レベルD　(-600)	24か月 (3000)	2週間後 (1800)
2%　(1600)	レベルE　　(0)	30か月 (4000)	1週間後 (2400)

注）交渉者の総得点は4つの争点それぞれで獲得された得点の合計によって決定される。

は，交渉直前，交渉5分後，交渉直後に，相手の利得表の数値を推測するよう求められ，「保証期間」「ローン金利」項目における実際の得点との差を，固定和幻想得点とした。統制条件の30組を除いた60組のうち，交渉直前には，41組（68％）のペアが固定和幻想に陥っていた。また固定和幻想は交渉結果と負の相関を示し（$r = -.60, p < .001$），統合的合意を妨げる要因となっていた。

2. 相手に対する期待と帰属

あなたはこのところ恋人との関係に悩んでいる。友人たちに相談すると，「彼に期待して信じていれば，きっとよかったと思うときが来るわよ」と言う人もいるし，「彼に期待しすぎるからがっかりさせられるのよ」と言う人もいる。あなたは恋人にもっと期待していいのだろうか，それとも期待しないほうがいいのだろうか。マクナルティら（McNulty, J. K. et al., 2004）は，82組の新婚夫婦を対象に，配偶者および2人の関係への期待（expectation）と結婚生活への満足度との関連を検討した。2つの要因の関連については，相手の行動に対する帰属スキルとの交互作用効果がみられた（図11-1）。相手に対する帰属スキルとは，相手がとった好ましくない行動の責任や原因を，「彼はわざとやったのではない」とか「もう二度とこんなことはしないはず」と寛容に推測する

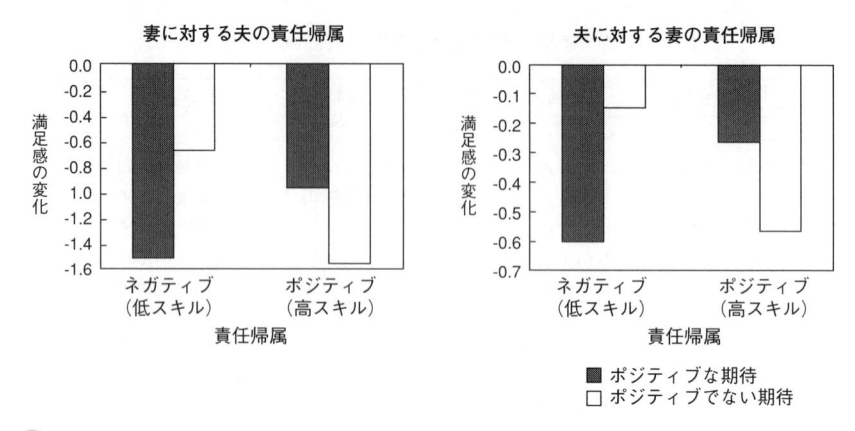

図 11-1　期待と結婚の満足感との関連に対する帰属の交互作用効果 (McNulty, J. K. et al., 2004)

能力をさす。カップルの帰属スキルが高い場合には，ポジティブな期待をもつことが結婚満足度を維持し，逆にカップルの帰属スキルが低い場合には，あまりポジティブな期待をしないほうが結婚満足度は維持された。従来の研究では，相手に対するネガティブな帰属が，葛藤当事者のネガティブな行動や関係の悪化を招くとされてきた（Bradbury, T. N. et al., 1992; Sillars, A. L., 1980）。しかしこの研究は，相手に対する帰属と当事者の行動や葛藤結果との関連が，相手への期待の高低によってより複雑に規定されることを明らかにした。

3節　対人葛藤と感情

他者との意見や利害の対立には，必然的に怒りや失望，悲しみといった感情がともなう。「つい，かっとなって……」という表現があるように，こうした感情は葛藤行動を大きく左右する（たとえば，Allred, K. G., 1999; Barry, B. et al., 1996; Davidson, M. N. et al., 1999; Morris, M. W. et al., 2000）。本節では，葛藤行動に影響する先行因としての感情に注目する。研究の流れは大きく2つに分けられる。1つは感情の個人内効果に関するもので，ある気分に誘導された交渉者自身の情報処理や行動の特徴を明らかにしようとする。もう1つは感情表出の対人効果で，一方の交渉者の感情表出が他方の行動にどう影響するか

を調べるものである。

1. 感情の個人内効果

対人葛藤において喚起されやすい怒りや悲しみなどのネガティブな感情は，当事者自身の行動にどう影響するのだろうか。喚起された気分と一致する方向に情報処理や行動が促進されることを気分一致効果（たとえば，Bower, G. H., 1981; Forgas, J. P., 1995; Schwarz, N., 1990）というが，こうした現象が交渉過程にもあてはまるとすれば，ネガティブ気分の交渉者は非協力的になりやすく，統合的な合意にも到達しにくくなると考えられる。アレッドら（Allred, K. G., et al., 1997）は132名の大学院生を2人1組にし，雇用契約交渉を行なわせた。交渉課題は2つに分かれており，最初の交渉を進めていく中で互いに相手に対して怒りもしくは同情を感じるように課題内容が操作されていた。その結果，相手に怒りを感じた参加者ほど，相手の利害関心に注意を向けなくなるとともに正確にそれを理解できず，交渉得点のペア合計も低くなった。別の実験でも同様に，偽りの言語能力検査結果を知らされて気分が落ち込んだ参加者は，よい結果を受けた参加者や結果を知らされなかった参加者より，その後の交渉で思いつくままに行動したり，相手の提案を受け入れないなどの競争的方略が多くみられた（Forgas, J. P., 1998）。

一方，友好的なビジネス交渉は当事者のポジティブな気分をうながすかもしれない。よい気分は，中立的な気分に比べて，協力的な問題解決方略（Forgas, J. P., 1998; Rhoades, J. A. et al., 2001），譲歩行動（Baron, R. A., 1990），統合的な合意（Anderson, C. et al., 2004; Carnevale, P. J. et al., 1986; Forgas, J. P., 1998; Kramer, R. M. et al., 1993）を導きやすい。

2. 感情表出の対人効果

姉の怒りをともなう行動が，妹の怒り反応を誘発した冒頭の例のように，一方の当事者の感情表出は他方の当事者の行動にも影響する。感情の対人効果については2つの予想が可能である。1つはあの姉妹のように，一方の怒りは他方の怒りを生み，互いに報復を動機づけるため，相手から怒りを示された交渉者は自身の要求を大きくすると考えられる。しかし怒りの表出が相手の利己的

な行動を罰して矯正する機能をもつならば（Morris, M. W. et al., 2000），怒っている相手に対しては要求を小さくするかもしれない。この点を検討するために，ファン・クリーフら（Van Kleef, G. A. et al., 2004）は128名の大学生にコンピュータを介して携帯電話の売買交渉を行なわせた。参加者はすべて売り手に割り当てられ，買い手の行動はコンピュータ・プログラムによってあらかじめ決められていた。交渉時に交わされる買い手のメッセージ内容を操作することで，買い手が参加者の提案に怒っている条件，満足している条件，感情を示さない条件を設定した。その結果，相手が怒っているときには，感情表出がないときより，参加者も怒りを強めたものの，相手への要求は小さくなった。つまり参加者の感情面では前者の仮説が，行動面では後者の仮説が支持された。ネガティブ感情が協力的な行動を導くという結果は，ネガティブ感情が主張的な行動を生むとする感情の個人内効果研究の流れと一見矛盾する。1つの解釈は個人内効果研究と対人効果研究で扱われている感情の違いである。個人内効果研究では，成績フィードバックや映像視聴など，交渉相手や交渉状況と無関係な手続きによって感情が操作されることが多い。また同じネガティブ感情でも怒りと悲しみではその機能は異なるだろう。一方，感情の対人効果研究では，より具体的な感情に焦点があてられるとともにその操作は交渉状況に由来する。こうした違いが交渉者の行動を異ならせている可能性がある。

4節　対人葛藤と動機

　利害対立は，しばしば混合動機状況（mixed-motive situation）といわれるように，協力するか競争するかという動機の対立ともいえる（Komorita, S. S. et al., 1995; Schelling, T. C., 1960）。葛藤状況は当事者にさまざまな目標を喚起させ（たとえば，福島ら，2006; Ohbuchi, K. et al., 1997），またそれらは方略選択や情報処理を方向づける。本節では，社会的動機（social motives）と認識的動機（epistemic motives）の観点から議論を整理する。

1. 社会的動機と認識的動機

　社会的動機とは資源分配の結果に対する好みであり，利己的動機（selfish [proself] motive）と向社会的動機（prosocial motive）に大別できる。利己的動機には，自己の利益の向上をめざす個人主義的動機と，自他の利益の差の拡大をめざす競争的動機が含まれる。向社会的動機は，自他の利益の和の向上をめざす協力的動機や相手の利益の向上をめざす利他的動機からなる。社会的動機の違いは基本的には個人差と考えられるが（Van Lange, P. A. M., 1999），自他の利得への注目のさせ方や将来の相互作用を期待させることで状況的にも方向づけが可能である。向社会的な交渉者は，利己的な交渉者より，情報交換を多く行ない，威嚇などの主張方略は使わず，問題解決方略を多く用いる傾向がある（De Dreu, C. K. W. et al., 2000b）。また社会的動機と方略選択に関する代表的な理論には2重関心モデルがある（Pruitt, D. G. et al., 1986; 日本語の紹介として，福野，2005; 大渕ら，2000）。

　一方，認識的動機とは十分な情報のもとに外界を正確に判断したいという欲求である（たとえば，Kruglanski, A. W., 1989）。この動機が高い交渉者は情報収集を広く行ないシステマティックにそれを処理するが，認識的動機が低い交渉者はヒューリスティックな情報処理を行なう傾向がある。認識的動機は，当事者の意思決定や行動に説明責任を課したり，交渉結果に対する要求水準を高めることで強められ，固定和幻想を低減したり（De Dreu, C. K. W., 2003; De Dreu, C. K. W. et al., 2000a），情報交換を促進し，問題解決方略を選択させる（Kimmel, M. J. et al., 1980）。

2. 社会的動機と認識的動機のかかわり

　デ・ドゥルーら（De Dreu, C. K. W. et al., 2003）は社会的動機と認識的動機の組み合わせで交渉者を4つに分類した（図11-2）。利己的倹約家（selfish miser）は状況を競争的とみなしやすく，威嚇や欺きなど攻撃的な方略を用いる。向社会的倹約家（prosocial miser）は何事も折衷案で対処しようとし，互いの主張の中間をとる妥協策や一方的な譲歩を好む。利己的思考者（selfish thinker）は自己利益の向上に役立つ情報を注意深く処理し，相手のようすを見ながら段階的に譲歩したり説得を試みたりする。向社会的思考者（prosocial

第Ⅱ部　対人関係の社会心理学

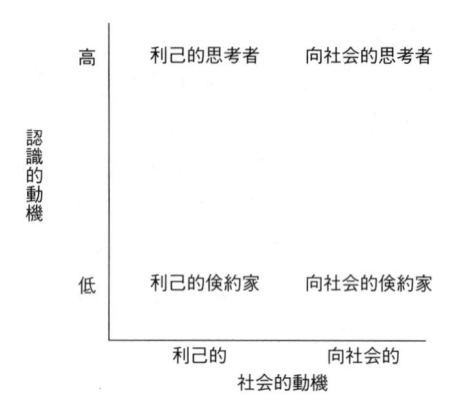

●図 11-2　社会的動機と認識的動機の組み合わせによる交渉者の 4 タイプ
　　（De Dreu, C. K. W. et al., 2003）

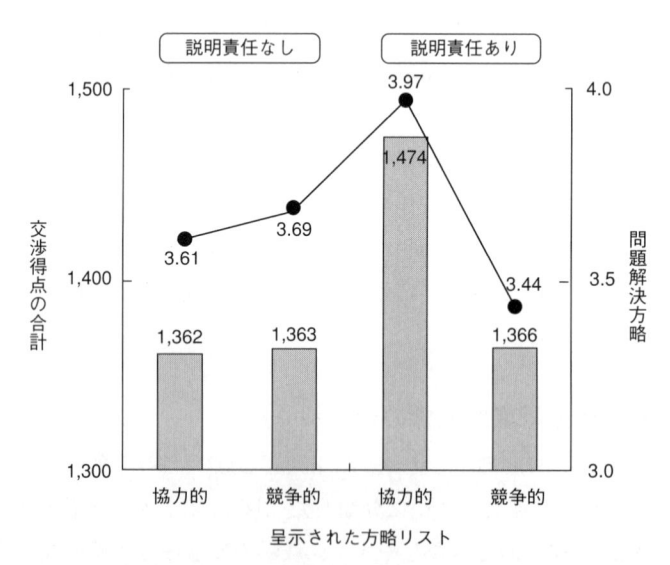

縦軸：認識的動機（高・低）
横軸：社会的動機（利己的・向社会的）

- 利己的思考者（高・利己的）
- 向社会的思考者（高・向社会的）
- 利己的倹約家（低・利己的）
- 向社会的倹約家（低・向社会的）

説明責任なし：協力的 1,362（3.61）、競争的 1,363（3.69）
説明責任あり：協力的 1,474（3.97）、競争的 1,366（3.44）

交渉得点の合計は決裂の 0 点から完全な統合的合意の 1,620 点までであった。問題解決方略については，交渉後に 4 つの項目（たとえば「自他双方の関心を満たすような解決策をさがそうとした」）を 5 段階で評価させ（まったくしなかった［1］〜非常にした［5］），その平均値を用いた。

●図 11-3　呈示された方略タイプと説明責任が交渉得点と問題解決方略に及ぼす効果
　　（De Dreu, C. K. W. et al., 2006）

thinker）は争点の優先順位を双方で確認したり，互いに望ましい解決策を得るために有効な情報をシステマティックに処理する。デ・ドゥルーら（De Dreu, C. K. W. et al., 2006, 実験3）は，大学生100名を対象に，教示によって社会的動機を，説明責任の付与によって認識的動機を操作し，交渉結果に及ぼす効果を検討した。社会的動機のうち，利己的動機は参加者に競争的方略リストを示すことで，向社会的動機は協力的方略リストを与えることで操作した。実験の結果，説明責任が課されたときにのみ，向社会的交渉者は，利己的交渉者より，双方の関心を満たす解決策をさがそうとし，結果的にペア全体の交渉得点も大きくなった（図11-3）。統合的な葛藤解決には向社会的志向性とともに認識的動機が不可欠であることが示された。

12章 社会的公正

1節 価値の相対性

　1本300円のビールがセールで250円になっているととてもうれしいが，30万円のプラズマテレビが29万9,800円だといわれてもたいしてうれしく感じないのは筆者だけではないだろう。考えてみればおかしな話である。50円の得がうれしくて，200円の得がうれしくないのである。このように，お金や品物がもたらす喜びや満足感はいつも同じであるとはかぎらない。

　クロスビィ（Crosby, F., 1982）はアメリカ女性の賃金に対する不満について研究し，女性たちが不満を感じる際に共通して生じていた心的過程を明らかにした。それによると，研究が行なわれた当時のアメリカでは，社会的にステータスが高く，賃金も高い役職は男性によって占められることが多かったといわれる。また，仮に女性が男性と同じようなステータスの高い役職につくことがあっても，男性のように高い賃金をもらえることはなかったそうである。

　さて，こうした差別的な待遇が存在する状況で，強い不満を感じていたのはどのような女性だったのだろうか。クロスビィの調査によると，強い不満を感じていたのは低賃金で働く女性ではなく，比較的賃金の高い役職についている女性たちだった。

　なぜ，このような現象が発生したのだろうか。クロスビィは，女性たちの不満は周囲にいる同僚の違いによって変化すると考えた。ステータスも賃金も低い女性たちの場合，ふだん接するのは，同じように低賃金で働く女性たちである。このため，周囲と比較してもとりたてて自分が不遇だと思うことはない。

これに対して，男性と同じ職場にいる女性の場合，毎日，同じような仕事をしているにもかかわらず自分より高い賃金をもらう同僚男性と接することによって，自分の賃金が少ないことを自覚しやすい。こうした類似他者との比較が行なわれた結果，客観的には高い賃金を得ている女性のほうが低い賃金しかもらえない女性よりも不満を募らせたのである。

　クロスビィの研究以外にもこうした現象について取り上げたものがある。ガートレル（Gartrell, C. D., 1987）は類似していない他者であっても，頻繁に接触する相手であれば同様の比較が行なわれることを指摘している。貧しい家庭で育ち，中堅大学卒業後フリーターになってしまった30代の男性が，自分の家の窓から，裕福な家庭に生まれ，有名大学を卒業し，一流企業に勤める20代の女性を毎日見かけた場合，不満は募るだろう。

　さらに，比較の基準は現実に存在している他者だけではない。ガル（Gurr, T. R., 1970）によれば，人々は過去の自己の体験や想像しやすい他の可能性，すなわち反実仮想を比較の基準にすることがある。以前経験したことがあるアルバイトをした人の場合，前回よりも今回の時給が安ければ不満に思うだろう。また，2社から同時に内定をもらった学生が一方を選んで入社したものの，後でもう一方の会社のほうが急激に成長した場合，やはり不満を感じるだろう。

　このように，人々は客観的にみて自己の状態が十分かどうかはともかく，自分で設定したなんらかの基準と現状を比較して，自己のおかれた状態を評価する。こうしたなんらかの基準と比較して自分の得るものが少ないと感じることを相対的剥奪（relative deprivation）という。

2節　分配的公正

　前節では，人々がなんらかの基準に照らして，得られたものが少ないと不満を感じることについて述べた。それでは，反対に予想外にたくさんのものを手に入れた場合はどうだろうか。

　あなたが一人でお店を開いたとする。そこで，もし，予想よりもたくさんの売り上げがあった場合には，文句なしにうれしいだろう。ところが，あなたが

親友と2人で1日6,000円のアルバイトをした際，オーナーが気まぐれであなたには10,000円，親友には約束通り6,000円を渡したならば，ちょっと気まずく感じたり，申し訳ないと思ったりするのではないだろうか。もらうものが少ないよりは多いほうがよいに決まっているが，そうであるからといって，人間はとにかく得をすればよいわけでもないらしい。

価値のあるものを分かち合うときに感じられる適切さを分配的公正（distributive justice）という。さきのアルバイトの例のように，人間には他者といっしょにいると獲得するものについて他者とのバランスを崩さないようにしたくなる傾向がある。このことを式で表わすと次のようになる。

気分のよさ ＝ 利己的な評価 ＋ 分配的公正感

さきの例にあてはめてみると，思っていたよりも4,000円多くもらえたことに対する喜び（利己的な評価）を2点とする。また，親友と釣り合いが取れていないことへの気まずさ（分配的公正感）を－1点とする。すると，気分のよさは合計で1点ということになる。他方，仮に両人とも8,000円ずつもらった場合，1万円よりも額が少ないので利己的な評価が1点，同額もらったことによる分配的公正感が1点だったとすると，気分のよさは2点ということになる。もし，現実の場面でさきほどのような不公平な処遇をされたら，あなたはもっと気分をよくするために，親友に2,000円分けてあげようとするかもしれない。

それでは，他者とバランスの取れた状態とはどのような状態のことなのだろうか。アダムス（Adams, J. S., 1965）は人々の間で働いた量と報酬の量の比率が一貫した状態をバランスの取れた状態，すなわち衡平（equity）であると述べている。

$$\frac{Aさんの報酬}{Aさんの働き} = \frac{Bさんの報酬}{Bさんの働き} = \frac{Cさんの報酬}{Cさんの働き} = \cdots$$

これに従えば，1時間働いた人が800円もらうとしたら，2時間働いた人は1,600円もらい，3時間働いた人は2,400円もらうのが衡平ということになる。

ところで，人々がものを分かち合う際にはいつも衡平な分配を適切と感じるのだろうか。ドイチュ（Deutsch, M., 1975）は衡平性は分配的公正を考える際

の1つの原則にすぎず，実際にはそのほかにもいくつかの原則があり，人々は状況に応じてそれらを使い分けていると主張した。それによると，衡平性以外に，均等性，必要性，能力，努力，業績，競争における均等な機会，市場原理に基づく需要と供給，公益性，互恵性，最低限度の保障といった原則があるとされる。

　ドイチュの予測によれば，このうち最も重要なのは衡平性，均等性（equality），必要性（need）である。均等性とはものを同じだけ分ける原則であり，人々の連帯が重視される状況で用いられることが多いといわれる。衡平性は，働きの違いがあるにせよ，結果としてはものを多くもらえる人と少なくしかもらえない人を発生させ，人々の間に格差を生じさせることになる。格差が発生すれば，それにともなってねたみや劣等感が生じやすい。こうしたネガティブな感情が，集団の連帯感を低下させる恐れがあるときには，均等性が用いられやすい。

　また，必要性とは困っている人に対して必要な分だけものを与える原則であり，人々の成長や福祉を重視する状況で用いられることが多い。衡平性や均等性はそれらの原則を利用すれば一律に与えられるものの量が決まってしまうが，病気や障害，貧困といったことで苦しむ人々に対しては，その人が必要とするだけ十分な薬や手当て，支援，金銭を与えなければならないだろう。

　今在（2006）は学生を対象とした調査で集団の性質と分配的公正に関するドイチュの予測について検討している。この研究の回答者は家族，友人関係，職場，国・社会といった4種類の集団状況のそれぞれについて，資源を分配する際に重視する原則について答えた。たとえば，職場の資源分配では「職場で報酬額を決定する際，どのようなことを考慮してほしいと思いますか」といった教示文を読んだあとで，「職場への貢献や実力が考慮される」（衡平性），「他の同僚と均等・平等にされる」（均等性），「おのおのの事情や必要性が考慮される」（必要性）の3項目それぞれについて，「非常に重要」から「ぜんぜん重要でない」までの4段階尺度で回答した。分析の結果，家族では必要性が，友人関係では均等性が，職場においては衡平性が最も重視された。これはドイチュの予測と一致した結果といえる。また，おのおのの集団に対する帰属感が強まるほど，友人関係における均等性と職場における衡平性が重視されやすいことも示

された。これは，家族よりも加入・退出が容易な友人関係や職場では帰属感が強まるほど集団の性質に応じた原則がさらに重視されやすくなることを示唆している。ただし，国・社会については，他の集団と異なり，単一の優勢な原則はなく，どの原則も重要であると考えられやすいことが示された。これは国・社会が重視すべき目標として「競争の自由」「平等」「生活水準の最低保障」などといった多様な理念が想起されやすいためかもしれない。

3節　手続き的公正

　ドイチュは分配的公正はおもに3つの原則によって決定されると考えていたが，現実にものを分けるときにはこれらの原則がそのまま利用できるわけではないことも指摘している。ドイチュは成績をつけることをものの分配とみなして，次のような例を述べている。

　まず，教師はどのような観点から成績をつけるか決めなければならない。そこで，努力に応じて成績をつけることに決めたとする（①分配原則の選択）。しかし，努力を直接測ることはできないので，レポートの枚数を判断材料にした（②具体的基準の設定）。ところが，親にレポートを手伝ってもらうような生徒がいれば，実際には努力の量が測られていないことになるため，生徒自身がレポートを書いたことを確認する必要がある（③基準の実質的効力）。そして，こうした成績決定の過程を，あとから生徒に伝えると「はじめから知っていればもっとたくさん書いたのに」「レポートの枚数は少ないが，それは簡潔にまとめたからだ」といった不満が生じるかもしれないので（この例は筆者が挿入），あらかじめ生徒に評価方法について納得してもらう必要がある（④当事者の納得）。

　このように，現実にものを分配しようとすれば分配までの過程の公正さが重要になる。ものごとを決める際の過程に関する公正さを手続き的公正（procedural justice）という。

　ドイチュと同様，レーベンソール（Leventhal, G. S., 1980）も手続き的公正の要素として，①意思決定者の選出，②ルール・基準の設定，③情報収集，

④決定の手順の取り決め，⑤不服申し立ての機会，⑥違反の監視，⑦手続き自体の変更，をあげている。また，レーベンソールは，こうした手続きの制度的な要素を整理すると同時に，それらが心理的にどのような観点から評価され，公正感が発生するのかについても予測している。それによると，人々は各要素について，一貫性，偏見の抑制，情報の正確性，誤った決定をした場合の修正可能性，関係者の意見が反映されること（代表性），倫理性，という6つの観点から評価を行ない，十分であれば公正を感じるとしている。

ドイチュもレーベンソールも手続き的公正について論じてはいるが，それは理論的な説明の域を出るものではなかった。チボーら（Thibaut, J. et al., 1975）は手続きがもつ心理的効果について実験による研究を行なった。チボーらは模擬裁判を行ない，当事者役の参加者のうち，比較的自由に発言することが許された人たちが公正感や満足感を抱きやすいことを確認した。この結果について，チボーらは自由な発言が許された人々はそれによって判決が有利になったと考えるようになるからであると説明した。自分の発言が決定に影響を与えたように感じるという意味から，これをコントロールモデル（control model）という。

コントロールモデルでは，人々がよりよい結果を得ようとする利己的な気持ちから発言機会が多い手続きを好むと考えられているが，リンドら（Lind, A. E. et al., 1988）は，発言機会には別の効果もあると主張した。就職面接の例で考えると，他の受験者が何人かいて，オーナーがその人たちの話は丁寧に聴いていたにもかかわらず，あなたの番になると面接を早く切り上げてしまったとしたら，あなたはどんなふうに思うだろうか。ばかにされたと思ったり，容姿，性別，学歴が原因で差別されたと疑ったりするかもしれない。発言機会を十分に与えられなかった人は，人として価値のない存在として扱われたと感じやすくなるのではないだろうか。このように，手続きを通して他者から受ける自己への評価が公正感や満足感をもたらすと考える説を集団価値モデル（group value model）という。

そして，タイラーら（Tyler, T. R. et al., 1992）は手続きの中で接する他者の中でも社会的権威のある人から受ける対応（関係性要因：relational factor）がとくに重要であることを確認した。それによると，誠意の感じられる権威者

が，中立的な観点から，自分のことを尊重してくれたうえで，決定を下したという印象が，手続き的公正感や決定に対する受容的な態度を形成するとしている。

公正な手続きを印象づけることが決定に対する受容的態度を促進するという効果は，とくに民事紛争の解決において示唆に富む知見といえる。民事紛争ではたとえ裁判で判決が下されたとしても，義務を負った当事者がその判決を無視すれば，改めて判決を強制する別の手続きをとらなければならないが，それには時間的，経済的，人的コストがかかる。このため公正な手続きが当事者に自発的な義務履行を促進するとすれば，不必要なコストを抑制することができると考えられる。民事紛争における手続きの効果については，菅原ら（1999）や大渕ら（Ohbuchi, K. et al., 2005）が民事訴訟経験者を対象とした調査データを使って，実際に図 12-1 のような発言機会によるコントロール感と裁判官の関係性要因が手続き的公正感や，結果に対する受容的態度をもたらすことを確認している。また，今在ら（2003）は，民間団体による消費者トラブルの解決を模したシミュレーション実験を行ない，裁判よりも簡便な裁判外紛争処理（Alternative Dispute Resolution: ADR）においても，公正な手続きには裁判においてみられたのと同様の効果があることを確認している。これは裁判外紛争処理のような公的性格が弱い手段であっても，手続きに配慮することによって当事者の受容的態度を促進できる可能性があることを示唆している。

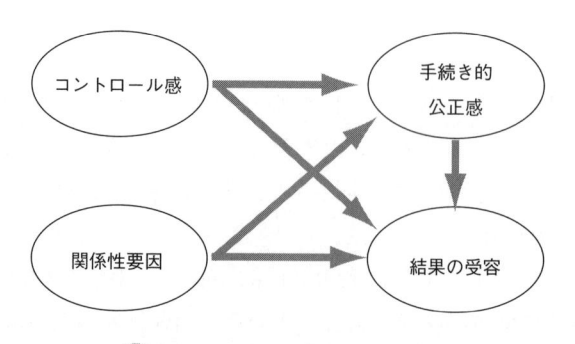

図 12-1　手続き的公正の認知過程

4節 不正の検出に関する情報処理

図 12-2 を見てもらいたい。一方の面にはアルファベットが，もう一方の面には数字が書いてある 4 枚のカードがある。さて，「一方の面に母音が書いてあるなら，もう一方の面には偶数が書いてある」というルールが成り立っているかどうかを調べたいとする。最低，どのカードをめくればよいだろうか。1 枚めくればよいかもしれないし，すべてめくらなければいけないかもしれない。

続いて図 12-3 を見てもらいたい。4 枚のカードにはコンパに参加した学生の年齢と，飲んでいる飲み物が示されていると考えてほしい。さて，「ビールを飲むなら 20 歳以上でなければならない」というきまりが守られているかどうか確かめたいとする。最低，どのカードをめくればよいだろうか。

はじめの問題は「ウェイソンの選択課題」（Wason, P. C., 1966）という。正解は，『E』と『7』であるが，人間には予測を支持する証拠ばかりに注目しやすいクセがあり，反証に対しては無頓着になるため『E』と『4』，もしくは『E』と回答する人が多くなる。2 つ目の問題は，グリッグズら（Griggs, R. A. et al., 1982）が，ウェイソンの選択課題が問題のつくり方によっては回答しや

● 図 12-2　ウェイソンの選択課題 （Wason, P. C., 1966）

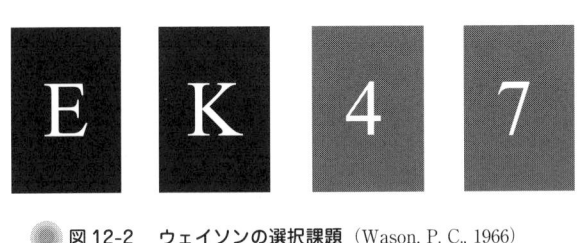

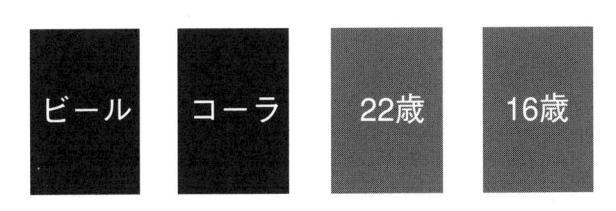

● 図 12-3　グリッグズらの選択課題 （Griggs, R. A. et al., 1982）

すくなることを示した課題である。正解は,『ビール』と『16歳』である。この問題とウェイソンのオリジナルの課題はまったく同じ構造であるにもかかわらず,後者のほうがやさしいと感じられるのではないだろうか。これを主題材料効果（thematic material effect）という。

グリッグズらは,ふだんからなじんだ問題では,日常の記憶を頼りにすることができるため主題材料効果が生じると考えた（記憶手がかり説：memory-cuing theory）。しかし,グリッグズらの説明では,人間は経験したことのない問題には答えられないことになってしまう。たとえば,グリッグズの問題のカードを「私服」「制服」「大学生」「高校生」に置き換え,「私服を着るなら大学生以上でなければならない」というルールについて問うた場合,私服で学校に通う高校生はこの問題を解けないことになるだろう。

これに対して,チェンら（Cheng, P. W. et al., 1985）は,このような問題を解く際,人々は規則に関する一般的なスキーマ,すなわち実用的推論スキーマ（pragmatic reasoning schema）をはたらかせると主張した。これによれば,人間には「～するならば…でなければならない」「～しないならば…の必要はない」「…ならば～してよい」「…でないならば～してはいけない」という実用的推論スキーマの一種「許可スキーマ」が備わっており,グリッグズらの課題ではこの許可スキーマがはたらくため,回答が容易になったとされる。チェンらは,許可スキーマの他に,実用的推論スキーマには義務スキーマ,因果スキーマ,共変性スキーマなどがあるとしている。

また別の説明として,コスミデス（Cosmides, L., 1989）は,社会的交換を行なう人間がもつ特性によって主題材料効果が生じたと主張した（社会契約説：social contract theory）。人間は仕事を分担したり,手に入れたものを取引したりすることによって,生活を豊かにする動物である。引越しを例にとろう。一人で引越しをすると非常に大きな負担がかかるが,友だちどうしで必要なときに助け合えば各自の1回の負担は軽くなるだろう。

ところが,こうした相互依存関係は「裏切り者」が出てくると維持することができない。いつも人に助けてもらうくせに他人を助けない友だちがいて,その人物だけがいい思いをするのであれば,他の人々も同じように裏切り者になりたいと思うだろう。しかし,みんなが裏切り者になろうとしてはだれも裏切

り者にはなれない。そんな時にはどうすればよいだろうか。裏切り者を仲間はずれにして，助け合う人たちだけでグループを構成すればよいのである。

　コスミデスによれば，交換による相互依存関係を維持するためには裏切り者を監視する必要があり，人間は文化の違いによらず，そうした監視能力をだれもが備え，必要なときにはそれが自動的に発揮されるという。この説明に従えば，さきの主題材料効果は，基準に達していない人がいい思いをすることを許さない心理的メカニズムが機能して生じた現象と考えられる。

　テレビを見ていて，自分が損をしたわけでもないのに，汚職や脱税，強盗などの犯罪を見て腹が立つのは，コスミデスがいうように社会に対する裏切り者を目にしたせいなのかもしれない。

第III部

集団・組織における社会心理学

13章 集団とアイデンティティ

1節 集団成員性と社会的アイデンティティ

1. はじめに

　種としてのヒトはさまざまな精神活動を担う大脳新皮質の相対的比率が大きいことが特徴であるが，この特徴はヒトが比較的大きなサイズの群れ（集団）生活に適応してきたことと関連があるとされる（Dunbar, R. M. I., 1997 など）。もしこの仮説が正しければ，種としてのヒトはその成り立ちからそもそも集団的性質をもつということができる。またたとえこの仮説が誤っていたとしても，現実に日常生活において人がなんらかの集団の一員としてふるまうことは，ごく一般的なことといえる。学級，趣味のサークル，友人集団，家族などは多くの人がかかわる（ないしはかかわったことのある）身近な集団の例であろう。集団は人にとって基本的な存在であるといってまちがいない。

　こうした基本的存在としての集団にはさまざまな作用があるが，そのうちおもに1つの集団の内部のプロセスに注目したものである集団規範や同調，リーダーシップの作用などについては次章で扱うこととし，本章では，主として複数の集団が存在する状況における，人の集団成員としての行動（集団間行動）の諸相を取り上げる。まず1節で，集団に属することによって生じる影響の基本的なものをいくつか紹介し，つづく2節では，集団間関係の基礎概念について論じる。3節と4節では，攻撃行動と集団同一視をそれぞれキーワードとしたこの研究領域の近年の展開について述べる。

2. 集団成員性

　人がある集団にその一員として属することを集団成員性（group membership）という。当人がこの集団成員性を意識することが，これにともなうさまざまな心理学的作用の基礎となる。詳しくは本書14章で扱うが，集団成員が多かれ少なかれ共有するルールを集団規範（group norm）と呼び，集団に所属する成員が集団の一員として行動，判断する際の基準となる。この集団規範のために同じ集団に属する人々には行動様式や考え方に類似性がみられる。このことは逆に，所属する集団が異なれば集団規範の違いに応じて行動様式や考え方，さらには現実認識そのものも異なることを示唆する。同時にまた，同じ集団の成員から受ける社会的影響は，異なる集団の成員からのものよりも強くなる。現実認識の共有度に差があるためである。こうした影響のあり方は準拠情報的影響（referent informational influence）と呼ばれる（Turner, J. C. et al., 1987）。

3. 社会的アイデンティティ

　自分はこれこれのような人間であるといった自分自身についての考えを自己概念（self-concept）（本書1章参照）と呼ぶ。上で述べた集団成員性はしばしばこの自己概念の一部になっており，自己概念のこの側面を社会的アイデンティティ（social identity）と呼ぶ。たとえば自分は○○大学の学生である，××家の一員であると認識しているような場合がそれにあたる。タジフェルら（Tajfel, H. et al., 1979）が提出した社会的アイデンティティ理論（social identity theory）によれば，すべての社会的行動はこの社会的アイデンティティに純粋に基づく極と，個人レベルのアイデンティティに純粋に基づく極とを両端とする連続帯のどこかに位置づけられる。つまり，純粋に個人的アイデンティティに基づくものを除けば，すべての社会的行動には多少なりとも社会的アイデンティティに基づく部分を含むことになる。またある状況において，人がその自己概念のうちのどのレベルに基づき行動するかは，その自己概念のうちのどの部分が顕著（salient）になるかによって決まるとされる（自己カテゴリー化理論 self-categorization theory: Turner, J. C. et al., 1987）。集団間の敵対関係や競争意識などは，集団レベルの自己概念を顕著にさせるため，その集団レ

ベルの社会的アイデンティティに基づいた行動を生じさせやすくする。

4. 自己ステレオタイプ化

　人は安定した生活環境のもとではある程度安定した自己像を抱いていると思われるが，他方で自己のもつ諸側面のどの部分が強調されるかにより，ときどきに異なる自己イメージが現われることがある。集団成員性と社会的アイデンティティはこのときにも重要な役割を果たす。なんらかの理由で特定の集団の一員としての自己概念の側面が顕著になると，その集団のイメージに合致した自己像が強調されることになる。これを自己ステレオタイプ化と呼ぶ(Turner, J. C. et al., 1987 など)。日本国内では ABO 式血液型に基づく誤った性格判断が一般に流布しているが，これも一部は自己ステレオタイプ化が適用された結果といえよう。また「日本人は集団主義者である」という通説についての検討が近年進んでいるが（北山，1999; 高野ら，1997; 濱口，2003 など），この集団主義者という日本人の自己イメージも自己ステレオタイプ化の結果とみなすことができる。

2節　集団間関係

1. 社会的アイデンティティ理論と集団間関係

　前節では集団成員性と社会的アイデンティティの概念内容について述べたが，本節ではそれが複数の集団が存在する状況（集団レベルで見た場合，それは集団間関係と呼ぶことができる）といかにかかわるのかについて，簡単に論じる。

　集団間関係についての研究は，現実的集団葛藤理論（本章3節参照）や社会的認知研究（本書4章参照）などの影響を受けつつ，1970年代以降主としてヨーロッパ社会心理学の伝統の中で発展してきた。これまでそこで焦点とされてきたのは，集団間に現われる各種の関係のうち，おもに対立関係にかかわる諸側面に関するものであった。この領域の理論的枠組みとして考案され，これまで

に強い影響力をもってきたのが前述の社会的アイデンティティ理論（Tajfel, H. et al., 1979）である（柿本，2001に解説がある）。以下では集団間関係の基礎概念のうち重要なものを，この理論に基づいて解説する。

2. 社会的カテゴリー化

社会的アイデンティティ理論では，まずカテゴリー化の作用を仮定する。カテゴリー化とは，環境世界を範疇化することによってそこに意味と秩序をあたえる認知作用をさす。われわれを取り巻く環境は適切なまとまりに分節化され認識されることではじめて，そこでの適応的な行動を可能にする。これを可能にするのがカテゴリー化である。この作用は，同じカテゴリーとして1つにくくられた事物どうしの類似性の強調と，異なるカテゴリーに属する事物間の差異の過大視を引き起こすことが知られている（Tajfel, H. et al., 1963など）。ここで認識対象が人々や人々の形づくる集団などの社会的事物である場合に，この認知作用をとくに社会的カテゴリー化と呼ぶ。この社会的カテゴリー化は，自己をもその対象とするため，結果として人が集団間行動をとる枠組みを与えることになる。すなわち，人は社会生活のさまざまな場面で人々を単なる外的な刺激として範疇化して認識するだけでなく，自分自身をそこに巻き込み「われわれ」（内集団）と「彼ら」（外集団）という2つの集団に分類することになるのである。これが集団成員性の認識の，ひるがえっては集団間関係の基礎条件の1つになる。

3. 集団間の社会的比較

この理論ではさらに，先述の社会的アイデンティティに関して，人はその肯定的評価を維持し，可能であればより高い（集団レベルの）自尊感情をもつべく努力するものと仮定されている。またこの目標を達成するために人は集団間の社会的比較，すなわち内集団と外集団との間の比較を，内集団に有利なように試みるのだとされる。互いに利害関係のない人々が，便宜的に2つに分けられただけで内集団バイアス（評価・行動において内集団を外集団よりも好む傾向）を示すことが最小条件集団（minimal group：Tajfel, H. et al., 1971）と呼ばれる実験状況その他で見いだされているが，この現象は社会的アイデン

ティティ理論に基づいて上述の社会的カテゴリー化と集団間の社会的比較で説明されることが多い。なおこの現象に関しては、少し違う立場からの自己評価の明確化（Abrams, D. et al., 1988）や不確実性低減（Hogg, M. A. et al., 1999）による説明などを含め、さまざまな主張がなされている（その一部は、柿本，1997 に紹介されている）。しかしいずれにせよ、結果としてこの内集団に有利な比較ということが高じると集団間に対立的な関係が生じることになると考えられる。さまざまな現実の集団間関係において、幅広く内集団バイアスがみられることは周知のとおりである。

4. 集団間の地位差と社会構造の認識

複数の集団間の関係は、それら集団をつつみこむ社会構造のあり方（についての人々の認識）からも影響を受ける。とくに集団間に地位差のある場合、その差が正当なものと認識されているか否か、安定したものと認識されているか否か、によってそれぞれの集団成員の地位差に対する受けとめ方や反応が異なることが予測される。たとえば未成年者に選挙権を与えないという状況は、事実としては未成年者にとって不利な扱いとみることもできるが、それが社会全体の中で正当で安定したものと受けとめられている限りにおいては、成年者集団と未成年者集団との間の関係は争点にならず、したがって対立関係も生じない。

3節 集団成員性と攻撃行動

1. 対立的集団間関係の発生

本章ですでに述べられたように、人々が集団に所属し、成員性を獲得すると、個人としては行なわない新たな行動が生じることがある。それには集団成員どうしでの協力行動のような社会的に望ましい行動もあれば（たとえば De Cremer, D. et al., 2005）、外集団に対する敵対的態度と攻撃行動のように対立的な行動もある。本節では、後者の、人々の攻撃行動が集団成員性によって強

められる心理過程についての理論と研究結果を紹介する。

　集団の一員となることによって人々が攻撃的になる点について，古くは集団間での利害対立によって説明がなされていた。ある集団の利益が別の集団の損失となる場合，いずれかの集団への所属はもう一方の集団に対する敵対的態度を生む，というこの考え方は現実的集団葛藤理論（realistic group conflict theory）と総称される（Campbell, D. T., 1965）。関連する実証研究としては，シェリフら（Sherif, M. et al., 1961 など）による「サマーキャンプ研究」がよく知られている。彼らは，お互いに面識のない少年たちを2つの集団に分けてキャンプ場での共同生活をおくらせた。しだいに少年たちは自分たちを「ラトラーズ」「イーグルス」などと呼びはじめ，みずからをそれぞれの集団の一員とみなすようになった。その後，実験者は2つの集団の間でソフトボールや綱引きといった競争的課題を行なわせ，勝利チームが賞品をもらえることにして，2つの集団の間に利害葛藤を生じさせた。その結果，少年たちは外集団の少年に対して敵対的態度を強め，時には相手に対して非常に激しい暴力をふるうようになった。

　サマーキャンプ研究の結果から，当初は現実場面で観察される集団間の攻撃行動は，利害をめぐる集団間関係によって引き起こされると考えられた。しかしその後，物質的な利害の対立だけではなく，内集団の肯定的評価といった象徴的価値に関する対立もまた，外集団に対する否定的態度を形成すること，さらには単に集団を形成するだけで外集団への敵対的態度は生じることがしだいに明らかになってきた。これらは社会的アイデンティティ理論によって説明することができる（本章1節，2節参照）。内集団，外集団ともに肯定的評価を主張する場合，それが葛藤を生み，外集団に対する敵対的な態度と行動傾向を生むのである。

　集団成員は内集団の肯定的評価を高めようとするので，集団成員性を強く認識している集団が否定的評価を外集団から受けたならば，それは成員にとっては心理的な脅威となる。そしてこの脅威が攻撃行動を動機づける。さらにこのような心理過程は集団成員性をより強く認識しているほど，より強く生じると考えられる。この点に関して，ディボスら（Devos, T. et al., 2002）は集団間感情理論（intergroup emotion theory）に基づき，集団成員性を強く認識して

いればいるほど，内集団が外集団から受けた脅威に対して，内集団成員は外集団に否定的感情をいだき，また対抗的行動を強めることを示した。

2. 非当事者による集団間攻撃行動への参加

このように，集団間の攻撃行動が集団成員のいだいた脅威に対する反応であるならば，個人的には被害を受けていなくても，集団間攻撃行動は強まると推測される。熊谷らはそのような攻撃行動を非当事者攻撃と呼び，集団成員性の認識が強まることによって非当事者攻撃もより強まることを一連の実験によって検証した。すなわち，まず実験参加者は内集団への肯定的評価（Kumagai, T. et al., 2001），集団成員性の強調（熊谷ら，2004），内集団成員からの受容（熊谷ら，2002），集団内協力経験（熊谷ら，2005; Kumagai, T. et al., 2006a），分配的公正（熊谷ら，2005），および手続き的公正（Kumagai, T. et al., 2006b）によって集団成員性の認識を高められた。そしてこの集団成員性の認識を高められた実験参加者だけが，内集団成員の被害に対して非当事者攻撃を強めることが確認された。一方，被害者が外集団成員の場合や，被害者が内集団成員であっても集団成員性の認識が高められなかった実験参加者は，非当事者攻撃を強めることはなかった。さらに集団成員性の認識の強い者は，被害者本人が被害に対して不満をいだいていないことを知ったあとでも，加害者に対する攻撃を弱めることはなかった（Kumagai, T. et al., 2006c）。これらの結果から，内集団への成員性の認識が強い者は，個人的な被害や利害にかかわらず，自分の所属する集団の受けた脅威をみずからの社会的アイデンティティに対する脅威と認知し，その加害者に対する攻撃行動を動機づけられるということができる。その結果，集団間の攻撃行動がより深刻化するのである。

4節 集団同一視の役割と状況の現実感

1. 集団間関係と社会的アイデンティティの役割

ここまでみてきたように，集団間関係を説明するための重要な原理として，

（顕著な）社会的アイデンティティをあげることができる（Tajfel, H. et al., 1979; Turner, J. C. et al., 1987）。たとえばある集団の成員性が自己の一部を構成すると認識する人は（そのことを強く意識する場合に），集団間状況におけるその集団の目標に沿った判断・評価を行ない，さらにその集団のもつ規範に則した活動を行なうことが予測される。

しかし，実際の人の行動は必ずしもこのように自己概念から演繹的に導かれるわけでないこともよく知られている。先述の現実的集団葛藤理論の主張するように，さまざまな利害関係によって，（意に反した）集団間行動が遂行されることもしばしばある。すなわち，（顕著な）社会的アイデンティティは必ずしも直接に集団間行動を導くとはいえないのである。

2. 社会的アイデンティティと集団同一視

そこで，社会的アイデンティティが実際の集団間行動に展開するプロセスを媒介する変数として，集団同一視（group identification）が注目されてきた（たとえば，Hinkle, S. et al., 1990 など）。集団同一視とは，人が自分の所属する集団と自己とを同一視する作用をさす。社会的アイデンティティのうちの，とくに具体的な特定の集団の成員性の認識の強さをもたらすこの集団同一視の度合いが，社会的アイデンティティから集団行動を予測することのできる程度を左右するはずである，というアイディアである。

(1) 実証データの混乱とその説明

ところがこれまでの実証研究の結果は，全体として，この集団同一視の役割についての理論的主張を十分支持するにいたっていない。集団同一視の大きさと社会的アイデンティティの作用の指標（としての内集団バイアスなど）の相関はそれほど高くなく，とくに最小条件集団状況（Tajfel, H. et al., 1971）ではせいぜい中程度にとどまることがヒンクルら（Hinkle, S. et al., 1990）のレヴュー研究以来しばしば指摘されている。

この理由として，ヒンクルら（Hinkle, S. et al., 1990）は，社会的アイデンティティ維持・高揚の様式である「社会的オリエンテーション」が，社会や集団によって異なるからであると解釈している。つまり，社会的アイデンティティの肯定的評価は必ずしも集団間の相対的比較を通して維持・高揚されるとは限ら

ない,という主張である。このほかにも,集団同一視の測定上の問題 (Rubin, M. et al., 1998) や,検証すべき実験状況の選択の問題が,この集団同一視の媒介効果の弱さに関連する可能性が指摘されている (柿本,2006)。

(2) 状況の現実感の影響に関する仮説

ここで,集団同一視の効果に関連する問題を,さらに状況の現実感（柿本,2004 など）という観点から検討することができよう。状況の現実感とは特定の状況におかれた当事者が,どの程度その状況にリアリティを感じるのかという主観的感覚をさすが,集団間状況における当事者の主観的な状況認識は,とくに社会的アイデンティティという観点から集団行動を説明するうえでは必須のものとなる。状況を集団間状況であると当事者が認識することが社会的アイデンティティ概念に基づいた理論的な現象説明における大前提になるからである。

こう考えると,集団同一視の媒介効果（の弱さ）に関するさきの知見を説明する新たな仮説として,次のような説明が成り立つのかもしれない。すなわち,これまでの研究では集団同一視と社会的アイデンティティの関係をコントロールする潜在的要因としての状況の現実感の大きさが,実験状況ごとに異なっていたのであり,それが関連の悪さの原因であるという考え方である。とくに集団間状況としての現実感の低い状況を用いた研究では,理論的に予測される集団同一視の媒介効果が弱くなる傾向が推測される。実際,マレンら (Mullen, B. et al., 1992) は実験室内でつくり出された集団では,現実の集団を対象とした場合よりも内集団バイアスのサイズが小さいことを見いだしている。今後,この仮説と集団の実体性 (entitativity: Campbell, D. T., 1958) や内集団の顕現性 (salience: Turner, J. C. et al., 1987) との関連を明確にすることが,課題となるであろう。

14章　集団過程

1節　同調と服従

　われわれは，日常の多くの場面を家族，学級や職場のチームといった小集団で過ごしている。それらの集団においては，集団成員の一人ひとりが集団全体に影響を与えると同時に，集団が形成され発達していく過程も集団に所属する成員一人ひとりに大きな影響を与えている。

　集団での活動が持続的になされると，個々の成員がどのようにふるまうべきかについての規則や期待が集団内に共有されるようになる。このように，ある集団において個人がそれに従うことを期待されている行動や判断の基準を社会的規範（social norm）といい，この社会的規範に沿って行動することを同調（conformity）という。同調を私的な受容をともなった内面的同調と私的受容をともなわない外面的同調とに区別することも可能である（Festinger, L., 1953）。

　アッシュ（Asch, S. E., 1951）は視覚実験と称して，3本の線分の中から標準線分と同じ長さのものを選ばせるという実験を行なった。用いられた課題は，単独で判断する条件ではほとんど誤りの生じないような簡単な判断課題であるが，実験では7名の成員のうち6名がサクラであり，サクラは事前のスケジュールに従って故意に誤った回答をくり返す。6名のサクラが誤答したあとに，真の実験参加者が回答するという手続きがとられた。その結果，真の実験参加者123名のうち，まったく誤答をしなかったものはわずか約25％にすぎず，多くの実験参加者が集団の圧力によってサクラと一致する誤答を回答した。このよ

うに集団成員に対して集団の規範に同調するようにはたらく強制的な影響力を集団圧力（group pressure）といい，斉一性への圧力とも呼ばれる。

同調行動の特殊な形態で，とくに権威者からの命令や指示に従うことを服従（obedience）という。ミルグラム（Milgram, S., 1974）は，実験の途中で相手にこれ以上の電気ショックを与えることは拒否しようと思いながらも，権威者である実験者から電気ショックを続けるようにと命令されると，極度に強い電気ショックを相手に与え続けた実験参加者がなんと約65％も存在していたことを示している。権威者が自分の地位を示すシンボルを身につけている場合や，命令や指示が徐々に大きなものになっていく場合に，服従が多くみられることが報告されている。

2節　集団のパフォーマンス

1. 集団の機能とリーダーシップ

集団には成員に共通の目標である集団目標が存在する。この集団目標の達成のために成員の間に協力関係が生まれ，地位や役割が分化していくとともに，同時に全体的な統合も図られるようになる。集団のはたらきには，集団目標の達成をめざして，さまざまな活動を展開していく目標達成機能がある。このような集団での活動が展開されていく中で，集団内にはさまざまな対立や葛藤，緊張なども引き起こされる。成員個々人の個人的な問題に配慮して，成員間の対立や緊張を解消していくはたらきを集団維持機能という。目標達成機能と集団維持機能の2つが集団の中心的な機能である。

このような集団の機能を中心的に担っている成員をリーダーといい，そのはたらきをリーダーシップという。集団や状況によっては，目標達成的なはたらきを中心に担うリーダーと集団維持的なはたらきを中心に担うリーダーとが同一の場合もあるし，異なる成員となることもある。

リーダーのもつ知能や性格などの個人的資質をもとに集団の効果性を明らかにしようとする研究をリーダーシップ特性論という。しかし，リーダーの個人

的な特性と集団の効果性との間には明確な関連が認められていない（Burn, S. M., 2004）。

2. リーダーシップ PM 理論

リーダーシップを類型化しようとする試みも多い。たとえば，レヴィンら（Lewin, K. et al., 1939）は，「専制的リーダー」「民主的リーダー」「放任的リーダー」の3つのタイプを設定して，それぞれのタイプのリーダーのもとで集団のパフォーマンスや雰囲気を測定した。その結果，専制的リーダーのもとでは集団の作業量は多いが雰囲気がよくないこと，民主的リーダーのもとでは集団の能率も雰囲気もよいこと，放任的なリーダーのもとでは集団のパフォーマンスも意欲も低いことが示されている。

また，三隅は，目標達成や課題遂行にかかわる機能をP（Performance）機能，集団維持にかかわる機能をM（Maintenance）機能と呼び，この2次元によってリーダーシップのタイプを4つに類型化し，リーダーシップPM理論を提唱している（三隅ら，1963；図14-1）。

三隅ら（1970）は監督者のリーダーシップ・タイプと集団の生産性との関係について，多くの産業現場調査の知見をまとめている。その結果，PM型のリーダーのもとでは63の集団のうち45（71.43％）が高生産とみなされたのに対して，pm型のリーダーのもとでは52の集団のうちわずか18（34.62％）だけが高生産とみなされている（表14-1）。一般に，集団の生産性に関しては，PM

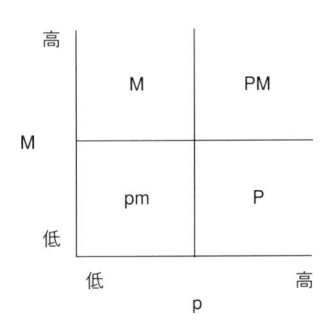

● 図14-1　PM理論によるリーダーシップ・タイプ（三隅ら，1963）

● 表14-1　監督者のリーダーシップ・タイプと集団生産性の関係 (三隅ら, 1970)

リーダーシップ・タイプ	PM 型	P 型	M 型	pm 型
高生産群	45 (71.43%)	14 (42.42%)	14 (53.85%)	18 (34.62%)
低生産群	18 (28.57%)	19 (57.58%)	12 (46.15%)	34 (65.38%)
計	63 (100%)	33 (100%)	26 (100%)	52 (100%)

注) ％は,筆者があらたに計算。

型>P型>M型>pm型という関係が,集団凝集性や部下のモラールに関しては,PM型>M型>P型>pm型という関係がほぼ一貫して認められている (三隅, 1984)。

3. 状況適合論的アプローチ

　ただし,どのようなリーダーシップが集団にとって効果的で有効となりうるかは,その集団の目標,集団内の人間関係の様相,課題の構造や困難度・切迫度など,集団がおかれている内的・外的な状況によって異なる。このように,リーダーシップの効果性が集団のおかれている状況によって異なるとする考え方をリーダーシップの状況適合論的アプローチという。

　ハウス (House, R., 1971) は,集団目標の明確さや作業の複雑さを課題の構造化の程度とし,リーダーシップの効果性は,集団のおかれている課題状況や課題の構造化の程度に規定されるとしたパス－ゴール理論を提唱している。これによると目標が不明確であったり,作業が複雑であったりして,課題の構造化の程度が低い状況においてはこの理論でいう体制づくり的(目標達成的)なリーダーシップが有効となり部下の職務満足を高めるが,課題が単純で解決方法も明快な構造化の程度が高い状況においては配慮的(集団維持的)なリーダーシップが有効となる。

　また,フィードラー (Fiedler, F. E., 1964, 1978) は,「これまでに知り合った仕事仲間のうち,いっしょに仕事をすることが最も難しい」相手に対して好意的な評価をする高LPC (least preferred coworker) リーダーと,そのような相手に対して非好意的な評価をする低LPCリーダーとを区別し,リーダーが集団や課題状況を十分にコントロールできるような状況においては低LPCリー

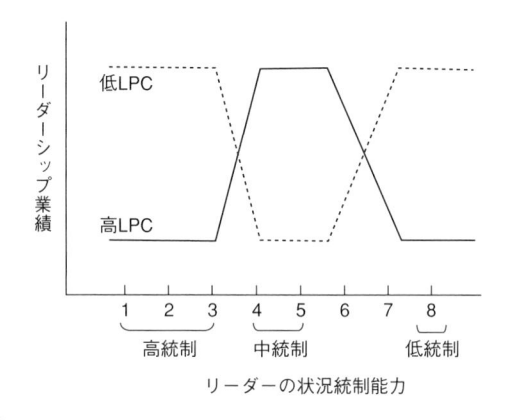

図14-2 フィードラーのコンティンジェンシー・モデルによる
リーダーシップの効果性（白樫，1985）

ダーが有効となり，中程度にコントロールできる状況においては高LPCリーダーが有効となること，そして，コントロールが非常に困難な状況においても低LPCリーダーが有効となることを見いだし（図14-2），リーダーが集団や課題状況を十分にコントロールできるかどうかによってリーダーシップの効果性が異なるとするコンティンジェンシーモデルを提唱している（白樫，1985）。

3節　集団意思決定と集団の生産性

1. 集団極性化

　われわれの社会においては，多くの場合，集団によって意思決定がなされている。この集団での意思決定は，個人の意思決定に比べより極端なものになることが示されている。この現象を集団極性化（group polarization）という。とくに集団での意思決定がより危険性や冒険性の高いものとなることをリスキー・シフト（risky shift）と呼ぶ（Storner, J. F. S., 1968）。一方で，集団のほうがより慎重な決定をすることもある。これをコーシャス・シフト（cautious shift）という。成員のもともとの判断がリスキーな場合は，集団決定はよりリ

スキーな方向に，成員のもともとの判断が慎重な場合には，集団決定はより慎重な方向でなされるという原則が指摘されている。

2. 集団生産性

一般に集団は，その集団が潜在的に有している成果までは到達しえない。集団の成果は，成員の個人成果の平均よりは優れる場合が多いが，最も優れた成員の成果を下回る場合が多いのである（佐々木，1986）。

スタイナー（Steiner, I. D., 1972）は，集団の実際の生産性は，集団過程で生ずる損失と獲得によって影響されるとする以下のような公式を提案している。

　　実際の生産性＝潜在的生産性－集団過程による損失＋集団過程による獲得

スタイナーは集団過程による獲得が生じることはほとんどないと主張している。このため，集団の実際の生産性は，潜在的生産性から，成員相互のコミュニケーションの調整や成員の動機づけの低下などで生ずる過程上の損失によって低減されてしまう。

集団の活動やその成果に対するはたらきや貢献は成員によって異なる。この貢献度が不明確な場合，自分は貢献しなくても，集団の成果から利益を得ようとする「ただ乗り（free-ride）」がみられることがある。また，他者が存在することによって，個人の最大努力を発揮しない「社会的手抜き（social loafing）」の現象が生じることもある（Latané, B. et al., 1979）。

集団討議においては，複数の成員がそれぞれ独自の情報を保有している可能性が高くなり，多面的多角的な検討が可能になることにより，集団は個人よりも質の高い決定をするであろうと期待できる。ところが，ステイサーら（Stasser, G. et al., 1987; Stasser, G. et al., 1989）は，集団討議においては，全成員に共有されている情報だけが議論され，個々の成員が独自に保有している非共有情報が議論の場に提供され，集団に共有されるようになることはほとんどないことを見いだしている。このように集団成員が非共有情報より共有情報の議論に多くの時間を費やすことを共通知識効果（common knowledge effect）という（Wittenbaum, G. M. et al., 2001）。

3. 集団思考とブレーンストーミング

　いかに優秀な成員をそろえたとしても，その集団が最善の決定をするとは限らない。集団の合議による決定が，適切でなく浅慮とでもいうべき結果になることを集団思考（groupthink）という。集団浅慮と訳される場合もある。

　アメリカ大統領ジョン・F・ケネディとそのブレーンたちによるキューバのピッグズ湾上陸作戦の失敗は集団思考の典型である。ジャニス（Janis, I. L., 1972）は，結束が強く，自分たちは優秀であると思っている集団ほど，あるいは，外部の情報が得られないときに強固な方針をもつリーダーが強い指導性を発揮する場合などに，集団はこの集団思考に陥りやすいことを指摘している。

　成員をして，自発的にその集団にとどまらせようとする力の総体を凝集性と呼ぶ（Festinger, L., 1950）。集団思考は，凝集性の高い集団において，成員が重要な情報を適切に処理することに失敗することから生じると考えられている。

　一方で，集団は優れた解決や創造的なパフォーマンスを示すことも多い。オズボーン（Osborn, A. F., 1957）は集団による生産性をより向上させ，優れたアイディアを生み出すために，ブレーンストーミングという方法を考案している。

　ブレーンストーミングにおいては，①出されたアイディアの批判をしてはならない，②自由奔放であることが歓迎される，③アイディアの質ではなく，量が要求される，④出されたアイディアの結合や改良が求められる，という4つのルールのもとで，成員が自分のアイディアを出し合い，このことが結果として，優れたアイディアの創造を導くとされている。

　集団の生産性を高めるには，相互に異なった多様な知識や資源を有する成員が存在するほうがよい。しかし，一方でこのような成員の多様性は，相互のコミュニケーションや共通理解を困難にさせ（Newcomb, T. M., 1953），成員相互の魅力を低減させることにもなりかねない（Festinger, L., 1954）。三浦ら（2002）は，集団の構成が集団の創造的パフォーマンスに及ぼす効果について検討し，成員一人ひとりが固有でユニークな知識やアイディアを有すること（成員の多様性），しかしこれにもかかわらず，集団のレベルでは成員相互に発想の類似性が認められること（成員の類似性）がともに必要であり，この成員の

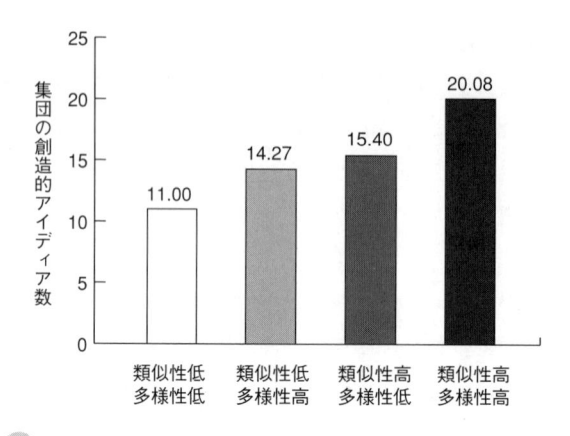

図14-3 成員の多様性と類似性の相乗効果（三浦ら，2002）

間の多様性と類似性との相乗効果により，集団のパフォーマンスが規定されるとする相乗効果モデルの妥当性を実験的に示している（図14-3）。

4節 集合行動

　人間の集まりを漠然と広く示す概念を集合体といい，この集合体の示す行動を集合行動という（Brown, R. W., 1954）。集合行動には，群集によるパニック行動や流行，世論など多様な社会的現象が含まれる。集合行動の特徴として，共通の集団目標は明確には存在せず，一人ひとりがみずからの興味や要求に従って行動していること，相互作用が限定的・一時的であること，集団への帰属意識がみられないこと，地位や役割の分化といった集団の体制化の程度が低いことなどがある。ただし，たとえばデモなどでは共通の目標は存在しており，この特徴すべてが集合行動にあてはまるわけではない。

1. 群集の心理

　不特定多数の人間が，一時的に集まっている集合状態を群集（crowd）という。群集は，多くの場合成員相互に面識がなく，一時的なものであるが，事故や災害など緊急事態が生じたときや，そこにいる人々が共通に惹かれる目標や

動因が存在するとき，特有の特徴や行動を示す。これを群集心理（psychology of crowd）という。

ル・ボン（LeBon, G., 1895）は，群集心理には，大勢の中に個人が埋没して匿名性が高くなること，自己の行動や発言に対する責任性が低下すること，非暗示性が高まりやすくなることといった特徴がみられるとしている。

恐怖や不安に駆り立てられた人々の混乱した行動をパニック（panic）という。災害時の集団での逃走などにおいてみられることがある。状況や情報があいまいであること，煽動者が存在すること，他者に追従しようとする傾向などがパニックの発生に影響すると考えられている。

釘原（2001）は，パニックから逃れる手だてとして，警報システムの整備といった物理的な環境の整備が必要なだけでなく，複数のリーダーが協力して脱出口が1か所だけでないことを明確に知らせたり，避難の誘導・指示をしたりするリーダーシップの重要性を指摘している。

2. 流　　行

不特定多数の人々の間で，服装・髪型，所有物，あるいはコミュニケーションや行動のパターンなどが，その社会の一部の集団成員に伝達され共有されていく過程や現象を流行（fashion）という。流行は社会階層構造やマス・コミュニケーションの発達などの社会的要因とともに，自己顕示や自尊心，不安といった個人の欲求や動機にも規定される。

流行している項目を採用するかどうかには，流行の初期の段階では，新規性の高い項目を採用していることによる自尊心や自己顕示欲求が影響し，流行が集団に普及し共有されるようになると，帰属集団への同一視や，そこから排除されることへの不安などが影響するようになると考えられる（上野，1994; 飛田，1999）。このように流行は，客観的・物理的な効用よりも，社会的・心理的な効用に依存しているため，短期間で終結したり消滅したりすることも多い。

15章 社会化

1節 社会化とは

　人間的な成長ということが問われることがある。解答を見いだすことは容易ではないが、この問いが人間の変化に関するものであることはまちがいない。また、われわれは、生活環境が大きく変化したり、見知らぬグループに加入したりするときに、どのようにふるまったらよいのかわからずとまどうことがある。しかし、やがては新しい生活環境やグループでつつがなく過ごしていけるようになる。このような人間の変化について検討するのが社会化(socialization)という概念である。ここでは議論の出発点として、個人が周囲と影響を与えあいながら社会の一員になっていくプロセスを社会化としておこう。

　社会化においては、価値観、役割、態度、つきあい方、言葉遣いなど、さまざまなことを習得する。社会化は人間の変化に関する概念なので、心理学が長年にわたり研究してきた学習に関する知見に関係する。また、児童期や青年期といった人生の時期により学ぶべきことは異なるので、発達心理学の知見にも関係する。さらに社会や文化の影響により人間は変化するので、社会学や文化人類学の知見にも関係する。

　以上からわかるように、社会化は幅広い現象を包括するとともに、多くの研究領域をつなぐ学際的な概念である。ただし、実際に研究を行なう場合には、テーマを絞る必要がある。社会化に関するハンドブックである斎藤ら(1990)は、職業的社会化とか、老年期の社会化といった多岐にわたる研究テーマをあげている。本章では、「生涯にわたる社会化」と「個人と社会」という観点から社

会化を解説し，地域社会に生きる人々の社会化について調べた研究例を紹介していく。

2節　生涯にわたる社会化

1. くり返される社会化

　人間が変化するのは子どもから大人になるまでであり，大人になってからは変化しないと考えがちである。そうだとすると，社会化が生じるのは子どもから大人になるまでの間であり，子ども時代が終われば一人前の社会の一員ということになる。

　しかし，社会化は人生を通じてくり返していくものであり，その特徴も人生の時期により異なる（Brim, O. G. Jr., 1966; Dion, K. K., 1985）。人生の途中で新たな社会化が始まることを再社会化と呼ぶ。たとえば，就職すると学生時代のつきあい方が通用せず，職業人として適切なふるまい方を学ぶことになる。子どもが誕生すれば親としての責任の果たし方を身につけることを迫られる。職業からの引退を迎えた人は，職業人としてのふるまい方にこだわっているとうまくいかず，近隣の人々とのつきあい方を学び直すことになるかもしれない。

　また，病気や大切な人の喪失といった人生の危機は，再社会化の始まりになることが多い。再社会化が端的に現われるのは，異文化の地に移住する場合であろう。異郷での生活は，個人にさまざまな側面で調整を迫ることになる。

2. 生涯発達の観点

　人生を通じて社会化をくり返すということは，近年の生涯発達という観点に関連する。生涯発達という観点では，人生全体にみられる多様な成長と衰退を発達として検討する。

　生涯発達の特徴について，バルテス（Baltes, P. B., 1987）は，まとまりをなす一連の命題を呈示している。その概略は，①個人の発達が生涯にわたるものであること，②個人の発達を構成する変化は多方向であること，③人生を通じ

て，発達は常に獲得と喪失の両方からなっていること，④個人内の心理的発達に大きな可塑性がみられること，⑤個人の発達は歴史に埋め込まれており，歴史・文化的条件に応じて大きく異なること，⑥個人の発達は年齢・歴史・その他の要因の相互作用の結果であり，文脈主義のパラダイムにより特徴づけられること，⑦心理的発達は学際的な立場から理解されるべきことである。

　生涯にわたる社会化や生涯発達の観点にたつと，成人期や老年期の変化も積極的に検討することになる。成人期や老年期を取り上げた研究にもさまざまなタイプがあるが，年齢とともに生じる個人の変化に順序や段階を見いだそうとしたものがある。レビンソン（Levinson, D. J., 1978）は，アメリカ人男性の調査により，成人前期から中年期にいたる変化を検討している。成人前期は，20歳前後の「成人への過渡期」から始まり，「おとなの世界へ入る時期」「30歳の過渡期」「一家を構える時期」という順序により特色づけられ，そして40代前半ごろの「人生半ばの過渡期」を経て「中年に入る時期」にいたる。過渡期は，しばしば人生の危機ともなる。

3. 時代史と社会化

　レビンソン（Levinson, D. J., 1978）が見いだしたような年齢とともに生じる変化の順序や段階が，あらゆる地域や時代にあてはまる普遍的なものかどうかは慎重に検討しなければならない。バルテス（Baltes, P. B., 1987）が生涯発達について指摘したように，生涯にわたる人間の変化は，生きている時代がどのようなものであるかによって左右される。

　大橋（2002）は，発達と時代史との交差が社会化の枠組みになるとしている。このことを模式化したのが図15-1である。図中の矢印は個人の生涯を示しており（X・Y・Zの3名），その位置は暦年齢と時代史とによって定まる。右側の矢印ほど長いのは，時代とともに寿命が長くなってきていることに対応する。点線 a は青年期と成人期の境界，点線 b は成人期と老年期の境界を示す。2つの点線が右上がりになっているのは，青年期や成人期が延長されてきたことに対応する。職業生活に入ることを免除される青年期が何歳ごろまでとされるかは時代により異なる。高等教育の普及にみられるように，戦後の日本では青年期が長期化してきた。また，職業から引退する年齢が延長されるなど，少子高

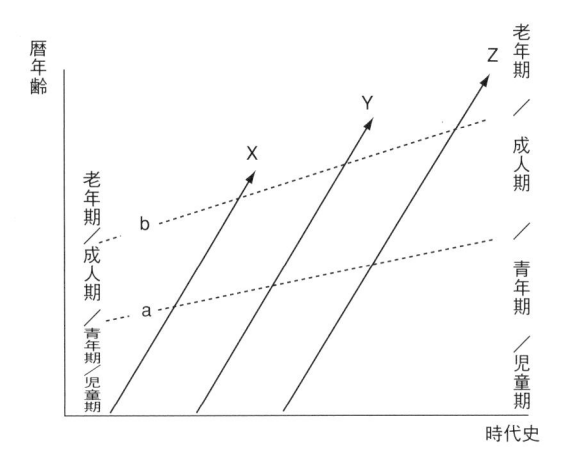

図 15-1　発達と時代史の交差（大橋，2002 を改変）

齢化の進行は成人期から老年期への移行を遅くする可能性がある。

　時代史と社会化との関連を示しているのは，同一の人々を長期にわたり調べた追跡調査である。エルダー（Elder, G. H. Jr., 1974）は，アメリカの大恐慌期に子ども時代を過ごした人々の追跡調査を報告している。その知見は多岐にわたるが，たとえば大恐慌により収入減少に見舞われた家庭では，子どもたちは就業や家事分担によって家庭経済を助ける生活を送り，早くから大人の世界とつながっていたという。細江（2002）は，1964 年に青森県下北半島の中学校を卒業した人々の追跡調査を報告している。高度成長という時代史のもとで，対象者の中には中学校卒業後に都市就職に向かった人々がいた。20 代後半から 30 代前半には，学歴社会の壁といった困難に直面し，転職や地理的な移動が行なわれた。さらにその後の職業遍歴は，職人や自営業，組織産業の一員，不安定就労に大別されていった。高度成長をはじめとする時代史が社会化に方向性と限界を与える一方，努力により困難を克服した人たちには職業生活に関する強い動機づけや自立意識がもたらされたという。

　これからの日本の時代史を考えるうえで重要になるのは，少子高齢化の到来であろう。さきにも述べたように，少子高齢化は老年期を変化させる可能性がある。大江（2005）は，宮城県の江島を取り上げ，過疎と高齢化が進む離島における伝統的社会化システムの解体と再編を指摘している。戦後の江島では青

年層の流出が進行してきた。このような青年層の流出は，その保護者層の老年期を変容させることになった。後継者が途絶えた状況に対処するために，伝統漁撈における役割分担が再編された。さらに伝統漁撈から引退する年齢が延長され，成人期化した老年期が出現してきた。過疎と高齢化が進む地域にみられる社会化の変容は，今後の日本の少子高齢化への対応を検討するうえで重要である。

ここで紹介した研究は，生涯にわたる社会化を理解するには，個人の変化のプロセスそのものに加えて，生きる時代史や地域社会の状況を考慮する必要があることを示している。

3節 個人と社会

1. 社会化の2つの側面

菊池（1990）は，これまでの社会化の研究史において，訓練を受ける受身の人間というモデルから，積極的にはたらきかける人間というモデルへの移行があったとしている。社会化には，個人が周囲から影響を受けるプロセスと，個人が周囲に影響を与えるプロセスがある。これら2つの側面をともに考慮することが，個人と社会との関係を理解することにつながる。

まず，社会化においては，個人は周囲から影響を受けて変化していく。影響の担い手となるものを社会化のエージェントと呼ぶ。たとえば，親，友人仲間，教師，マス・メディアといったものが社会化のエージェントになる。社会化のエージェントを特定したり，影響力を比較したりする研究が行なわれてきた。たとえば，子どもの社会化において親と仲間集団とではどちらの影響が強いのかといった議論がある（たとえば，Harris, J. R., 1995）。

一方，個人は周囲に影響をあたえる存在でもある。2者間の関係を取り上げると，教師は学生に影響を与える社会化のエージェントになりうるが，教育のプロセスにおいて教師自身が多くのことを学生から学んでいる。個人と社会全体の関係を取り上げると，前節で時代史からの影響を指摘したが，その時代史

をつくっているのは個人にほかならない。個人は社会化のエージェントから影響を受けるとともに，社会化のエージェントとして周囲に影響をあたえて社会を維持・変革する存在でもある。このような個人と社会との関係をとらえた研究を紹介しよう。

大橋（1998, 2002）は，沖縄シャーマニズムにみられる人生の危機への対処を検討している。カミや祖霊と交流できるとみなされて治療や儀礼を行なう人々がシャーマンであり，シャーマンをめぐる諸現象をシャーマニズムと総称する。沖縄ではシャーマンを「ユタ」と呼んでいる。ユタになるまでには5年あるいは10年の期間を要するが，その概要は以下のようなものである。まず，ふつうの主婦が心身不調に陥る。近親者などにともなわれてユタに相談すると，「カミダーリィ」（カミからの召命による心身不調）だと判断されることがある。そこからユタの指導による修行がはじまり，心身不調の原因を沖縄の祖霊信仰のコスモロジーにより意味づけていく。この修行がみずからの混乱状態を整理することになり，心身不調が相対的に軽くなっていく。一方，周囲からは才能に恵まれた人とみなされ，やがてユタという役割を担うようになる。このようにして心身不調に陥った人も社会的に疎外されることなく，地域社会の役割を担って生きていけるという。ユタになるプロセスでは，心身不調という人生の危機に際して，シャーマニズムによる成人期の再社会化が作動している。最初はユタや近親者が社会化のエージェントとなり，主婦はシャーマニズムからの影響の受け手である。やがて治療や儀礼を行なうユタとなると，今度はみずからが社会化のエージェントとしてシャーマニズムを維持していく。

2. 現代社会と社会化

複雑さを増す現代社会においては，個人は複数の選択肢からみずからの生き方を選ばなければならない。個人が正反対の内容を伝える社会化のエージェントに同時にさらされることもある。たとえば，学校が教える価値観と，地域社会で接触する集団がつたえる価値観が一致しないといった場合である。

ウィリス（Willis, P. E., 1977）は，1970年代のイギリスにおける労働階級コミュニティの少年たちを調べた。労働階級に生まれた少年たちには教師に反抗する反学校文化があった。少年たちは労働階級のコミュニティとふだんから接

触しており，労働階級の仕事に独自の価値を見いだしていた。学校教育に従順であっても報われるとは限らないことなど，反学校文化には部分的ではあるが階級社会に対する鋭敏な洞察があった。また，反学校文化と労働現場の文化との間には共通点が多く，学校への反抗は将来に向けた予備訓練となった。卒業した反学校文化の少年たちは，みずから労働階級の仕事を選択した。しかし，少年たちは過酷な労働を課され，教育がこの環境からの脱出法であることに気づいても，その時期にはやり直しができない。こうして階級社会が再生産されてしまう。ウィリスは社会化という概念を使用していないが，個人の行動選択が社会矛盾を再生産していく複雑なプロセスを明らかにしている。

　社会化を，社会が望ましいとする基準を個人が受動的に内面化することだと考えると，ここで紹介した研究を理解できない。1つの地域社会にも異なる価値観や行動様式が存在し，それらが対立していることがある。変化の激しい現代社会では，過去の社会化により身につけた行動が不適切になることも多い。さらに，社会が望ましいとする行動を行ないたくとも行なえないことがある。社会化とは，個人の行動を一義的に決定するものではない。社会からの影響を受けながらも，個人はみずから行動を選択し，そうした諸個人の行動が積み重なることにより社会が維持されたり変革されたりしていく。社会が個人をつくると同時に個人が社会をつくるという点から社会化を理解すべきである。

4節　おわりに

　社会化と類似した概念に文化化（enculturation）があり，おもに文化人類学などで用いられる。社会化あるいは文化化により，それぞれの文化の特徴が世代から世代へと伝達されていき，一定の文化圏に暮らす人々に類似性が生じるとともに，異なる文化圏に暮らす人々の間には差異がみられることになる。

　20世紀に社会化の研究は精力的に行なわれた。この背景には，文化や時代による人間の差異に注意が向けられるようになったことがある。社会科学の発展とともに世界各地の人間の生活が幅広く報告され，多様な行動や発達のパターンが存在することが知られるようになった。文化による発達の差異を示し

た研究として広く知られているのが，M. ミードの『サモアの思春期（*Coming of age in Samoa*）』（Mead, M., 1973）である。思春期は葛藤や緊張が生じる難しい時期とされるが，ミードによると，サモアの少女たちの思春期には葛藤や緊張がほとんどみられないという。

　ただし，ミードの研究の妥当性については批判もある（Freeman, D., 1983）。文化により人間に違いがあることは確かである。しかし，人間は白紙のごとき状態で生まれ，それぞれの文化の社会化により人間の性質はどのようにでもなるとするのは行き過ぎである。「氏か育ちか」と呼ばれてきた議論がある。人類が進化的に獲得してきた性質を「氏」，それぞれの文化の社会化により獲得する性質を「育ち」とみなすならば，氏と育ちは相補的なものである。進化心理学と呼ばれる立場からは，文化や社会化のみを重視した人間理解が20世紀の社会科学を偏ったものにしたとの指摘がある（Tooby, J. et al., 1992）。社会化が生じるためにも進化的基盤が必要なのであり，幅広い視野のもとに社会化を理解することが大切である。

16章 家族とジェンダー

　ジェンダー（gender）の視点からみた現代日本社会は，未婚化や少子化，その結果としての人口減少などが急速に進行し，家族の姿，意味，価値が大きく変貌している。ジェンダーは文化的・社会的に規定される男女の生き方，行動様式，役割，パーソナリティ，外見，ふるまいなどのあり方を意味し，遺伝学的・生物学的性（sex）と区別するために用いられる概念である。本章では文化的・社会的に規定される男女の役割，すなわちジェンダー役割（gender roles）を中心に，変貌する家族について検討してみよう。

1節　家族と社会化

1. ジェンダー役割の社会化

　人は，自分の所属する文化・社会の成員として，家族をはじめさまざまな対人関係（友人，恋人，職場の同僚，近所の人など），学校教育，マス・メディア，インターネット，法制度，社会慣習などを通して男女それぞれにふさわしいとされる役割を学習し内在化する。これがジェンダー役割の社会化（socialization）である。社会化によって男性／女性に適した行動や思考のパターン，規範，価値観を身につけ社会に適応する。社会化のプロセスは誕生以来中高年期まで途切れることなく継続する。しかし，成員は無批判に社会化の圧力を受容するのではなく，年齢を重ねるにつれてさまざまな経験から独自のジェンダー・スキー

マ（gender schema: Bem, S. L., 1981）やジェンダー役割態度を形成していく。成員の態度や社会状況の変化が大きければ，社会全体のジェンダー役割の内容や規範の変化を招き，社会変動を引き起こす（鈴木，2006a）。日本は現在この変動の渦中にある。

2. 社会化に与える家族の影響

　人のジェンダー役割の社会化に最初に影響を与えるのは家族のデモグラフィック特性（親の年齢・学歴・職業・年収・社会的地位・社会階層など），家族構成（出生順位，きょうだいや祖父母の存在など），親のジェンダー役割態度，しつけなどである（鈴木，2006a）。幼児期や児童期には親を役割モデルとし，しつけや家風を規範あるいは準拠枠として学習する。子どもの行動やパーソナリティにジェンダー差が生じるのは，子どもの生得的性差と親が男らしさや女らしさのジェンダー・ステレオタイプ（gender stereotypes）に基づいて子育てをすることの相互作用の結果である。このように子どものジェンダー役割の社会化に重要な役割を果たす家族が近年いろいろな面で大きく変化している。

2節　集団としての家族の変貌

　家族はクラス集団や職場集団とは異なる独自の特徴をもつ集団である。本節では集団としての家族の特徴の変化を明らかにしよう。

1. 血縁からファミリー・アイデンティティへ

　近代の家族は，婚姻届けによって法的承認を受けた夫婦（男女）関係を基盤とする制度であり，親子，きょうだいなどの近親の血縁者を成員とする凝集性の高い閉鎖的な小集団である。家族成員は愛情によって結ばれ，相互に与えあう影響が非常に大きな運命共同体である。しかし，近年は離婚・再婚・事実婚が増加し，精子・卵子の凍結保存，人工受精や体外受精，代理母なども可能になり，血縁に基づく私的かつ法的な集団という定義は現状に合わなくなっている。オランダ，ベルギー，スペインのように同性婚が法的に認められる社会も

わずかながら出現している。家族は個人が主体的に選択し構築する関係となり，ファミリー・アイデンティティ（family identity）という主観的な認識において存在するものになってきた。同じ家族に属していてもアイデンティティの内容は成員によってそれぞれに異なり，家族の主観的範囲はさまざまで，それが家族に関する態度や価値観の多様化を招いている。

2. 家族の機能の変化

家族は性・生殖，経済（家計），教育，心身の健康維持（情緒安定，癒しの場，介護）など多機能をもつ集団であるが，近年は各機能の内容が変化している。たとえば，父親だけが働く家族より夫婦共働きの家族のほうが多くなった。また，平均子ども数が2人未満に減少し，育児・介護の外在化が進んでいるにもかかわらず，かえって育児責任が重くなり子育てにかかる親の経済的，時間的，心理的負担や育児不安が増加している。さらに，家族がファミリー・アイデンティティという主観的な基盤に依って立つようになって，成員間に愛情，安らぎ，心を許せる情緒的なつながりがより強く求められるようになり，家族の果たす心身の健康維持機能の重要性がとりわけ高まっている。

3節　統計でみる家族の変貌

1. 標準家族の崩壊：小家族化・単身世帯化

標準家族（夫婦と子ども2人）は1950年代から1970年代に多い家族形態であったが，近年家族の規模が縮小している。平均世帯人員は1975年の3.35人から2003年の2.76人に，単独世帯の割合は同じく18.2%から23.3%となった（厚生労働省，2000，2003）。三世代同居家族が減って核家族が優勢になり，夫婦だけの世帯，高齢者の単身世帯が増加し，これに離婚の増加および晩婚化・非婚化が拍車をかけて，今後ますます単身世帯化が進むことが予測される。

2. 長寿化によるライフサイクルの変化

　1947年から2004年までの間に，日本女性の平均寿命（ゼロ歳児の平均余命）は54.0歳から85.6歳（男性は50.1歳から78.6歳）まで伸びた（厚生労働省，2004a）。かつては最後の子どもを産んだあとの寿命はあまり長くなく，女性は人生の大半を子育てに費やしていた。しかし今や子育て後に30〜40年もの時間が残され，この変化が女性の意識や行動に大きな影響を与えている。家族内で妻・母親役割を果たすだけで一生が終わるのでなく，とりわけ人生の後半には，社会に生きる個人としていかに自分の人生を充実したものにするかを考えなければならなくなり，生きがいや自己実現が以前にも増して重要になってきた。

3. 晩婚化・未婚化

　ごく最近まで，日本は婚姻率の非常に高い「皆婚社会」であった。現在でも9割弱の未婚者が結婚する意思をもっている（国立社会保障・人口問題研究所，2002）。ところが現実には，結婚は条件しだいの選択的な行為となり，婚姻率が急速に低下して晩婚化・未婚化が進んでいる。1990年以降は男性の生涯未婚率（50歳まで結婚したことのない人の割合）が女性を上回り，2000年には女性5.8%，男性12.6%であった（国立社会保障・人口問題研究所，2005）。初婚年齢は1970年の妻24.2歳，夫26.9歳以来継続して上昇を続け，2004年にはそれぞれ27.8歳と29.6歳になった（厚生労働省，2004b）。

　1970年代以前は見合い結婚がさかんで，親や親戚の紹介で結婚相手とめぐりあうことがふつうであったが，近年は友人・きょうだいの紹介や学校・職場での出会いに始まる長いつきあいの末の恋愛結婚が増え，結婚相手との年齢差が縮まっている。

　晩婚化・未婚化の原因は複合的である。結婚にともなう経済的責任や子どもの保護・育成の責任が，過剰な重荷あるいは行動や時間の自由を奪うものと受けとめられていること，性的行動の自由度が高まって結婚が必ずしも必要ではなくなったこと，交際期間の長期化，女性の高学歴志向と就労継続志向の高まり，非正規雇用者の増加，個人主義化の傾向があげられる（表16-1，表16-2）。とくに，コンビニエンスストアなどによる家事労働の商品化・外在化，パラサ

● 表16-1　家族にかかわるジェンダー役割態度の変化（NHK放送文化研究所，2004より作成）

項目	1973年	2003年
婚前交渉は愛情があれば可	19%	44%
女子の教育は大学まで	22%	48%
理想の家庭は性（別）役割分担型	39%	15%
理想の家庭は家庭内協力型	21%	46%
女性は子どもが生まれても職業を続ける	20%	49%
夫が家事・育児の手伝いをするのは当然	53%	86%

注）項目内容を支持する割合を示す。　調査対象者：16歳以上の男女。
・性（別）役割分担型：父親は仕事、母親は家庭。
・家庭内協力型：父親は家庭のことにも気をつかい、母親も暖かい家庭づくりに専念。

● 表16-2　女性の就労に対する態度（厚生労働省，2005より作成）

		無職	結婚まで	出産まで	継続（両立）	再就職	その他
1992年	全体	4.1%	12.5%	12.9%	23.4%	42.7%	4.4%
2004年	全体	2.7%	6.7%	10.2%	40.4%	34.9%	5.1%
2004年	女性	1.7%	5.4%	9.1%	41.9%	37.0%	4.9%
	男性	3.8%	8.3%	11.5%	38.6%	32.4%	5.4%

注）調査対象者：20歳以上の男女。
・継続：子どもができても、ずっと職業を続けるほうがよい。
・再就職：子どもができたら職業をやめ、大きくなったら再び職業をもつほうがよい。

イト・シングルのような成人後の親との同居などにより、男性の結婚の必然性が薄れている（鈴木，1997）。

4．少子化と人口減少

1人の女性が生涯に産むと推定される子どもの数を示す合計特殊出生率は、1947年の4.50人から2004年には1.29人となり、出生数も過去最少の110万人台に減った（厚生労働省，2004b）。さらに、日本は2005年に世界一の少子高齢化社会になり（総務省，2006）、また同年から人口減少の時代に入った。

少子化の原因の明確な特定は困難だが、女性の就業率の高まり、子育て費用の増大という先進国共通の要因や1990年代以降の経済停滞による非正規雇用者の増加が若年層の経済状態を悪化させているという要因が大きいであろう。女性の平均初婚年齢が高くなるほど晩産化がすすみ、出生率が低くなる傾向も

● 表16-3　子どもをもつことに対する態度（NHK放送文化研究所，2004より作成）

			もつのが当然	もたなくてもよい	その他
1993年	全体		54%	40%	6%
2003年	全体		44%	50%	6%
2003年	女性20〜39歳	未婚	16%	78%	6%
		既婚	17%	78%	5%
	男性20〜39歳	未婚	41%	57%	3%
		既婚	30%	65%	5%

注）調査対象者：16歳以上の男女。

ある。また，他の先進諸国に比べて日本では婚外子（非嫡出子）が2％未満と非常に少なく（2004年には，スウェーデン55.4％，イギリス42.3％，イタリア14.9％）（Eurostat, 2005），「できちゃった結婚」（妊娠後の結婚）による出産が，2004年に第一子として産まれた赤ちゃんの26.7％を占めている（厚生労働省，2006）。加えて，夫の収入だけでは家族を支えきれず，就労する妻が増加しているにもかかわらず，公立保育所が不足しているなど，子育てをしながら就労を続ける男女をサポートする社会制度や労働政策が不備で，公的支出も少ない。

　さらに，子どもが労働力ではなくなって，子どもをもつことの経済的メリットが減少し，老後に扶養してもらおうという意識も薄れた。子どもは親の生活の楽しみや喜びや励みの源となり，話し相手・老後の介護を期待して息子より娘を望む親が増えた。子どもの価値の絶対性が失われ，「授かる」ものから「つくる」ものへ（柏木，2006），「産んで当然」から「産む産まないは自由な選択」へと変化している。とくに20代〜30代の女性で「子どもをもたなくてよい」という態度が顕著である（表16-3）が，これはこの年代の女性には就労継続希望者が多いにもかかわらず，現状では子育ての負担の大半は女性が負うことになるのがおもな理由の1つであろう。

5. 離婚の増加

　日本の離婚率・離婚件数は1960年以降ほぼ継続して上昇し，2002年の離婚率（人口千人あたりの離婚件数）は人口統計史上最多の2.30であった（厚生

労働省，2004b）。近年の離婚の特徴としては，急激な中高年化があげられる。2004年には結婚20年以上の熟年離婚が離婚件数の15.5%を占め，離婚件数は1975年の6.2倍，そのうち同居期間が35年以上の離婚件数は15.7倍，30〜35年未満が11.9倍と突出している（厚生労働省，2004b）。中高年離婚の増加の背景には，長寿化によって子育て後に夫婦だけで過ごす期間が長くなり，夫婦の意識や価値観のギャップが顕在化するようになったこと，就労女性が増加して離婚後の経済的自立が可能になったこと，女性が自分自身の可能性を追求するようになり，自己実現を阻むような結婚の解消を肯定的にとらえるようになったことなどの要因がある。

4節　家族のかかえるジェンダー問題：態度と行動のギャップ

1. 家事・育児分担のアンバランス

過去30年の間に男女平等志向が高まり，女性の高学歴化への支持も増加し，「妻は家庭，夫は仕事」という性別役割分担重視から，夫と妻が協力しあって家庭をつくり，妻の就労継続も夫の家事・育児の手伝いも当然という方向へとジェンダー役割に対する日本人の態度は大きく変化した（表16-1）。同時に家庭と仕事の両立志向も男女ともに高まっている（表16-2）。

しかし，行動の変化は態度変化に追いついていない。たとえば，平日の家事時間は妻4時間10分に対して夫は21分，掃除や食事の後片づけを分担している夫はそれぞれ4%に満たない（NHK放送文化研究所，2002）。子どもの有無や就労形態にかかわらず妻に責任や分担が偏り，子どもを含めた家族全員で分担しあうという発想がない。若年男性では家族志向性が高いが，夫が家事・育児を分担しようとしても，就労時間が非常に長く実際上できないことが多い（鈴木，2006b）。

2. 多重役割の負担

仕事をもつ個人は，家庭（家事・育児・介護）役割と仕事役割の多重役割

(multiple roles)を担う。多重役割は幸福感,家庭満足度,結婚満足度,メンタル・ヘルス（身体的・心理的ストレス反応，抑うつ，不安）と関連している。ジェンダー規範によって男性より女性のほうが家庭責任が重いことから，多重役割の心理的影響はおもに育児や介護をする共働き女性で大きい。多重役割間の関係については，2つの役割が相互に対立するコンフリクト（conflict）や一方の役割の状況・経験が他方の役割に影響するスピルオーバー（spillover）などの視点がある。多重役割は悪影響（過労，緊張）だけでなくよい影響（張り合い，活力）も与える。しかし，女性は仕事役割に意義を見いだしつつも家庭役割に強く責任を感じることから多重役割の悪影響を受けやすく，それを回避するため，離職や短時間労働を選択せざるをえないことが多い（鈴木，2006b）。

3. 既婚女性の再就職の難しさ

若年高学歴女性を中心に女性の就労意欲が高まっているが，現実には家事も育児も妻が担うため子育てか仕事かの二者択一を迫られがちである。出産や育児のために離職したり非正規雇用者になることは生涯所得の損失を招くだけでなく，それが，本人の希望に反するなら，仕事を通した自己実現の可能性を阻害する。いったん離職した女性の再就職環境は厳しく，成果主義や不景気のため夫がリストラされるリスクもある。それでも有職女性の半数以上が出産前に会社を辞める事実がある以上，男性であれ女性であれ，転職や再就職が不利にならないような雇用制度の充実や職場整備が必要である（鈴木，2006b）。

4. ドメスティック・バイオレンス

ドメスティック・バイオレンス（Domestic Violence: DV）は配偶者や恋人からの身体的および精神的暴力のことで，犯罪である。加害者にとっては，親密な関係にある配偶者や恋人との唯一のコミュニケーション・スタイルが暴力である。配偶者だけでなく，子どもにまで暴力をふるうこともある。実際に配偶者などから暴行を受けた経験のある女性は26.7%（男性13.8%），精神的な嫌がらせや脅迫を受けた女性は16.1%（男性8.1%），性的行為の強要を受けた女性は15.2%（男性3.4%）である（内閣府男女共同参画局，2006）。

DVは，男女の関係が対等な個人間の愛情関係ではなく支配関係であること

により発生する。男女どちらも加害者になりうる。しかし，家庭内の経済力と意思決定権が男性に偏っていたり，強いリーダーである男性に女性は従順に従うべきだというようなジェンダー・バイアス（gender bias）があったり，攻撃や暴力を男らしさの証明と思い込んだりすることが背景に存在し，男性が加害者になるケースが圧倒的に多い。DVは加害者の教育レベルや職業や地位とは無関係に発生する。

近年は高校生や大学生の恋人間で起こるデートDVも報告されている。カップルが親密になって性的関係をもつようになると，急に相手に暴力をふるったり，勝手にメールの内容やアドレスをチェックして消去したり，相手をおとしめるような暴言を吐いたりするのである。DVは恋愛との区別が難しい。恋愛も独占欲求や嫉妬心をともなうが，同時に相手を大切に思う気持ちや相手の意志を尊重しようとする心理もはたらくことでバランスが取れている。しかし，DVは相手を家族や友人など周囲の人間関係から孤立させ，あたかも所有物であるかのように支配したり束縛したりしようとするところが恋愛とは異なる。

DV加害者の治療のためにはカウンセリングやDV防止のための教育プログラムが利用されている。一方，被害者の救済のためには生活支援（加害者から逃れて安心して過ごせる隔離シェルターの設置など）や心理的ケア（母子生活支援施設に心理療法士などの専門家を置いて，被害者の立ち直りをサポートするなど）も行なわれている。

17章　社会的ジレンマ

1節　個人的合理性と社会的最適性との乖離

　一人ひとりが自分にとって合理的と思われる意思決定や行為を行なった結果，社会的には最適とはいえない（全員にとって望ましいとはいえない）結果が生じることは，人類の歴史の中でくり返し指摘されてきたことである。たとえば，古代ギリシャの哲学者アリストテレスは，その著書『政治学』(Aristotelēs, 執筆年不詳）の中で，個々人の関心が共同のものに向かわないことで生じる問題を嘆いている。彼は，その背景に，大多数の人が自分にかかわりのある範囲でしか共同のものに配慮しないだけでなく，他の人がそれに配慮してくれるだろうと期待する（現代の言葉で言えば「ただ乗りする」「フリーライダー」となる）傾向があることを指摘している。また，井原西鶴は，『世間胸算用』(井原,1692）の中で，江戸時代の町人の女房たちが，自分がめだつために着物の派手さを競い合うが，その結果としてどの人の着物も同じようなものになり，だれもめだつことができないばかりか，全体としては金銭の無駄使いに終わってしまうことを描いている。

　現代社会でも，環境問題などをみれば，個人的合理性と社会的最適性との乖離の例に事欠かない。たとえば，暑い夏の日に，屋内で快適に過ごそうと，みんながエアコンの設定温度を下げるとしよう。そのためには電気（を発生させる資源）が必要で，屋外に放出される空気の温度も高くなる。屋外の温度が上がると，その暑さから逃れるためにさらに設定温度を下げたくなる。しかし，へたをすると，屋外に出たときに暑さでますます不快に感じるだけでなく，電

気の大量消費（資源の浪費）から停電を引き起こして，室内の温度調整さえできなくなる。(環境問題は過去のさまざまな時代においても局地的な形ながら「共同体の崩壊」の大きな要因となってきた (Diamond, J., 2005)。しかし，現代の環境問題には地球全体の規模で生じるものも多い。)

2節　社会的ジレンマと N 人囚人のジレンマ

「個人的合理性と社会的最適性との乖離」という事態を，一般に「社会的ジレンマ」(social dilemma) と呼ぶ（たとえば，盛山ら，1991; 山岸，1990, 2000)。ひと口に社会的ジレンマといっても，さまざまな状況がある。そのような状況の多様性に応じて，ゲーム理論（たとえば，武藤，2001 などを参照）の観点から，N 人囚人のジレンマ，N 人チキン・ゲームなどの複数のモデルが定式化されてきた。また，公共財（費用を負担しなかった人も含めだれもが利用可能でだれかが利用しても他の人の利用が妨げられないような財）の供給問題と資源管理問題との違いに対応して，「与え合いゲーム」と「取り合いゲーム」という区別もなされてきた (Dawes, R. M., 1980; Hamburger, H., 1973; Komorita, S. S. et al., 1994)。

とはいえ，理論的にも実際にも，社会的ジレンマの典型とされ，最も注目を集め，理論研究や実験研究が行なわれてきたのは，N 人囚人のジレンマである。これは，一人ひとりが「協力」か「非協力」かの選択を行なう状況を想定したもので，次のような特徴をもつゲームである。

①一人ひとりにとっては，他の人の選択にかかわらず，「非協力」を選択したほうが自分自身の利得が大きい。すなわち，「非協力」は優越戦略 (dominant strategy) である。その結果として，全員が「非協力」を選択するという事態が，ナッシュ均衡 (Nash equilibrium) と呼ばれる状態，すなわちだれにとっても選択を変更しようという誘因がはたらかない状態として実現する。

②全員が「非協力」を選択するというナッシュ均衡は，パレート効率的 (Pareto efficient) な状態でない。すなわち，この事態よりも，少なくと

も1人にとって利得が大きく他の人の利得は小さくならないような社会状態が存在している。このゲームの場合，それは全員が「協力」を選択している事態で，各人の利得はナッシュ均衡よりも大きくなる。

N人囚人のジレンマは，2人の間で行なわれる「囚人のジレンマ」（Rapoport, A. et al., 1965）というゲームを，3人以上の場合に一般化したものである。(2人)囚人のジレンマは，図17-1のような利得行列で表わされる。この利得行列で，各セルの斜線の左下は個人Aの利得を，右上は個人Bの利得を表わしている。

集団の成員一人ひとりが他の成員一人ひとりに対して，囚人のジレンマというゲームを同時に行なっている状況は，N人囚人のジレンマになる。ただし，逆に，すべてのN人囚人のジレンマが，このような形で2者間の囚人のジレンマに還元できるというわけではない（Hamburger, H., 1973）。

このゲームの名前の由来となった物語は，わかりにくいところがあるので，次のような例で考えてみよう（Hofstadter, D. R., 1985）。個人Aと個人Bは1回限りの経済的な取引をしようとしている。個人Aが売り手で，個人Bが買い手である。個人Aは，ちゃんとした商品を提供すること（「協力」）をせず，粗悪品や偽物を提供すること（「非協力」）で，個人Bの行動にかかわらず，より大きな利得を得ることができる。他方，個人Bは，本物のお札で支払いをしたり期限通りに支払いをしたりする（「協力」）のではなく，偽札で支払いをしたり「踏み倒し」をしたりすること（「非協力」）で，個人Aの行動にかかわらず，より多くの利得を得ることができる。以上のようなことから，個人Aが粗悪品か偽物を提供し，個人Bは偽札で支払いをするかまったく支払

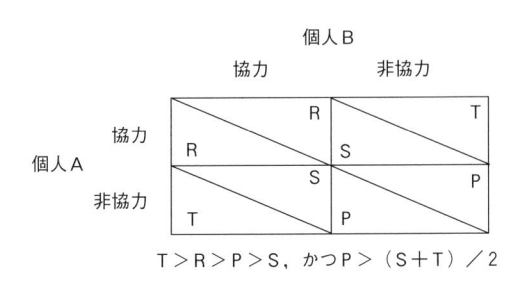

個人B
協力　　非協力

個人A
協力　　R／R　　S／T
非協力　T／S　　P／P

$T>R>P>S$，かつ$P>(S+T)/2$

● 図17-1 「囚人のジレンマ」の利得行列

いをしない，という状態に陥ってしまう。ところが，もし個人 A がちゃんとした商品を提供し個人 B が期限通りに本物のお札で支払いをしていたならば，双方にとってより利得が大きかったはずなのである。

3 節　「囚人のジレンマ」研究の新しい動向：なぜ協力するのか？

　前節の経済取引の例を読んで，次のような疑問をもった人はいないだろうか。理論的には売り手も買い手も「非協力」を選択することが予想されるにもかかわらず，実際の社会生活では，売り手もちゃんとした商品を提供し買い手もきちんと支払いをしている（つまり売り手も買い手も「協力」を選択しているというパレート効率的な状態が生じている）こともけっこう多いのではないか，という疑問である。これに対しては，もちろん，現実の社会生活では同じ相手と経済取引をくり返し行なうことが多いので状況が異なるからだ，という発想に基づいて説明することも可能である。（このようなアプローチについては，たとえば，Axelrod, R., 1984; 鈴村，1982; 瀧川，1989; Taylor, M., 1987 などを参照。）

　しかし，実は，社会心理学や実験経済学などの分野で行なわれた，1 回限りの「囚人のジレンマ」の実験結果をみても，ゲーム理論の予測とは異なり，実験参加者が「協力」を選択する割合は意外に高い。集団規模などのさまざまな条件にも依存するけれども，1 割から 8 割くらいまでの協力率が報告されている（Franzen, A., 1994, 1995; Komorita, S. S. et al., 1980）。現実にも，たとえばインターネットを通しての売買やオークションなどで，1 回限りの取引相手と考えていても，相手のことを信頼し「協力」行動を取っている人が多いのではないか。

　そこで，近年の社会的ジレンマ研究では，次のような問いに答えることが新たな課題であるという認識が共有されるようになってきた。それは，社会的ジレンマ（とくに N 人囚人のジレンマにあたる状況）において，ゲーム理論の考え方から導かれる予測とは異なり，実際には比較的多くの人々が「協力」行動を取るのはなぜだろうか，という問いである。

4節 「協力」行動を説明するさまざまな仮説

この問いに答えようとする仮説の中で代表的なものを5つ紹介しよう。いずれも，社会的ジレンマの基本構造を表わすモデルとして2人囚人のジレンマをまずは念頭に置き，他者の心の状態，とくに「自分のことが他者にどのようにみえているか」をお互いに読み合うことによって相互協力が成立する，と考える点に特徴がある。

1. 信頼の「解き放ち」理論

山岸（1998, 1999）は，（特定の他者に対してではなく）他者全般に対する「一般的信頼」の高い人ほど，特定の他者が信頼できるかどうかを示す情報に敏感で，実際に他者の行動を正確に予測し，「囚人のジレンマ」でも相手が「協力」すると予想されるなら「協力」を選択する傾向がみられることに注目する。このことから，山岸（1998, 1999）は，次のような，信頼の「解き放ち」理論を提唱している。

社会的不確実性の高い状況（「取引費用」の大きな状況）に対して，人は特定の他者と安定したコミットメント関係（固定的関係）を築いて不確実性自体を減少させるという対処法を取ることができる。しかし，コミットメント関係は，「機会費用」を生み出す。コミットメント関係にある人以外の人と取引をしていたら得られるより大きな便益をあきらめていることになるからである。ここで，一般的信頼の高い人は一般的信頼の低い人に比べて，コミットメント関係から離れる傾向がみられる。社会的不確実性も機会費用も大きい状況では，一般的信頼の高い人が低い人よりも大きな利益を得る可能性があることになる。山岸は，日本よりもアメリカ合衆国のほうが一般的信頼の高い人が多いのは，日本のほうが機会費用の小さい社会だからである，という文化心理学的な考察もしている。

山岸と共同研究者（Kiyonari, T. et al., 2000; 山岸ら，2002）はさらに，他者の行動を正確に予測する際に「裏切り者検知」に特化した認知モジュールが進化の過程で獲得されたと考える。そして，「社会的交換ヒューリスティックス」によって「囚人のジレンマ」の利得行列が「安心ゲーム」の利得行列（図

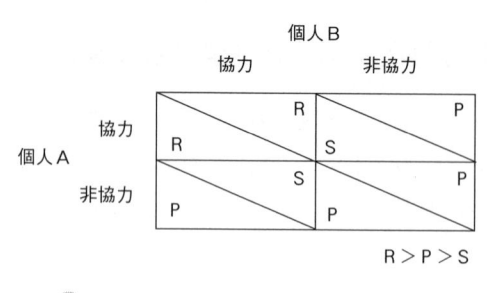

図17-2 「安心ゲーム」の利得行列の例

17-2) に変換されることから相互協力が成立する，という進化心理学的議論も展開している。

2. 共感，心の読み合い，社会的相互行為の一般理論

サリー（Sally, D., 2000）は，人々が相互行為を行なう中で，共感（sympathy）が果たす役割を強調する。そして，共感に影響を与える要因として，物理的距離，精神的距離（類似性・親密さの度合い），感情（affection），評価（evaluation）という4つをあげる。さらに，ハイダー（Heider, F., 1958）のバランス理論を援用して，この4つの要因の間にバランスがとれた状態には次の2種類があるとする。

① 〈物理的距離の近さ，類似性・親密さ，好意，良い評価〉
② 〈物理的距離の遠さ，差異性・なじみのなさ，嫌悪，悪い評価〉

この2つのうちとくに前者のようなバランスのとれた状態が生じることによって，物理的距離の近さや精神的距離の近さが他者への共感を促進することになる。

ここでいう共感は，相互行為にともなう互酬性から互いの心の読み取り合いが行なわれ自己と他者との「重なり合い」が生じることを通して，自己の利害関心が拡張される，というプロセスのことである。2人囚人のジレンマ状況において，共感が喚起されると，利得行列が変換されることになる。つまり，各人の効用関数が，自分の利得の値と，相手の利得に非負のウェイトをかけた値との和の形で表わされることになる。たとえば，図17-1でいえば，自分も相手も協力しているときの効用は $R + \lambda R$, 自分が「協力」で相手が「非協

力」の場合の効用は S + λ T, … などという式で表わされる（ただし, λ ≥ 0）。そのウェイト λ の大きさは，個人の共感能力，物理的距離，精神的距離，感情，評価，利得行列の構造，相互行為の行なわれる状況などの関数になっている。利得行列が変換される結果,「非協力」が必ずしも優越戦略にならなくなる。

以上のような議論に基づいて，サリーは，囚人のジレンマに関してこれまで行なわれてきた実験から，「協力」行動を促進すると考えられてきた条件が，なぜそのような効果をもつのかを体系的に説明しようとしている。その条件としては，たとえば，協調的パーソナリティ，対面的状況，属性の類似性，友人であること，コミュニケーションの存在，模倣，対人魅力，評価の伝播，などがあげられている。

3. メタ・ゲーム（meta-game）

ハワード（Howard, N., 1971）は，2人囚人のジレンマにおいて，相手がどのような「条件つき戦略」を考えているかを各人が読み合うことによって，選択肢を拡張すると想定する。そして，そのように選択肢が拡張された「メタ・ゲーム」においては, 2人ともが「協力」を結果的に選択するという事態がナッシュ均衡になりうることを示している。2人囚人のジレンマで, 一方の個人（個人Bとしておく）が，まず，「個人A（相手）がXを選択するなら個人B（自分）はYを選択する」（ここで X, Y はそれぞれ「協力」か「非協力」かのいずれかとする）という条件つき戦略4つを考える。もう一方の個人（個人A）は，相手の条件つき戦略を読んで，さらに自分も条件つき戦略を考える。それは，「『個人A（自分）がXを選択するなら個人B（相手）はYを選択する』という条件つき戦略を個人B（相手）が考えているならば個人A（自分）はZを選択する」（ここで X, Y, Z はそれぞれ「協力」か「非協力」かのいずれかとする），という形になり, 全部で 16（= 2^4）通りの選択肢があることになる。こうして拡張した16選択肢×4選択肢の利得行列で表わされるゲームにおいては，双方が「非協力」を結果的に選択する事態だけでなく，次のように解釈できる事態もナッシュ均衡になる（鈴村, 1982; 瀧川, 1989）。一方の個人は，相手が協力するならば，そのときに限り，自分も協力しようと考えている。もう一方の個人も，相手がそのように考えているならば，そのときに限り，自分

も協力しようと考えている。このように相手の考えている条件つき戦略を読み合った結果，社会状態としては，2人ともが「協力」を選択することになる。

このメタ・ゲームの考え方は，人数が3人以上の場合でも，すべての個人が互いに2人囚人のジレンマを行なっている結果としてN人囚人のジレンマになっているならば，適用可能なものである。ただし，他者の条件つき戦略を考えるために必要な情報処理能力は，人数が増えるのに比例して大きくなる。

4. 超合理性（superrationality）

ホフスタッター（Hofstadter, D. R., 1985）は，（何人の場合であっても）囚人のジレンマ状況において，「自分たちの置かれた状況が一人ひとりにとってまったく同じものであり，みんなが同じ程度の合理性を備えている」という認識（「対称性」の認知）を最初に全員が共有することになれば，その後で「合理性」に基づいて選択・行為することによって次のようになると考える。すべての人が対称的な状況に置かれているのだから，合理的な人間であれば，すべての人が同じ選択をするだろうという予想が導かれる。2人囚人のジレンマで考えれば，自分が「協力」を選択するならば相手も「協力」を選択するだろうし，自分が「非協力」を選択すれば相手も「非協力」を選択するだろう。つまり，片方が「協力」で他方が「非協力」という事態を最初から考えなくてすむ。したがって，問題は，2人ともが「協力」を選択するか2人ともが「非協力」を選択するか，いずれの事態を選好するかということになる。利得行列から明らかなように，2人ともが「協力」を選択することが，自分にとっても相手にとっても利得が大きい。このような推論から，2人とも「協力」を選択する事態が実現することになると考える。

この論法は，N人囚人のジレンマでも通用する。自分が「協力」を選択すれば他のすべての人も「協力」を選択するだろうし，自分が「非協力」を選択すれば他のすべての人も「非協力」を選択するだろう。だれにとっても，全員が「協力」のときの利得のほうが，全員が「非協力」のときの利得よりも大きい。したがって全員が「協力」という事態が実現可能になる。

5. 対称性とコントロール幻想

　ゴールドバーグら（Goldberg, J. et al., 2005）は，対称性の認知（他者が自分と同じ行動を取るだろうという信念を含む）だけでは協力行動が生じないと考える。彼らは，人々が対称性の認知と同時に「コントロール幻想」をもっていて，この両者の交互作用効果の結果として協力行動が促進されるというモデルを提示している。ここで「コントロール幻想」というのは，自分の意思決定が他者の意思決定に影響を与えるだろうという信念のことである。（コントロール幻想が囚人のジレンマ状況で果たす役割についてはカープら（Karp, D. et al., 1993）などもすでに指摘している。）

　彼らは，対称性の認知とコントロール幻想から，2人囚人のジレンマの利得行列が変換されると考える。そして，期待効用モデルに基づいて，対称性に関する信念の度合いを確率で表わすと，コントロール幻想がある状況では，その確率がある程度大きければ，「協力」を選択することが個人的にも合理的になることを示している。彼らはさらに，この考えを3人以上の場合にも拡張できると主張する。その際，対称性に関する信念の度合いを表わす確率の代わりに協力者の割合と非協力者の割合を用いて期待効用を計算すると考えればよい。彼らは自分たちによるものも含め，既存の実験研究から自説を支持する結果が得られている研究について具体的に論じている。

　さて，これまで紹介してきた5つの仮説の中で，囚人のジレンマあるいは社会的ジレンマ状況においてなぜ協力する人の割合が（通常のナッシュ均衡の考え方に基づく予想に比べて）高いのか，という問いに対して，現時点で最もよい答えとなっているのはどの仮説なのだろうか。これらの仮説には共通点も多いので，その評価は難しいかもしれない。しかし，同じ現象を説明しうる競合的な仮説の安易な統合・折衷ではなく，これらの仮説間の対決こそが，われわれの知識の発展に寄与すること（水原，1984）を忘れてはならない。

18章 組織

1節 組織と個人

1. 組織とは

「あなたの生まれた場所は？」と聞かれたら，多くの人が「病院」と答えるだろう。しかし，50年前は自宅がほとんどで，病院で生まれる人はごくわずかであった（図18-1）。死亡場所も同様である。では，仕事の場所はどうか。やはり50年前は農業などの自営業者が半数以上だったが，現在は企業や役所などに雇われて働く人が多数派である。つまり，現代人は生まれてから死ぬまで組織とつきあわねばならない。「組織の時代」といわれるゆえんである。

組織とは，特定の目的のために調整された人間の活動や諸力のシステムである。それが具体的な形をとったものが企業・役所・大学・病院などの人間集団である。これらは，自然発生的に生まれる調整のパターンである家族，仲間集団，コミュニティなどと区別する場合，公式組織と呼ばれる。

公式組織が現代社会において重要な位置を占めるようになったのは，技術の高度化と社会環境の多様化・複雑化のため，複数の人々が協働しないと達成できない仕事が増えたからである（桑田ら，1998）。また，とくに日本の場合産業構造の変化も組織の役割を大きなものにしている。産業は広い意味では経済活動全体をさすが，産業の比重は自営業者や家族従業員の多い第一次産業から第二次産業そして第三次産業へと移り，それにともなってモノやサービスを効率的に提供する組織が支配的になったのである。

18章　組　織

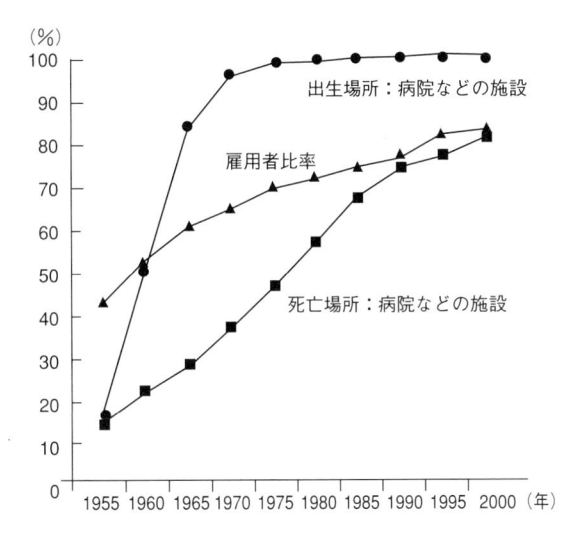

図 18-1　組織の役割の拡大 （厚生労働省，総務省データに基づき作成）

2. 人的資源管理と組織行動

　組織は単なる人の集まりではない。組織の目的に向けて組織メンバーの活動や力を引き出し，調整しなくてはならない。その役割を果たすのが人的資源管理である。そこには，組織メンバーの採用・配置・昇進・退職・能力開発・報酬など，さまざまな機能が含まれる。人的資源管理論という名前でおもに経営学の立場から研究が行なわれているが，社会心理学からも重要な寄与がなされている。次節では人的資源管理の多くの機能に関係する人事アセスメントについて述べる。

　他方，人的資源管理の対象である組織メンバーの行動は組織行動と呼ばれる。組織行動論または組織心理学という学問領域が近年確立しつつあるが，そこに基礎理論を提供しているのが社会心理学である。組織行動を説明するための概念には，仕事への動機づけ，組織コミットメント，職務満足感，組織ストレスなどがある。本章では，このうち仕事への動機づけと組織コミットメントについて，3節と4節で述べることにする。

2節　人的資源管理における人事アセスメント

　適材適所を実現したり，組織メンバーの能力開発をうながしたりするためには，各人が保有する資質や特性を的確に把握する必要がある。人事アセスメントとは，仕事に関連する個人の資質や特性（能力・スキル・コンピテンシー・職務志向性・精神健康度など）を，特定の手続きのもとで測定・評価する一連のプロセスのことをさす。

　体重を測るには体重計，血圧を測るには血圧計があるように，仕事に関連する個人の資質や特性を正確かつ客観的に測定するためには，科学的裏づけのある「ものさし＝アセスメントツール」が必要となる。社会心理学や産業・組織心理学の研究アプローチ，そして心理測定技術は，個人の資質や特性といった目に見えない構成概念を定義し，その測定方法を開発するうえで大いに寄与しているといえる。

1. 人事アセスメントの実施場面とアセスメントツール

　企業組織において人事アセスメントが実施される場面は，大きく分けて3つある。それは，①賃金・賞与などの報酬決定場面，②人材の採用や昇進・昇格などの選抜場面，③能力開発，キャリア開発などの教育場面，であり，場面に応じてさまざまなアセスメント手法が活用されている。

　①報酬決定場面では，個人の業績やコンピテンシー（特定の職務において高い成果を上げている人物に共通してみられる行動特性：Spencer, L. M. Jr. et al., 1993）などについて，人事制度に定められた手続きに則り，被評価者の上司が評価を下すのが一般的である。

　②人材の選抜場面では，個人の知的能力検査や性格検査などのアセスメントツールが使用されることが多い。このほかに，管理職の選抜場面では，アセスメントセンター方式を活用する企業組織が増えている。アセスメントセンター方式では，管理職の職務内容を模擬的に実践する複数のシミュレーション課題について，個人やグループ単位で取り組む。そのようすをアセッサーと呼ばれる評価の専門家が観察し，定められた評価基準と照らしあわせて被評価者のマネジメントスキルを評価するのである（二村，2005）。この手法は，被評価者

が実際に管理職ポストについた場合に管理者として職務をどれだけ遂行できるかを予測するうえで有効である。

③教育場面では，リーダーシップスキルやコミュニケーションスタイル，あるいはキャリア適性といった個々人の特徴を把握するためのアセスメントツールが使われている。これらは，自己回答形式の質問紙（またはWeb）で実施されることが多いが，最近では多面観察形式のツールも広く活用されている。多面観察形式とは，被評価者本人について，本人ならびに本人の上司・同僚・部下など，周囲の複数の人々が評価するものであり，被評価者本人についてのリアルな情報が得られ，評価の客観性が高まるといった利点がある。

2. アセスメントツールの要件

ところで，科学的裏づけのあるアセスメントツールとは，どのような要件を満たしたものであろうか。この問いの答えになる重要な概念が2つある。それは，「信頼性」と「妥当性」である。

「信頼性」とは，測定結果の安定性のことをさし，信頼性の高さは，統計的手法を用いて信頼性係数で表現される。信頼性を検討するためのおもな方法には，①再検査法，②内的整合性法，③折半法，がある（図18-2参照）。

「妥当性」とは，測定しようと意図したものをねらいどおりに測定しているかを意味する概念である。妥当性をとらえる際の切り口はいくつかあるが，中でも重要なものに，①内容的妥当性，②基準関連妥当性，③構成概念妥当性，がある。

① 再検査法	② 内的整合性法	③ 折半法
同一人物に対し，一定の期間をおいて同一の測定を2回行ない，その測定値間の相関係数を求め，信頼性係数とする方法。	複数の項目によって特性を測定する場合，項目内容が等質であるかどうかについて，α係数とよばれる信頼性係数を算出し検討する方法。 ＊α係数：測定がくり返し行なわれたときの得点間の相関係数の推定値。	複数の項目によって特性を測定する場合，項目を内容・難易度などの等しい2群に分け，それぞれに合計点を算出し両者の相関係数を求め信頼性の推定値とする方法。

図18-2　信頼性を検討するための方法（岩淵，1997を修正）

①内容的妥当性とは，設問やテスト項目の内容が，測定しようとしているものと理論的・論理的に合致しているかをさし，統計的手法は用いずに専門家の目で判断されるのが一般的である。②基準関連妥当性は，測定結果が，すでに確立された外部基準とどの程度関連しているかを意味し，相関分析を用いて統計的に検討される。③構成概念妥当性は，測定しようとしている概念の枠組みや構造が理論的な仮説どおりであるかどうかについて，実際の測定データを用い，因子分析や共分散構造分析などによって確認される。

現在頒布されているアセスメントツールの中には，残念ながら，「信頼性」や「妥当性」が十分に検証されていないものも少なくない。しかし，「信頼性」と「妥当性」を兼ね備えたアセスメントツールこそが，ともすれば主観的評価に陥りがちな人事アセスメントの領域を科学的にサポートする役割を果たすことができるのである。

3節　仕事への動機づけ

1. 動機づけとは

人はなぜ働くのか。仕事に対してやる気のある人とない人がいるのはなぜか。こうした問題を説明するための概念が「仕事への動機づけ」である。動機づけとは，行動を一定の方向に発現させ，推進し，持続させる過程全体をさす。

仕事への動機づけを説明する理論は大きく分けて2種類ある。1つは，人がなぜ働くかという問いに答えようとする。行動を発現させるものに注目し，人間の内的状態として欲求を想定するので,内容理論または欲求理論と呼ばれる。もう1つは，なぜ目標によってやる気が違うか，複数の目標の中から1つがどのように選択されるかを説明しようとする。行動の方向づけや目標選択の過程に焦点をあてられるので，過程理論または選択理論と呼ばれる。

2. 内容理論

お金のために働くと考える人は多いが，はたしてお金のためだけなのか。ま

たお金への欲求をもたらすものは何か。このような問いに答えようとする内容理論の代表が，達成欲求の理論，欲求階層理論，内発的動機づけ理論である。

まず，マクレランド（McClelland, D. C., 1961）は，仕事への動機づけにかかわる欲求として，達成（難しいことをできるだけうまく，早く成し遂げること），支配（人に影響を与えたり統制したりすること），親和（人と友だちになったり交際したりすること）の3つをあげ，そのうちとくに達成欲求に焦点をあてて研究を行なった。そして，達成欲求の高まりが経済成長をもたらすことをイギリスの産業革命までのデータなどに基づいて実証した。

マズロー（Maslow, A. H., 1970）は，人間の基本的欲求が5つ（生理的，安全，所属・愛情，承認・自尊，自己実現）に分けられること，より低次の欲求が満たされてはじめて，その上の欲求が出現する（たとえば，生理的欲求が満たされてはじめて安全欲求が出現する）という点で欲求間に階層関係があること，そして最高次の自己実現欲求（自己の能力を発揮し開発したいという欲求）が際限なく動機づけをもたらす成長欲求であるのに対し，承認・自尊までの欲求は不足したときにだけ動機づけをもたらす欠乏欲求であることを主張した。この立場からすれば，仕事への動機づけをもたらすのは低次欲求だけでなく，それらが満たされた段階では自己実現欲求も重要である。

ディシ（Deci, E. L., 1975）は，活動それ自体に報酬がある内発的動機づけと外側からの報酬によって引き起こされる外発的動機づけとを区別し，仕事への動機づけにおいても内発的動機づけが重要であることを指摘した。そして，外的報酬の与え方によって内発的動機づけが阻害されることも実証した。

以上紹介した3人の理論に共通するのは，お金のためだけに人が働くわけではなく，外側からの報酬に依存しない欲求も大切だということである。

3. 過程理論

欲求が具体的な目標に向けた行動をもたらす過程を説明する理論の代表が，期待理論，目標設定理論，公平理論である。過程理論の多くは，動機づけの過程の説明に認知的要素（たとえば，目標の魅力についての本人の判断）を取り入れるが，注目する認知的要素に違いがある。

（1）期待理論

　行動によってある結果が生じる期待（E）と結果の魅力（V）に注目して行動への動機づけを説明するのが，ヴルーム（Vroom, V. H., 1964）の期待理論である。期待と魅力の両方が高いと動機づけは強いが，2つの要因は足し算ではなくかけ算なので，どちらかが0だと動機づけも0になる。また，結果（一次的結果）の魅力は，その結果から別の結果（二次的結果）が生じる期待（手段性：I）と二次的結果の魅力をかけ合わせたものである。つまり，動機づけの強さは$E \times I \times V$によって決まり，行動の選択肢が複数ある場合，動機づけの力の最も大きい行動が選択される。

（2）目標設定理論

　目標の明確さと難しさに注目して動機づけの過程を説明しようとするのが，ロックら（Locke, E. A. et al., 1990）の目標設定理論である。それによれば，明確で具体的な目標は「できるだけ努力しなさい」という目標よりも動機づけを高める。また，困難な目標は簡単な目標よりも動機づけを高める。たとえば，複数の学生集団に異なる数値目標を設定して同じ課題を与えたところ，成績は目標の困難度とともに直線的に上昇し，目標が不可能なレベルに達すると伸びなくなるものの落ちることはなかった（Locke, E. A., 1982）。

（3）公平理論

　仕事に対する自己の貢献（インプット）と得られる報酬（アウトカム）のバランスについての認知に注目して動機づけの過程を説明しようとするのが，ア

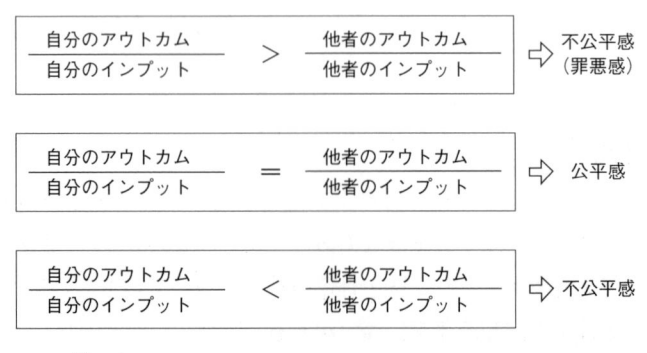

自分のアウトカム / 自分のインプット	＞	他者のアウトカム / 他者のインプット	⇨	不公平感（罪悪感）
自分のアウトカム / 自分のインプット	＝	他者のアウトカム / 他者のインプット	⇨	公平感
自分のアウトカム / 自分のインプット	＜	他者のアウトカム / 他者のインプット	⇨	不公平感

● 図 18-3　公平理論のまとめ（Adams, J. S., 1965 より作成）

ダムス（Adams, J. S., 1965）の公平理論である。自分のインプットとアウトカムの比率を他者のインプットとアウトカムの比率と比較し，同じと判断されれば公平であるが，一致しないとき不公平感が生じる（図18-3）。そして，自分の報酬が相対的に少ない場合も多い場合も不公平感を減らす方向に動機づけが発生する。もらい（アウトカム）が少ない場合，たとえば自分の努力というインプットを減らすことでバランスを取り戻すことが考えられる。

4節　組織コミットメント

1. 組織コミットメントとは

　あなたは，現在通っている大学（勤務先）に卒業（定年）までいたいと思うだろうか。できることならもう辞めたいと思っているだろうか。退学や退職といった行動，つまり組織成員が組織との関係を継続するかどうかは，本人と組織どちらにとっても重要である。組織コミットメントはこのような組織行動を説明するための概念で，個人の組織に対する心理的な結びつきを意味する。日本人は組織への帰属意識が強いといわれているが，これも組織コミットメントである。

　ただし，組織との心理的な結びつきといっても質の異なるいくつかの側面がある。現在，組織コミットメントは3つの次元からなるという考え方（Meyer, J. P. et al., 1997）が一般的である。1つめは感情的な次元で，これは組織への愛着や同一化を意味する。これの強い人が組織との関係を維持するのは，そう「したい」からである。2つめは継続的次元で，これは組織を離れる場合に予想されるコスト（失うもの，犠牲になるもの）をさす。これの強い人が組織に在籍するのは，そうする「必要がある」からである。3つめは規範的次元で，これは組織にとどまらねばならないという義務感である。これの強い人が組織に在籍するのは，そう「すべきだ」と思うからである。

2. 態度としてのコミットメントと行動としてのコミットメント

本節ではこれまで組織コミットメントを組織に対する個人の態度としてとらえ，態度としてのコミットメントが退職や欠勤といった組織行動をもたらすと考えてきた。しかし，多くの実証研究の結果を一定の手順で集約したメタ分析によると（Mathieu, J. E. et al., 1990），組織コミットメントと上記のような行動には強い相関関係がみられない（たとえば，退職との相関係数は -.28）。この結果は，態度としてのコミットメントが直接行動をもたらさない可能性を意味する。

他方，態度が行動をもたらすのではなく，逆に行動が態度を変化させると考える立場がある（Salancik, G. R., 1977）。人前で禁煙を公言するとあとに退けなくなるように，人はある種の（明示的，取り消し不可能，自発的，公表された）行動や決定を行なうとあとでそれに縛られる。行動への拘束が，行動としてのコミットメントである。そして，その行動と一致するように態度が変化する。組織との関係維持という行動に拘束された人は，自分の行動と合うように組織への態度を形成するのである。このように態度としてのコミットメントと行動としてのコミットメントは分けて考える必要があるが，一方が他方に影響するというより相互に影響しあう関係にあると考えられる（Mowday, R. T. et al., 1982）。

3. 日本人と組織コミットメント

「会社人間」に象徴されるように，日本人は組織コミットメントが強いと考えられている。しかし，そのようなステレオタイプ化されたイメージとは逆に，態度としてのコミットメントを測定した最近の国際比較研究の多くは，日本人の組織コミットメントの低さを報告している（田尾，1997; 板倉，2001）。たとえば，日本とアメリカの労働者に会社との一体感を 0 〜 100%で回答させた調査では，61%対80%で日本のほうが低く，にもかかわらず勤続年数は長かった（渡辺，1999）。

このような結果の理由として考えられるのは，日本人が極端な回答をしたがらないという文化的背景やコミットメント尺度が感情的次元中心であるなどの調査方法の問題であるが，もう1つは態度と行動の違いである。勤続年数の長

さをみると日本人は組織コミットメントが強いように思われるが，それは態度によって生じたのではなく，同調を求める集団圧力や社会的規範に従った結果（Lincoln, J. R. et al., 1990）とも考えられる。このように，日本人の組織コミットメントの特質はまだよくわかっていないが，この問題は日本人と日本社会を理解するうえで，また態度と行動の関係一般を探るうえでも興味深い。

第IV部

応用的領域に展開する社会心理学

19章 宗教

1節 日本人の宗教意識

あなたは「宗教」という言葉から何をイメージするだろうか。その回答はおそらくかなり多岐にわたるはずである。たとえば、学校で習ったいわゆる「五大宗教」を思い出す人もいれば、さまざまな新宗教[注1]を思い浮かべる人もいるだろう。神社での祈願やお祓い、墓参りや葬式、自己啓発セミナーなどの各種の活動、あるいは風水や占いを連想する人もいるかもしれない。「宗教を研究している」と言うと、「○○って宗教なんですか？」という質問をされることがしばしばあるが、それだけ現代の日本において「宗教的なるもの」の範囲は広く、かつあいまいなのである。

日本人の宗教性の特徴として、宗教のイメージが多様なことに加えて、宗教に対するかかわり方がはっきりしないということも指摘できる。つまり、明確な宗教性というものが、特定の宗教を信じ、その教えに沿った行動をする（それに反する行動は行なわない）ことだとすると、多くの日本人はそのような宗教性をもっていない。「あなたの宗教は？」と聞かれて即答できる人は少数派であり、たいていの人は神も仏も区別していないし、状況に応じて神社にもお寺にも教会にも行き、手を合わせたり拝んだりする。これは、宗教＝キリスト教だったりイスラム教だったりするのとはかなり異なったあり方である。

また、宗教に対する態度も時として大きく揺れ動く。日常生活の中で、「そ

注1　一般には新興宗教といわれることが多いが、侮蔑のニュアンスを避けるため、学術的には通常は新宗教という。

れは宗教じゃないか（宗教みたい）」とか「そんなものは（本当の）宗教じゃない」という表現を耳にすることがある。前者は，たとえば心理療法のテクニックを応用したセミナーについて，「怪しげ」といった否定的な意味を込めて発言される場合，後者は霊感商法が話題になったりするときに，それを行なっている団体に対して発言される場合であり，「宗教」という言葉に付与された意味は正反対である。つまり，宗教は怪しげな，うさん臭いものの代名詞として使われる一方で，そうではない何か「よきもの」としてとらえられてもいるのである。

　ここで，日本人の宗教性に関する世論調査のデータを参照してみよう。石井（1997）は1990年代に行なわれた各種の世論調査のデータを比較しているが，それによると，信仰をもっている（宗教を信じている）人の割合はほぼ3割である。だが，神や仏の存在を信じているという人は4割から5割と増え，さらに，特定の信仰を離れた「宗教的な心」の大切さは7割もの人が肯定している。これらを考え合わせると，日本人の宗教性としては，特定の宗教は信じていないが，漠然とした「宗教的な心」は大切にするというあり方が主流のようである。新宗教に対して否定的な見方が強いのも，個々の教団の特性以前に，特定の神や人物を排他的に信じることや，献金や布教，集会などを熱心に行なう宗教活動のあり方そのものに拒否感がもたれやすいのであり，「宗教みたい」と否定的に引き合いに出されるときの「宗教」には，こうした意味合いが込められていると思われる。

　では，特定の信仰を離れた「宗教的な心」とはどのようなものだろうか。

2節　民俗宗教性

　日本人の宗教性のあり方を探ろうとすると，仏教や神道といった制度化された宗教とは別の，もっとあいまいなものに注目せざるを得ない。それをとらえるのが民俗宗教という概念である。民俗宗教とは，仏教などの体系の整った成立宗教と，自然崇拝などの宗教現象の基層にあたる部分とのちょうど中間を占める領域であり，カミ観念，他界観，シャーマニズム，俗信，儀礼と行事などの内容を含むと考えられる（小野ら，1994）。

恐山のイタコや沖縄のユタが有名であるように，また，盆の風習が地域によって異なるように，日本の国内でも民俗宗教のあり方はさまざまである。宗教社会学の会（1985）では，民俗宗教が色濃く息づく生駒という地をフィールドに調査を行ない，たとえば，その中の病気治しで有名な石切神社の参詣者に質問票を用いて面接を行なったり，祈願の内容分類を行なったりすることで，そこに集う人々の意識と行動に迫っている。

民俗宗教に社会心理学の立場からアプローチしたのが金児（1997）である。金児は大学生だけでなく，浄土真宗の僧侶や信徒，上記の石切神社の参詣者などさまざまな人々を対象に質問紙調査を行ない，宗教的態度測定項目への反応に因子分析を施した。抽出された因子は対象者によって異なるが，いわゆる「ふつうの」人々において見いだされたのが向宗教性，霊魂観念，加護観念の因子である。このうち，向宗教性とは，一般的な意味での宗教に対する態度（好意的か否定的か）に関するものであり，「宗教心のない人は心の貧しい人である」「宗教によって，自己の存在の意味が教えられる」「宗教を信じていなくても，幸福な生活を送ることができる」などの項目によって構成される。民俗宗教性にかかわるのは加護観念と霊魂観念であり，この2つの宗教性を構成する項目は表19-1の通りである。項目を見るとわかるように，加護観念は風俗や年中行事としての宗教への親しみや自然に対する敬虔な気持ちを表わすものであり，この宗教性の中核をなす心情はオカゲ意識といわれる。一方，霊魂観念は死者への畏怖の念，神や仏への畏敬の念，生まれ変わりへの信念などが複合したものであり，タタリ意識という情念の観念に相当するといわれる。この2つの宗教性は，一般の日本人の宗教性をとらえるキーとなるものであろう。

表19-1の加護観念の項目に「日の出を見ると，あらたまった気持ちになることがある」というものがあるが，宗教性の中でもこうした「宗教的自然観」に着目したのが西脇（2004）である。彼は中学，高校，大学生を対象として，自由記述式で「身近な自然体験」についての膨大な数のデータを集め，コード化した。全体の約1割を占める宗教的自然観に相当する回答は28のコードに分類されたが，その中で最も多かったのが「小ささ・無力さ」（自然の中で自己の存在の小ささ・無力さを感じる）であり，次いで「生命認識」（生き物が小さいながらひたむきに生きようとしている姿にいのちを感じる）と「神秘感」（自

表19-1 民俗宗教性尺度（金児，1997, Pp. 264-265. より作成）

＜加護観念＞
お盆などの昔からの宗教的行事には親しみを感じる。
観音さんやお不動さんに親しみを感じる。
氏神の祭りは，地域の結びつきを高めるのに必要である。
神社の境内にいると心が落ちつくことがある。
祖先崇拝は美しい風習である。
日の出を見ると，あらたまった気持ちになることがある。
昔からのしきたりや年中行事には抵抗を感じる。*
お寺，神社，教会などから安心感を得ることができる。

＜霊魂観念＞
死者の供養をしないとたたりがあると思う。
死後の世界はあると思う。
神や仏をそまつにするとばちがあたる。
人は死んでも，繰り返し生まれ変わるものだ。
水子供養はするべきである。
仏様や神様を信心して願いごとをすれば，いつかその願いごとがかなえられる。

＊は逆転項目

然の中で神秘的な感じを受ける）である。これらは前述の小野らの定義からすると，民俗宗教よりさらに基層の部分に相当するものとなろう。

　金児や西脇のような一般の日本人の宗教性を測定するという試みは，それ自体が興味深いだけでなく，宗教性を独立変数[注2]として用いる研究を可能にするという意味で，宗教の心理学的研究の可能性を広げるものである。海外でのこのような研究としては，オルポートら（Allport, G. W. et al., 1967）が宗教的志向性を外発的－内発的に大別し，それを測定する尺度を構成したことがよく知られている。その尺度を用いて，信仰が内発的に動機づけられた（内面化された）人は偏見が少ないが，外発的に動機づけられた（なんらかの欲求を達成するために信仰を利用している）人は偏見が強いことが明らかにされ，その後も宗教的志向性とさまざまなパーソナリティ変数との関係を検討するもの（表19-2），新たな志向性尺度を開発するものなど，多くの研究が行なわれている。

注2　実験や調査で明らかにしようとする事象（従属変数）に影響を及ぼすと考えられる変数。性別による宗教性の違いを見る場合は，性が独立変数で宗教性が従属変数だが，宗教性による援助行動の違いを見る場合は，宗教性が独立変数で援助行動が従属変数となる。

表 19-2 内発的－外発的宗教性とパーソナリティ特性の相関
(Beit-Hallahmi, B. et al., 1997)

パーソナリティ特性	宗教性	
	内発的	外発的
権威主義	0.03	0.33
独断的態度	0.04	0.30
内的統制	0.24	-0.25
責任感	0.29	-0.40
内発的動機づけ	0.45	-0.25

日本でも，たとえば，死に対する態度と宗教性の関係の研究が行なわれ，宗教に好意的な態度をもつ者（大学生）は肯定的な死観をもつことなどが示唆されている（河野，2000）。数はまだ少ないものの，発展が期待される分野である。

3節 青年の宗教性

　心理学の分野で宗教の研究がされる場合，青年の宗教性に着目されることが多い。心理学全般に青年が研究対象となりやすい傾向はあるが，宗教心理学の場合，それとは異なった理由がある。というのも，回心という現象が青年期に起こりやすいことが知られているからである。

　回心とは英語の conversion の訳語であり，大まかに言えば，「宗教的な目覚め」の体験をさす。20世紀の初頭，アメリカで宗教心理学がさかんだったころ，回心は主要な研究テーマであり，スターバック（Starbuck, E. D., 1899）は質問紙調査によってそれが青年期に特有の現象であることを示した。彼はとくに神秘体験をともなう急激な回心に着目したが，そうした狭い意味での回心を離れても，宗教に強い関心を示したり，宗教集団のメンバーになったりする若者が以前から耳目を集めており，現在ではそうした広い意味で回心という言葉が用いられることが多い。

　青年期の回心については，エリクソンの理論（たとえば，Erikson, E., 1959）

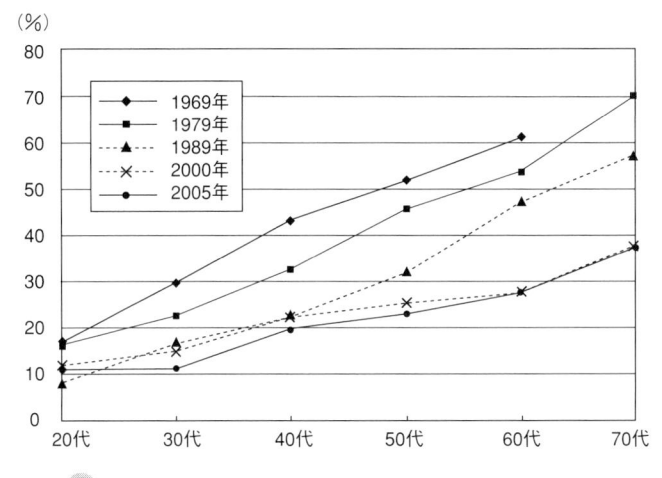

図 19-1　信仰あり （読売新聞；石井研士氏よりデータ提供）

に基づいて，アイデンティティの確立という観点から論じられることが多い。つまり，「宗教や思想体系は，青年に一定の意味，価値，理想の体系を与えることによって，青年のアイデンティティー確立をたすけ導く働きをする。そしてその『忠誠心』を一定の方向に汲み上げ，流すことができる」（松本，1979）と考えられる。いわゆる「自分探し」としての回心といってもよいだろう。この立場によれば，青年が宗教に入信するのは，かつて多くの学生が政治運動に参加したのと心理的にはまったく等価である。では，現在，日本には宗教をアイデンティティの核として選ぶ青年はどのくらいいるのだろうか。

　信仰をもっている人は年齢が高いほど多くなるという傾向が以前から認められているが，最近の世論調査によると，青年で信仰をもっている人は 10% をわずかに超える程度である（図 19-1）。この数値を少ないと感じるか，意外に多いと感じるかは人それぞれだろうが，過去数十年の間，青年の信仰率がそれ以上の世代に比べてかなり低いという傾向に変化がないことと，1989 年を最低として，その後もそれ以前の数値まで回復していないことは重要である[注3]。また，1996 年に「宗教と社会」学会によって行なわれた大学・専門学

注3　また，50 代以上の信仰率が 2000 年以降，大きく低下していることも見逃せない。この調査に従えば，1節で述べた「信仰率3割」という定説も覆されることになる。

校の学生を対象とする宗教意識調査では，宗教への高いコミットメントや好意的な態度はみられないし，しばしば指摘される神秘的なことがらへの関心の高さも確認できていない（石井，1997）。青年の宗教性について考察するには，こうした全般的な傾向と，その中で特定の信仰を選んだ青年の心性をともに視野に入れなくてはならないだろう。

4節　回心の研究

　回心研究はアメリカで新宗教運動がさかんになった1960年代に再び活発に行なわれるようになったが，この時期の研究で大きな影響を与えたのがロフランドら（Lofland, J. et al., 1965）である。彼らは回心過程における対人的な要因を重視し，次のような7段階の回心モデルを提唱した。

①なんらかの長くつらい緊張を経験する。
②それを宗教的な視点から解釈する。
③自分自身を宗教的な求道者と位置づける。
④人生の転回点においてその集団のメンバーと出会う。
⑤集団内でメンバーとの間に感情的な絆が形成される（もしくは前もって存在する）。
⑥集団の外に愛着が存在しないか，それが無力化される。
⑦集団の内部でメンバーとの相互作用にさらされる。

悩みを抱えた大学生が宗教集団に勧誘され，共同生活を行なうようになるようすがイメージされるが，彼らの研究はまさにそうした勧誘で有名な集団の調査から導かれている。

　ロフランドらのモデルは普遍的な説明モデルではないが，回心における集団の内と外の人間関係の重要性を示したことと，回心者本人による自己の意味づけを取り入れた点で大きな意味をもつといえる。このモデルについてはそれを検証する研究も多く行なわれており，否定的な結果も少なくないが，7つの条件のうちの感情的な絆とメンバーとの相互作用に関してはおおむね支持されている（三井，2002）。

一方，ロフランドら（Lofland, J. et al., 1981）は過去の回心の類型に関する研究の成果を包括的にまとめ，6つの回心類型を示した（表19-3）。それぞれのタイプについて簡単に述べると，知的モチーフは知的好奇心から本を読んだりして探索が始まるタイプ，神秘的モチーフはスターバックが注目したような神秘体験をともなうタイプ，実験的モチーフは「試しにやってみよう」というタイプ，感情的モチーフは信者との感情的な絆が強い役割を果たすタイプ，リバイバリストは信仰復興運動の集会で経験されるような回心，強制的モチーフは洗脳やマインドコントロールのようなタイプの回心である。前述のロフランドとスタークのモデルは，感情的モチーフの回心のプロセスをモデル化したものといえるだろう。

日本の新宗教については，従来，地縁・血縁を通じて信者が拡大するといわれているが，入信の様相は教団によって異なり，年齢によっても違いがある（杉山，2004）。手かざしによる病気治しで知られる教団では教団の側も「試しにやってみる」ことを勧めるので，必然的に実験的モチーフが多くみられるが，逆に，入信前に信仰を確信するような体験を求める教団では，そうしたモチーフは少なくとも表立ってはみられない。また，青年の場合，霊への興味から宗教に接近すること（知的モチーフ）は比較的多いようだ。だが，動機が何であれ，家

表19-3　回心モチーフ（Lofland, J. et al., 1981）

		回心モチーフ					
		1. 知的	2. 神秘的	3. 実験的	4. 感情的	5. リバイバリスト	6. 強制的
主要な変数	1. 社会的圧力の程度	低い or ない	ない or ほとんどない	低い	中位	高い	高い
	2. 持続時間	中位	短い	長い	長い	短い	長い
	3. 感情的な覚醒のレベル	中位	高い	低い	中位	高い	高い
	4. 感情の内容	啓蒙	畏敬，愛情，恐れ	好奇心	愛着	愛情（と恐れ）	恐れ（と愛情）
	5. 信念と参加の順序	信念 - 参加	信念 - 参加	参加 - 信念	参加 - 信念	参加 - 信念	参加 - 信念

族や友人に導かれたり，教団の雰囲気に魅力を感じていたりと，入信に際して人間関係が果たす役割は見過ごしにできない。実際には感情的と実験的，感情的と知的など，複数のモチーフが入り交じっていることが多いと思われる。

　ロフランドら（Lofland, J. et al., 1981）の回心モチーフは，言ってみれば，回心には「あれもこれも」あるという立場だが，一方で回心については「あれかこれか」という解釈上の対立が生じることも多い。たとえば，だれかが新宗教に入信したとき，それを本人の意志に基づく探索ととらえる人もいれば，教団によるマインドコントロールの産物とみなす人もいるわけである（当然だが，入信した本人の意識も教団へのコミットメントの度合いに応じて変化する）。ここには受動主義と能動主義という基本的な人間理解のパラダイムの違いがある（Richardson, J. T., 1985; Straus, R. A., 1979; 徳田，2005）。前者に従えば，回心者はなんらかの内的・外的要因によって否応なく回心に巻き込まれると考えられ，後者の立場では回心者は能動的な意味の探求者とみなされるのである。宗教の研究は研究者の価値観を離れては考えられないが，とくに回心の研究においては，その背景にどのような宗教観と人間観が潜んでいるのかということに，研究者自身も読者も敏感になる必要があるだろう。

20章

文化的価値

1節 文化的価値観とは

　2006（平成18）年度のわが国の外国人登録者数は208万人を超え過去最高となった。これはわが国の総人口の1.63％を占め（法務省入国管理局，2007），日本社会の異文化接触が日常化していることを物語っている。一方，文化的背景の異なる人々との間ではさまざまな葛藤が散見されており，その背景には価値観の違いが考えられる。本章では，グローバル社会における社会心理学的課題の1つである文化的価値観について考える。

1. 価値観とは

　クラックホーン（Kluckhohn, C., 1951）は，価値観を明示的または非明示的で，ある個人の特殊性またはある集団の特徴を示す概念で，行動様式，行動の手段，行動の結末の選択に影響する望ましいものの概念であるとした。また，ロキーチ（Rokeach, M., 1973）は，価値観をある行動様式，またはある最終的状態より個人的または社会的に，まったく反対の行動様式，または最終的状態のほうが望ましいとする永続的な信条（belief）であると定義している。シュワルツら（Schwartz, S. H. et al., 1987）は，上記にあげた先行研究の共通性を踏まえたうえで，価値観を，①概念または信条である，②望ましい結末の状態または行動である，③個々の状況を超越する，④行動やできごとの選択や評価の指標となる，⑤相対的重要性によって順序づけられる，という5つの特徴を要約している。

2. 文化的価値観とは

ティン・チューメイ（Ting-Toomey, S., 1998）は，文化をコミュニティの成員が相互作用することによって，世代から世代へ引き継がれ，さまざまな形で集団成員の共有された伝統，信条，価値，規範，シンボルから成る学習された意味体系としている。一方，価値観は，さきに述べたように，他の状態よりある状態のほうが好ましいとする傾向で，それは善悪や正誤に関する判断や評価をともなうものである。そこで筆者は，文化的価値観を「あるコミュニティで人々によって学習され内在化され共有されたもので，当該のコミュニティの人々によって望ましいとする特有な価値観」と定義する。

文化的価値観の主要部分は家庭や学校における社会的発達の過程で形成される（東, 1994; 塘, 1995; 恒吉ら, 1997）。箕浦（1997）は学校や家庭を文化的実践が行なわれている共同体だとし，11歳から15歳までに対人関係領域での文化的意味がみずからの内面的世界に組み込まれると述べている。また，ホフステード（Hofstede, G., 1980）は，家庭における親子関係は，教育における教師と生徒間の勢力関係に類似すると述べているが，こうした上下の勢力関係の文化的意味の内在化は，幼少時から家庭，学校，社会において学習され強化されている。それゆえ，文化的価値観は，ある文化圏で社会化され，その価値観を内在化した人々と，別な文化圏で社会化され，別な価値観を内在化した人々とでは異なることが考えられる。言い換えれば，文化的価値観はあるコミュニティにいる人々にとっては重要であるが，別のコミュニティにいる人々にとっては必ずしも重要であるとは限らないのである。

2節 社会心理学における主要な価値研究

1. ロキーチの研究

価値観の社会心理学的研究では，ロキーチ（1973）がその基礎となっており多くの心理学者に影響を与えてきた。ロキーチは，人生の原則（principle）を示す価値を測定するための道具を開発した。ロキーチの価値尺度（Rokeach

Value Survey）は2つの価値リスト（最終的価値と道具的価値）から構成されている。最終的価値は，われわれが望ましいと思う最も重要な人生の目標で，道具的価値は，われわれが重要だと考える個人的な特性の種類である。2つの価値リストは，それぞれ18個の価値から構成されており，回答者は価値リストを読み，個人の価値の重要性を順位づけるように作られている。彼はこの尺度を用いて，異なる文化集団において価値の順位づけを行なわせ比較検討した。

さらに，ロキーチはこの価値尺度を用いて価値観の構造や次元に関する研究を進めたところ，個人（快適な生活など）対社会（平等など），モラル（正直など）対能力（論理的など）の2つの次元を見いだした。しかし，その後の研究ではこれを支持する結果にはなっていない（Feather, N. T. et al., 1975）。

2. ホフステードの価値研究

ホフステード（Hofstede, G., 1980, 1991）は，40か国のIBMの社員を対象に価値観に関する調査をもとに因子分析を行なった結果，文化に関連する4つの価値次元を見いだした。それらの次元は，①権力格差，②個人主義・集団主義，③男性らしさ・女性らしさ，④不確実性の回避，である。権力格差の次元とは，それぞれの国の制度や組織において権力の弱い成員が，権力が不平等に分布している状態を予期し，受容している程度である。権力格差の大きい社会では，人々の間の不平等が予期され望まれている。また，権力の弱いものは強いものに依存すべきだと考える特徴をもつ。一方，権力格差の小さい社会では，人々の間の不平等は最小限にすべきで，権力の弱い者と強い者は相互に依存すべきだと考える特徴をもつ。

個人主義・集団主義の次元における個人主義とは，個人の利害が集団の利害よりも優先される価値である。個人主義を特徴とする社会では，個人と個人との結びつきはゆるやかであり，人はそれぞれ自分自身と肉親の面倒さえみればよいと考えている。一方，集団主義とは，集団の利害が個人の利害よりも優先される価値で，集団主義を特徴とする社会では，人は生まれたときから成員どうしの結びつきの強い内集団に統合されている。内集団に忠誠を誓う限り，人はその集団から生涯にわたって保護されるという特徴をもつ。

男性らしさ・女性らしさの次元について，ホフステードはこれを社会文化的

に規定された役割という意味で用いて，生物学的差異である男性と女性という用語と区別するとともに，相対的な区別であり絶対的なものではないと述べている。男性らしさとは，給与と昇進，自己主張と競争を重視する男性的な社会的役割に対応している。男性らしさが強調される社会では，社会生活上で男女の性別役割が明確に区別され，男性は自己主張が強く，たくましく物質的な成功をめざすものだと考えられており，女性は男性より謙虚でやさしく，生活の質に関心を払うものだと考えられている。一方，女らしさとは，上司との関係や仕事仲間との関係を重視する，配慮や社会環境志向の強い女性的な社会的役割に対応している。女らしさが強調される社会では，社会生活のうえでの男女の性別役割が重なり合い，男性も女性も謙虚でやさしく生活の質に関心を払うものだと考えられている。

　不確実性の回避の次元について，ホフステードは不確実性が高いことを耐えがたい不安に陥ることで，それを和らげるために人間は成文化された規則や慣習的な規則を定めて，予測可能性を高めたいという欲求があるという。それゆえ，不確実性の回避の次元とは，ある文化の成員が不確実な状況や未知の状況に対して脅威を感じる程度のことである。不確実性の回避の強い社会では不確実性やあいまいな状況は脅威であり，除外すべきだと考え，ストレスや不安感が高い。一方，不確実性の回避の弱い社会では確実でないことが自然でありそれを受容している。それゆえ，ストレスも不安感も低いという特徴をもつ。

3．中国文化コネクションの価値研究

　以上のようなホフステードの価値研究に対して，中国文化コネクション (Chinese Culture Connection, 1987) は，それが西洋の価値観に偏っていると批判し，中国人や中国の文化伝統についての基本的な40の価値を収集し，中国人価値尺度 (Chinese Value Scale) を作成した。その価値尺度を用いて，22か国の学生を対象に価値観を測定した。学生対象群の反応に対し因子分析を行なった結果，①統合 (integation)，②儒教的な仕事への原動力 (Confusian work dynamism)，③人情 (human-heartedness)，④道徳的規律 (moral discipline) の4因子が抽出された。統合は，他者への忍耐，他者との調和，連帯，競争の否定，信用，保護的などの価値で，他者との関係維持を示す因子である。

儒教的な仕事への原動力は，上下関係，倹約，耐力，羞恥，面子，伝統尊重など儒教的倫理を示す因子である。人情は，親切，忍耐，礼儀，正義感，愛国心など人間のやさしさや同情を示す因子である。道徳的規律とは，中庸の徳，高潔，寡欲，環境への適応など道徳的な制限や規律を示す因子である。

中国文化コネクションは，ホフステードの価値次元と中国人価値尺度の因子の相関関係を分析した結果，統合と個人主義，統合と権力格差（小），人情と男性らしさ，道徳的規律と権力格差（大），道徳的規律と集団主義の間に有意な正の相関を見いだした。

4. シュワルツらの価値研究

近年，シュワルツ（Schwartz, S. H.）とその共同研究者は，大規模な価値研究を行なっている。価値の比較研究では，個人レベルと文化レベルの分析が必要である。スミスら（Smith, P. B. et al., 1997）は，個人レベルの価値とは，個人が人生の道標ともいうべき動機的目標に照らし合わせ，どの価値が重要だと思うかによって決定されるという。一方，文化レベルの価値は，各文化を特徴づけるものであり，社会または文化集団において，善悪，正誤，望ましさなど，その社会で共有された概念であるという。

(1) シュワルツの個人レベルの価値タイプ

シュワルツら（Schwartz, S. H. et al., 1987）は，個人の価値タイプを示す研究を行ない，人類が直面する普遍的なニーズが明らかにされたときにすべての価値次元が見いだされるかどうか判断できると述べている。その普遍的なニーズとは生物学的ニーズ，社会的調整のニーズ，生存・福利のニーズである。これをもとに，シュワルツ（Schwartz, S. H., 1992）は，44か国の97対象群の回答から56種類の価値を抽出し，これを質問紙調査で測定した。これは，対象者に56の価値を呈示し，それぞれがどれだけ人生の道標として役立っているかを尋ねるものである。そのデータに対する最小空間解析（Guttman-Lingoes Smallest Space Analysis: SSA）[注1]によって，シュワルツは10の価値タイプを見いだし，これを個人レベルの価値とした。

注1 それぞれの項目の平均値を多面的な空間に位置づけ，2つの価値の統計的距離によって心理的距離の測定を行なう方法。

シュワルツの個人レベルの価値タイプとは，勢力，達成，快楽主義，刺激，自己志向，普遍主義，思いやり，伝統，同調，安全の10タイプである。これらの個人レベルの価値タイプから，シュワルツらはさらに価値観の構造や価値次元の探求を試みた。その結果，①変化への開放（自己志向，刺激）対保守主義（安全，同調，伝統），②自己強化（勢力，達成）対自己超越（普遍主義，思いやり）という2つの双極次元を見いだした。なお，快楽主義は，変化への開放と自己強化の両方の次元に関連していた（図20-1）。

(2) シュワルツの文化レベルの価値タイプ

シュワルツ（Schwartz, S. H., 1994）は，1988年から1992年の間に38か国の41の文化集団から抽出した30種類の言語，12の宗教をもつ多様な86対象群のデータを分析し，文化レベルにおいて7個の価値タイプを見いだした。それは①保守主義（寛容，伝統の尊重，両親への尊敬，社会的秩序など），②感情的自律（人生の享受，活気ある人生など），③知的自律（創造性，好奇心など），④支配（有能，成功，野心など），⑤階層制（社会的パワー，権威，富など），

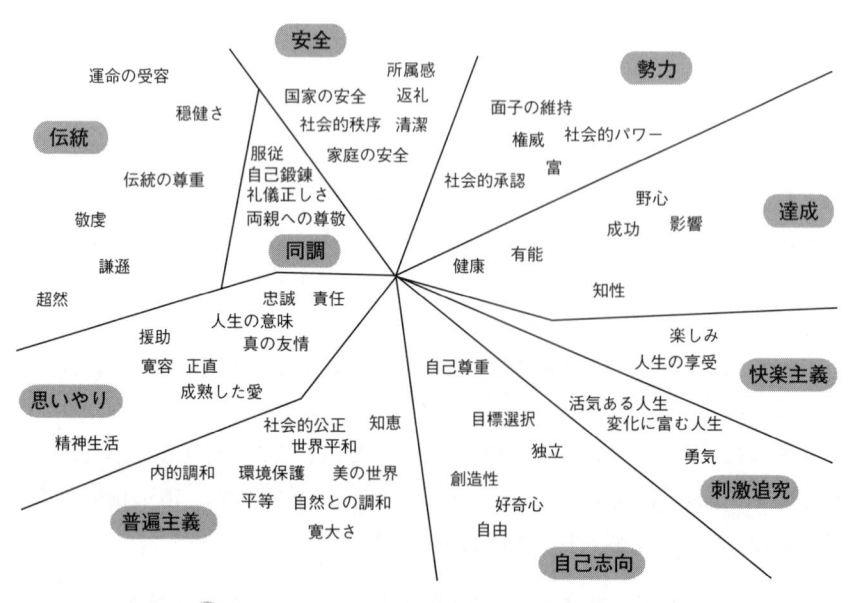

図20-1 個人レベルの価値構造 （Schwartz, S. H., 1992）

⑥平等主義（平等，社会的公正，自由など），⑦調和（美的世界，自然との調和，環境保護）である。ここには45個の価値が含まれているが，個人レベルにおける11個の価値（真の友情，成熟した愛，人生の意味，超然，精神生活，所属感，健康，内的調和，自己尊重，社会的承認，知性）は，文化レベルの価値タイプには含まれなかった。文化レベルの価値次元は個人レベルとほぼ同様で，保守主義対自律，支配と階層制対平等主義の二次元であった（図20-2）。

さらに，シュワルツ（Schwartz, S. H., 1994）は，ホフステードの価値次元とシュワルツの重複する23か国の教師対象群と22か国の学生対象群の反応の文化レベルの価値次元の相関関係を分析した結果，教師対象群，学生対象群ともに，個人主義は感情的自律，知的自律，平等主義とそれぞれ正の相関があり，保守主義とは負の相関があった。権力格差も，教師対象群の反応では保守主義と正の相関があり，感情的自律とは負の相関があった。スミスら（Smith, P. B. et al., 1998）は，このことからシュワルツの価値次元はホフステードの研究と

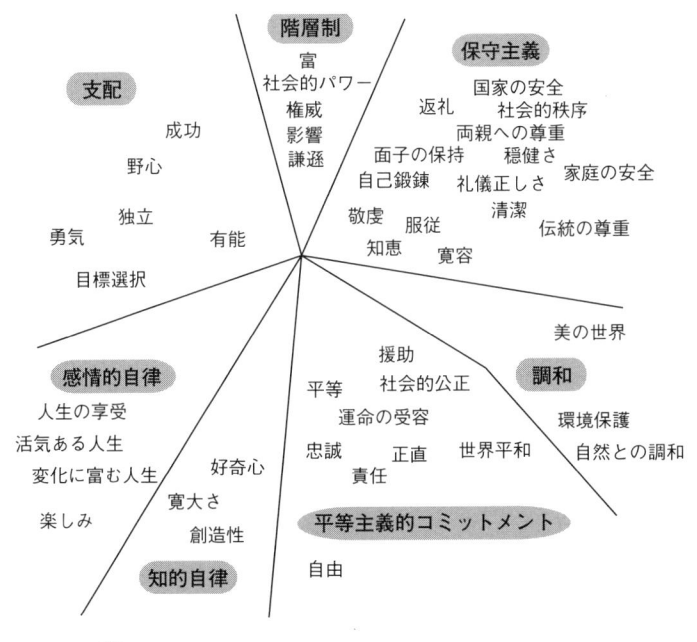

図20-2　文化レベルの価値構造（Shwartz, S. H., 1994）

矛盾するわけではなく，価値研究をより洗練したものであると述べている。

5. 主要な価値研究のまとめ

表20-1は主要な価値研究とその関連をまとめたものであるが，これらにみられる共通点を抽出すると，自律性，保守性，支配性，平等性の次元に集約できる（加賀美，2006）。それらは，個人の自主と自由を強調する自律性，社会秩序と調和的人間関係を重視する保守性，序列的人間関係を容認する支配性，人々の間の平等を重視する平等性の次元である（表20-1）。

表 20-1　主要な価値研究における価値次元・価値タイプとの関連性（加賀美，2006）

	Hofsted, G., 1980	Chinese Culture Connection, 1987	個人レベル Schwartz, S. H., 1992	文化レベル Schwartz, S. H., 1994	共通次元 加賀美，2005
価値次元・価値タイプ	個人主義	統合	変化への開放（刺激，自己志向）	自律（感情的自律，知的自律）平等主義	自律性
	集団主義	道徳的規律	保守（安全，同調，伝統）	保守主義	保守性
	権力格差（大）	道徳的規律	保守（安全，同調，伝統）自己強化（勢力，達成）	保守主義 支配，階層性	支配性
	権力格差（小）	統合	自己超越（普通主義，思いやり）	平等主義	平等性
	男性らしさ	人情			
	女性らしさ				
	不確実性の回避（大）				
	不確実性の回避（小）				
		儒教的な仕事への原動力	快楽主義	調和	

3節 日本における文化的価値観研究：教育価値観研究を中心に

1. 教育価値観の理論研究と尺度開発

　日本における体系的な文化的価値観研究は，まだ十分に行なわれているとはいえないが，日本人教師とアジア系留学生との教育場面で起こる葛藤に関連して（加賀美，1997; 加賀美ら，2004; 加賀美，2007 など），教育に関する価値観研究が行なわれているので紹介する。

　教育に関する価値観は，これまで教育学，社会学，心理学などの分野で教育意識（加藤ら，1987），価値意識（見田，1966; 須田，1999）という用語で論じられてきた。しかし，それらを総合して扱った研究は僅少で，文献からは大きく分けると3つの教育価値観の領域がある。それは，①教師自身，学生，父母からみた望ましい教師観（伊藤，1995; 坂野，1999; Moskowitz, G., 1976），②教師からみた望ましい学生観（Brophy, J. E. et al., 1974; 加藤ら，1987），③教育目標や教育方法など教育そのもののあり方を反映する望ましい教育観（坂田，1978; 東ら，1989; 久富，1990 など）である。そこで，それらを総合して加賀美らは「教育価値観」と定義し，「望ましい教育のあり方について人々が抱いている信念の集合体で，一般的には，よい教師，よい学生とはどのような人か，よい教え方とはどのようなものかなどに関する信念」とした（加賀美ら，2002; 加賀美，2004）。教育価値観の領域は，①理想的教師観，②理想的学生観，③理想的教育観，の3領域である。これらをもとに，教育価値観尺度の開発のため，教師や10か国の学生の自由記述から教育価値観の192項目の収集を行ない，理論的カテゴリーを分類し45項目を選抜した（加賀美ら，2002）。

2. 教育価値観の実証研究と異文化間比較

　加賀美（2004）は，45項目の教育価値観尺度を用いて日本の大学生193名を対象に因子分析を行なった。その結果，「理想的教師観」では熱意，専門性，学生尊重，教師主導の4因子，「理想的学生観」では意欲，従順，規則遵守の3因子，「理想的教育観」では人材教育，文化的視野，自主独立，社会化，創造性の5因子が抽出され，教育価値観には3領域12個別次元が認められた。

表 20-2 短縮版教育価値観尺度 (加賀美, 2005)

	下位尺度	項目
理想的教師観	熱意	学生を励まし希望を与える 正義感が強い 熱心に指導する 学生の長所を誉める 学生に忍耐強く説明する
	専門性	専門分野の知識が豊富だ 博識で視野が広い 説明がわかりやすい いろいろな授業方法を工夫する
	学生尊重	教師は学生と対等な立場で接する クラスでは学生の自主性を重んじる
	教師主導	教師として威厳をもって学生に接する クラスのことは教師がすべて決める
理想的学生観	意欲	努力を惜しまず向上心がある 好奇心が旺盛で積極的だ
	従順	教師の意見を尊重する 教師の指示した方法に従う
	規則遵守	欠席や遅刻をしない 授業のじゃまになることはしない
理想的教育観	人材教育	人のために役立つ人間を育てる 社会に貢献する人間を育てる
	文化的視野	異文化を理解し異文化の人々と積極的に交流する人間を育てる ものごとを地球規模で考える人間を育てる
	自主独立	学生の意欲を引き出す 学生の素質や可能性を引き出す 自分で判断し行動する人間を育てる
	社会化	社会の規則を教える 世間の常識を教える 人と社会に関するメッセージを伝える
	創造性	規則に縛られず自由に行動することを促す 世間の常識にとらわれない自由な生き方を促す

さらに，項目の選抜を行ない31項目から成る短縮版教育価値観尺度を作成した（表20-2）。

この短縮版教育価値観尺度を用いて，中国人留学生，韓国人留学生，日本人大学生を対象に領域横断的に12次元の上位因子分析を行なった結果，自己実現的価値観，自由主義的価値観，伝統（権威）主義的価値観，社会貢献的価値観の4つの因子が抽出され，教育価値観の4つの包括的次元が認められた（加賀美ら，2006）。さらに，集団間比較のために4つの包括的次元の判別分析をした結果，日本人学生は自己実現的価値，自由主義的価値を重視し，中国人学生は，伝統（権威）主義的価値を重視しており，韓国人学生は日本人学生と中国人学生の中間に位置することが示された（加賀美ら，2006）。このことは，伝統的価値観次元において，3か国の学生の差異が大きいことを物語っている（図20-3）。

このように，教育価値観尺度は文化的背景の異なる人々（留学生や帰国生，外国籍児童など）の価値観を測定する1つの基準となり，学校コミュニティにおいても教師が学生の多様性を理解するうえで示唆を与えてくれる。また，グローバル社会にあって多くの人々の移動が日常化している現在，人々は多様な価値の中で揺さぶられている。開発途上国と先進国の価値の違いなど，国際社

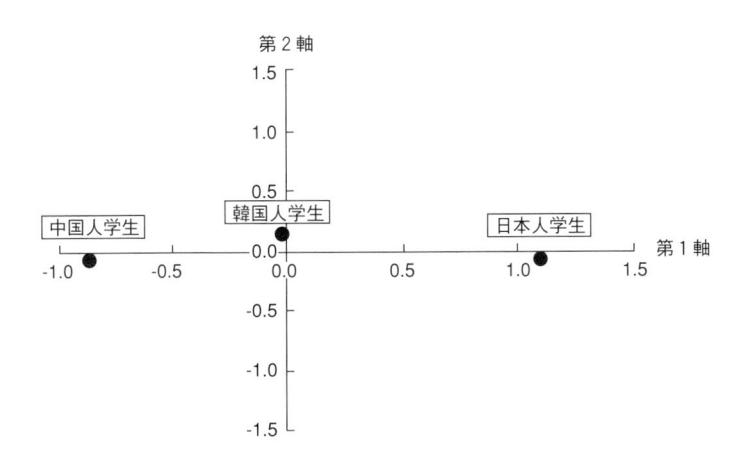

図20-3　3か国の学生集団間の判別関数の重心

会の中で対立する文化的価値をどのように考え，多様な価値を理解していくか，価値観研究はグローバル社会に生きる人々を理解するうえでも貢献できるものであろう。

21章 情報と社会的ネットワーク

われわれはたいていの場合，だれかしらの他者と関係をもっている。親，きょうだい，親戚，友人，ご近所，親しい人と親しくない人，遊び相手に相談相手と，他者との間の関係性は多様である。そして，そうした他者もまた，われわれと同じように多くの他者と関係をもっている。われわれとわれわれを取り巻く人々の人間関係は，鳥瞰的にみれば網の目のように張りめぐらされていることに気づくだろう。人間関係の網の目を，ここでは社会的ネットワーク，あるいは社会ネットワーク（social network）と呼ぼう。社会的ネットワークは個々人にとって重要な資源となり，同時に，社会全体にとっても重要な機能を果たしている。

1節 社会的ネットワークとは

社会的ネットワークを考えるために，まずはネットワーク一般を理解するための基本的な概念であるノード（node）とタイ（tie）（パス：pathやリンク：linkという，より直観的な用語も使われる）を紹介しておこう。ネットワークを「要素のつながり」として考えたとき，ノードとは「つながる要素」であり，タイとは「つながり」である。ネットワークは図21-1のようなソシオグラム（sociogram）として表わされることが多いが，その中で〇が（色によらず）ノードであり，それらを結ぶ線分がタイとなる。ＡＢＣが含まれるような，互いに結びつきのあるノードの「塊」をクリーク（clique）（クラスター：

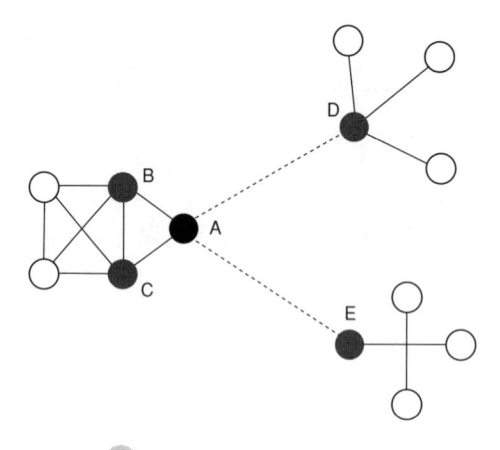

図 21-1　ネットワークの模式図

clusterと呼ぶこともある）という。クリークどうしを結ぶタイを，とくにブリッジ（bridge）と呼ぶ。ブリッジはネットワークを情報経路として考えるときに，非常に重要な役割を果たす。

　ノードとタイは，研究者が必要に応じて任意に定義できる。ネットワーク科学は人間だけではなく，およそあらゆる要素をノードとして扱い，さまざまなタイの定義によって現象の理解を試みてきた。たとえば，携帯電話の通信網はノードを携帯端末，タイを通信のやりとりとすればネットワークとして扱うことができる。バラバシ（Barabasi, A., 2002）がしたように，インターネット上のウェブ・サイトをノードとし，リンクをタイとすれば，インターネットを文字通りウェブ・サイトのネットワークとして表現することもできるだろう。

　社会的ネットワークは，ノードを人間としたネットワークである。タイの定義はさまざまで，「大切な人」「（なんらかの）サポートを受けられること」といった，ある程度近しい関係をタイとすることもできるし，もっと浅く，「名前と顔が一致すること」をタイとすることもできる。過去，さまざまなタイの定義により，さまざまな社会的ネットワークの研究がなされてきた。その結果としてわかっていることは，どのような社会的ネットワークの，どのような位置にいるかで，われわれの態度や行動が影響されるということである。

　このことは，社会心理学を学んだ読者には，なかば当然のこととして理解で

きるだろう。われわれの態度や行動は、周囲の人々のふるまいによって影響される。社会的ネットワークを調べるという作業は、われわれの周囲にどのような人がいるのか、すなわちわれわれの社会的な環境を調べることそのものなのである。

ネットワークの構造にとくに注目し、分析を行なうのがネットワーク分析であるが、その詳細については安田（1997, 2001）を参照するとよい。本章では、ネットワーク的な視点から、どのような社会心理学的現象が説明できるのかを、情報経路としての社会的ネットワークという点に絞って概観しよう[注1]。

2節 「弱いタイの強さ」仮説

他者はわれわれにとって重要な情報源である。口コミの重要性はなにもマーケティング分野に限られない。コールマン（Coleman, J. S., 1988, 1990）が指摘しているように、身近に新聞を毎日熟読し、テレビでも最新のニュースもチェックしているという友人がいれば、その人に尋ねるだけで自分はなんの手間も時間もかけずに世の中の動きを知ることができる。他者が情報源になるということは、言い換えれば社会的ネットワークは重要な情報の経路だということを意味する。では、どのようなネットワークが、情報源として有用だろうか。

われわれが日常「頼りにしている」のはだれだろう。たまに顔を合わせて挨拶をするだけの仲間と、お互いの生活スタイルや悩みについて知り尽くしている親友なら、どちらを選ぶだろう。親しさや接触頻度を関係の強さとして基準にすると、われわれはたいてい、関係が強い人ほど頼りになると考える。一面では、その直観は正しい。表出的な機能（情緒的サポート）という意味では、関係が強い相手が頼りになりやすい。しかし、道具的な、中でも情報獲得機能に注目した場合、グラノベッター（Granovetter, M., 1973）の主張は、「関係の強い他者は頼りにならない、関係の弱い他者こそが有用な情報源なのだ」と

注1　このテーマは多様なネットワーク研究のごく一部である。社会的ネットワークがもたらす利益については、リン（Lin, N. 2001）や宮田（2005）による社会関係資本（social capital）の効用についてのまとめが詳しい。

逆になる。これが，グラノベッターによる弱いタイの強さという重要な仮説である。

　なぜ弱い関係，すなわち弱いタイのほうが有用なのだろうか。グラノベッターが重視したのは情報の冗長性（逆の概念として異質性，多様性も使われる）である。日々のコミュニケーションでは多くの情報がやりとりされるが，道具的な意味で最も有用で，変化の契機となるのは，自分が知らない情報である。たとえば，A書店である本を買った友人に，「その本はA書店で売っているよ」と教えることはその友人にとってはなんの価値もない。きっと冷たく「もう買った。そこで」と言われて寂しい思いをするだけだろう。しかし，その本を探している，つまり本のありかについての情報をもっていない友人に同じことを伝えたときには，友人はあなたに感謝するし，本を買いに行くという新たな行動を起こすだろう。すでに知っている情報はその人にとって冗長であるが，知らない人にとっては冗長ではない。そこに，情報の価値が生まれる。

　グラノベッターは，強いタイで結ばれた2者はコミュニケーションの頻度が多いことから情報の共有が進んでいるうえ，そもそも社会的環境（たとえば，仕事や地域）を共有しているために，お互いに相手が知らない情報を与えられる確率は低いと論じた（後に紹介するように，つきあいのある他者は自分と同質的な相手になりやすいという観察的事実もある）。弱いタイで結ばれている場合は，相対的にコミュニケーションの頻度が小さいし，（たとえば，引っ越す以前の隣近所のように）社会的環境が異なる確率も高いため，情報の冗長性が低い。このため，新しい（＝冗長性の低い）情報を手に入れようとしたときには，弱いタイのほうが有用だと論じたのである。

　グラノベッター（Granovetter, M., 1974）は転職者をサンプルとして調査を行ない，個人的な関係に頼った転職者のほうが，公的な募集に頼った転職者よりも収入が高く，満足もしていることを明らかにした。そして，たとえば「妻の兄」のように，相対的に関係が弱い他者からの情報，すなわち弱いタイを通して得られた情報が，よりよい結果をもたらしやすいことも示した。

3節　社会的ネットワークと情報の冗長性

　グラノベッターのアイディアは後の社会科学に大きな影響を与えたが、それゆえに大きな誤解も多数生まれた。たとえば、「タイが弱ければ常に有用」という誤解がそれである。ここには二重の誤解が含まれている。第一の誤解は、弱いタイが「強い」のは、冗長性の低い情報を得るのに有用だからであって、他の目的に有用とは限らないことである。われわれは、ちょっとした知人に昼ご飯をおごったりしないし、子どもの面倒をみてやったりはしない。このような場合は、家族や親友といった強いタイのほうが有用である。第二の誤解は、タイが弱いことが本質ではないということである。グラノベッターは弱いタイのほうが冗長性の低い情報を獲得するチャンスが多いと論じただけで、「弱ければよい」と主張したのではない。

　表21-1に、強いタイと弱いタイの特徴を、情報の伝達という観点に絞ってまとめた。弱いタイは、たしかに到達できる資源の範囲が広く、冗長性の低い情報を得る確率が高い。しかし、コミュニケーション頻度が少ないために情報の伝達自体は遅くなり、内集団ひいきなど、さまざまな要因で弱いタイを通じた依頼が拒否される。

　リン（Lin, N., 2001）やバート（Burt, R. S., 1992）は、「どのようなネットワークから、どのような資源が得られるのか」という視点からネットワーク経由の資源獲得を整理し、こうした混乱を回避し、そのうえで、情報源となりうる他者（アクセス可能な他者）が多様であることの有利を重視する。具体的なネットワーク構造のレベルでバートが重視するのは、多様な他者にアクセスするに

● 表21-1　強いタイと弱いタイの特徴比較

弱いタイ	構造的な特徴	強いタイ
低い	情報の冗長性	高い
広い	到達できる資源の範囲	狭い
少ない	コミュニケーション頻度	多い
遅い	情報の伝達速度	速い
低い	資源の利用可能性	高い

は自分がブリッジになることが必要で，そのためには自身のネットワークが閉鎖的になるのを避け，開放的にしなければならないという点である。

　図21-1に戻って，開放的なネットワークと閉鎖的なネットワークについて説明しよう。Bには4人の知人がいる。しかし，Bの知人のほとんどはお互いに知り合いであり，しかも，その知人の輪（クリーク）の外側に向かう関係がほとんどない。Bの社会的ネットワークは開放的というよりも閉鎖的である。閉鎖的なネットワークでは，Bと知人たちが利用できる対人的な情報源はほとんど同じである。そのため，情報の共有が進み，Bは，だれ（Aだけは，わずかに異なるが）に聞いても同じ情報ばかりを得ることになる。Bの閉鎖的なネットワークに含まれる人々の同質性は高く，得られる情報は冗長性が高いのである。

　一方，Dの知人は，互いにバラバラである。知人の知人が，Dの知人であることはない。これが開放的なネットワークである。開放的なネットワークではそれぞれの知人が情報交換をすることはなく，情報は共有されていない。Dの知人たちの同質性は低く，得られる情報の冗長性を低くできる。

　逆に，AからBとDがどのように見えるかを考えてみよう。情報源としてのみ見たとき，BとCはAにとっては同一人物である。なぜなら，2人はまったく同じ知人のセットをもっているからである（構造同値という）。冗長性の低い情報を得るという目的に限れば，Cと知人である限り，Bと知人である意味は小さい。一方，Dは貴重である。より遠い場とつないでくれるだけでなく，Dとのタイはブリッジなので，異なる社会的場と橋渡ししてもらえる可能性が高い。さらに，Dには冗長性の低い知人が多数いるため，Dを通して多くの有用な情報を手に入れることができるだろう。AとEのタイもまたブリッジだが，Dに比べればEの有用性は低い。Eの属するクリークが閉鎖的だからである。Eを通してEの知人から得られる情報は，Eから得られる情報と冗長性が高いのである。つまり，開放的なネットワークをもっていることは，自身が多くの異質な情報を手に入れられるだけでなく，他者から情報源として重視されるという，二重の利益をもたらす。バート（Burt, R. S., 1992）は社会的ネットワーク上の「タイがない部分」を構造的空隙（structural holes）と呼び，空隙を埋めるようなタイ（つまり，ブリッジ）をもつことが情報獲得に有利であり，同

時に他者に対して優位に立つために重要だとしている。

　弱いタイが「強い」のは，一般に強いタイが多いほど，社会的ネットワークが閉鎖的になりやすいからである。社会的ネットワークが構築されていく過程で，強いタイで結ばれた2人は，共通の知人をつくりやすい。恋人関係という強いタイで結ばれた2人が，お互いに自分の親友を紹介すれば，互いの親友は共通の知人となる。この過程がくり返されれば，2人を含むネットワークは閉鎖的になっていく。2人のタイは，当初はブリッジだったかもしれないが，やがてクリークの中の1つのタイにすぎなくなる。一方で，弱いタイで結ばれた2人がお互いの親友を紹介することは少ない。そのため，弱いタイがブリッジであるとき，そのタイはブリッジであり続けることができるのである。

　一般に情報伝達に有用で，とくに職業上の利点が多いとされる弱いタイだが，ここでは弱いタイが常に有用とはいえないことも指摘しておこう。渡辺（1991）は日本では強いタイが転職に有利であると報告しているし，マリーら（Murray, S. O. et al., 1981）も，研究者の転職ではカナダからアメリカへの国際的な移動を除けば強いタイが有効だったことを示した。安田（2004）は，相談をタイとする社会的ネットワークに上司や部下を含む率が高いほど，職場への評価が肯定的になることを示している。バート（Burt, R. S., 2001）もまた，集団の外部に対しては開放性を重視する反面，集団の内部ではタイの多い（密度の高い）ネットワークが有用だとしている。重要なのは，必要な資源を得ることなのである。

4節　現実的なネットワークの同質性と同質性がもたらすもの

　バートら（Burt, R. S. et al., 2000）は，自分の社会的ネットワークを情報源として有用なものにすることでビジネス・チャンスを増やせるとし，意図的にネットワークを開放的にするべきだとしている。意図的なネットワーク構築，すなわちネットワーキングが推奨されているわけだが，その背景にあるのは，一般にはネットワークに含まれる人々は同質的であるし（同質性原理とも呼ばれる），開放的なネットワークをもっていて，しかも維持できている人は

少ないという観察的な事実である。われわれが日常生活の中で知りあう知人は，社会全体からみれば狭い範囲にいる人々だけである。たとえば，日本で生活する人のほとんどは，エジプトで暮らすアブバクル氏という人物に出会うことはない。違う会社，違う学校にいる人に会うことさえ難しい。

　実証的な調査の結果もこの予測に従う。松本（1995）は「親密な知人のおよそ半数が 30 分以内で辿り着ける場に住んでいる上，出会いのきっかけも学校，仕事，子供の学校など，場や地域を共有する場であることが非常に多い」と述べている。知人は地理的にも，社会的な場という意味でも局在しているのである。

　しかも，われわれは自分と似た他者とつきあうのを好む。フィッシャー（Fischer, C. S., 1982）は都市化が進むほど，同質性の高い友人や職業上の知人が多くなることを示している。ベイベックら（Baybeck, B. et al., 2002）は，遠距離に住んでいる友人であっても，学歴は一致する傾向が強いことを示した。住んでいる地域の平均的な学歴が異なっていたとしても，個人的な関係にある 2 人の学歴は一致しやすかったのである。池田（1997）や石黒（1998）は，身近な他者との間で，政党支持や性役割への態度が一致しやすいことを示している。これらの知見は，われわれが同質的な相手を「選択」しやすいことをよく示しているといえるだろう。多くの人口が集中する都市的環境で，もちうる関係の選択肢が増えたとしても（あるいは増えたからこそ），同質性は変わらないどころか，強化される可能性さえある。

　さらに，遠くにいる他者との関係を維持することは，毎日通う学校や職場で会える他者との関係を維持するよりずっと大変である。対人関係は価値あるものだが，同時に形成にも維持にもコストがかかることを忘れてはならない。バート（Burt, R. S., 2002）は，ブリッジは 1 年でその 9 割が消滅することを示した（ブリッジでないタイの消滅は 7 割強）。ブリッジの維持は，個人にとっては容易なことではなく，その崩壊もまた，対人関係が同質的になる原因となっている。

　社会的ネットワークが局在しており，同質的だとしたら，われわれの社会のネットワーク的表現はちょうど図 21-1 のようになるだろう。いくつかの，互いに緊密に結びついたクリークが，お互いにほとんど接触することなく存在し，相対的に少数のブリッジで連結されているのである。このような状態を「ネッ

トワークがクラスター化（クラスタリング）している」という。

　同質なクラスターの中にいることの利点も，実は大きい。すでに紹介したように，表出的サポートは強いタイから得られることがほとんどであるし，道具的サポートも，サポーターの負担が大きいものほど強いタイに依存する部分が大きくなっていく。密なコミュニケーションによって情報が共有されることの意義も大きい。情報共有の深化は，社会的リアリティ（Festinger, L., 1954; 池田, 1993）の形成を容易にするだろう（池田, 2000）。同調などを通じて態度の共有が進めば，集団単位での行動は効率的になる。

　コールマン（Coleman, J. S., 1988, 1990）が規範の成立と維持に密度の高い（すなわち閉鎖的な）社会的ネットワークが必要だとしたのも，情報の共有という側面を重視したからである。図21-1でEが所属するクリークでは，メンバーの1人が悪いことをすれば，だれか1人に目撃されるだけでコミュニケーションを通じてすべてのメンバーに悪事が知られてしまう危険が大きい。しかし，Dのネットワークのメンバーは，Dだけが黙っていれば，互いの悪事が知られることはない。たとえば，親どうしが知り合いである子どもは，どちらの親の前でもいたずらができないが，親どうしにタイがなければ，自分の親にさえ見つからなければ，ひどく叱られることはない。規範の維持にはサンクション（ここでは罰）が必要であるが，閉鎖的なネットワークがなければサンクションは有効に機能しないのである。

　このように，どのようなネットワークが資源を得るのに有用であるかは，どのような資源を求めているかによって大きく異なる。リン（Lin, N., 2001）やバート（Burt, R. S., 1992）の論が，どのような場合でも適用可能なわけではない。両者はコミュニケーションの機能を情報伝達にのみ限っているが，われわれの日常的なコミュニケーションがそのような機械的な情報伝達だけで成り立っているわけでもない。目的に応じたネットワーキングが必要であるし，適切なネットワーキングが適応を助け，パフォーマンスを高めるのである。

22章 ボランティア活動

1節 社会心理学とボランティア活動との出会い

　ボランティアは「自由意志をもって社会事業・災害時の救援などのために無報酬で働く人（こと）」（『新明解国語辞典 第6版』三省堂）と定義されている。ボランティア活動という文脈ではないが，援助行動や向社会的行動ならば，社会心理学では1970年ごろから研究が始まり，現在にいたるまで多くの知見が蓄積されている。援助行動については本書の7章で詳説されるが，研究のきっかけは「（援助しようと思えばすぐにでもできるのに）なぜ人は援助しないのか」という疑問であった。

　援助行動に比べると，（少なくとも日本では）ボランティア活動の社会心理学的研究の歴史は浅いといわざるをえない。しかし近年になって研究課題としても俄然注目されるようになった。日本の社会心理学がボランティア活動に注目したきっかけは2つあると思われる。1つは環境問題への実践的取り組みであり，もう1つは1995年に発生した阪神・淡路大震災後の膨大な数のボランティアによる災害救援活動があげられる。

1. 災害救援活動

　災害救援活動の大切さや意義は，古くは19世紀後半の赤十字社の活動や，日本では関東大震災以来，多くの人に知られていた。しかしながら，社会心理学の研究対象として注目されることはほとんどなかった。しかし，1995年1月17日に兵庫県南部を震源とする巨大な地震は，一部の社会心理学者の研究

テーマを「転向」させてしまうほど大きなできごとだった。

2. 環境ボランティア活動

　環境問題が日本で注目されるようになったのは，1960年代から1970年前半に「四大公害病」[注1]が社会的に認知され，環境庁（現 環境省）が設立されてからだと思われる。しかし，社会心理学の研究課題として注目されるには，その後やや長い期間を要した。おそらく日本では，環境ボランティアに関する社会心理学的研究は社会的ジレンマ（本書17章参照）の応用課題として行なわれ始めたと思われる（たとえば，広瀬，1983）。そもそも，社会的ジレンマの研究は「共有地の悲劇」といった環境問題を背景としているため，こうしたきっかけは必然的だったのかもしれない。

2節　災害救援活動

1. 阪神・淡路大震災が社会心理学研究にもたらしたインパクト

　阪神・淡路大震災が発生したあと，報道機関は24時間体制で災害の実態を全国ネットで伝え続けた。その報道が多くの市民を刺激し，行政府の呼びかけがあったわけでもないのに，推定で2か月間に100万人以上のボランティアが救援活動を行なうために被災地にやってきたといわれている。これを契機に，「ボランティア」という言葉が日本全国の人々に共有化され，震災発生後には災害ボランティア[注2]の活躍が注目され，その結果1995年は「ボランティア元年」と呼ばれるようになった。さらに，八ッ塚ら（1997）がいうように，この災害がそれまでのボランティアという言葉の用法までも変えてしまうほどであった[注3]。

注1　四日市ぜんそく，イタイイタイ病，水俣病，第二水俣病（あるいは新潟水俣病）をさしている。
注2　鈴木ら（2003）によれば，災害ボランティアとは「被災地外から駆けつける若年層をはじめとするボランティア未経験者を含み，災害直後の緊急支援だけではなく，その後の復旧・復興の長い過程も視野に入れながら，行政と対等な立場で協力し，組織的に救援にあたるボランティア」と定義される。
注3　すなわち，多くの人々にとって震災後では「災害時に行なわれた，平常時の役割に包摂することのできない種々雑多なすべての活動」がボランティアとされ，震災前に含意された「献身や自己犠牲，篤志的」といった言葉の意味が薄れたという。

このように，阪神・淡路大震災は結果的にボランティアという存在を社会に浸透させたといえるが，同時にその後の日本の社会心理学会の研究の流れも変えていった。日本の社会心理学界では，震災が発生した年にいち早く『実験社会心理学研究』が「阪神大震災とグループ・ダイナミックス」という特集を組み，ボランティア組織に関する研究が発表された（渥美ら，1995; 杉万ら，1995）[注4]。その後も，被災者の避難所に関するフィールド研究が発表された（矢守，1997; 清水ら，1997）。個人的な意見だが，1995年は「ボランティア元年」だけではなく，日本の社会心理学界にとっては「ボランティア研究元年」ではなかっただろうか。また研究の着眼点も変わらざるをえなかった。「行政府の呼びかけがあったわけでもないのに，推定で2か月間に100万人以上のボランティアが救援活動を行なうために被災地にやってきた」という事実は，社会心理学でいえば，援助行動研究における「どうして人は援助できるときでも援助しないのか」という前提を，ある意味で「裏切る」現象である。したがって，災害救援活動の社会心理学的研究では逆に，「（頼まれてもいないのに）どうしてそうまでして助けようとするのか」が焦点となる。さらに穿ったことをいえば，災害被災後の人間行動を研究する手立てとして，日本の社会心理学者は参与観察を中心とするフィールドワークの重要性を認識したともいえる。たとえば，災害避難所が時間の経過とともにどのように組織化されていくのかといった研究（杉万ら，1995; 渥美ら，1995）や，被災地の復興を地元の人々がどうやって実現しつつあるのかといった研究（渡邊ら，2000）では，参与観察を駆使せざるをえなかっただろう。

　その後，ボランティア活動を専門に研究する学会も設立された。すなわち，1999年に日本では初めてのボランティア活動研究のための国際ボランティア学会が設立され，学会誌『ボランティア学研究』[注5]が発行されている。

2．NPOへの注目

　阪神・淡路大震災は一般市民の自然発生的なボランティア活動を喚起させた

注4　さらに『実験社会心理学研究』は4年後に「阪神大震災後のグループ・ダイナミックス—5年目の実践・反省・収穫」という特集（39巻2号）をしている。
注5　この学会誌は第7巻より『教育とボランティア』に名称変更されている。

だけではなく，NPO（non-profit organization）の存在を広く知らしめる契機にもなった（金谷, 2001）。NPOとは，市民が中心となって社会的な活動を行なっている非営利組織（あるいは団体）をさしている。学術界でもNPO活動の役割を研究しようという気運が高まり，1999年には日本NPO学会が設立された。社会心理学においても，災害ボランティアとしてのNPOの役割に注目した研究が見られる（たとえば，鈴木ら，2003）。やや変わったところでは，NPO運営に携わる当事者によるNPOに内在する本質的問題点を指摘したレポートがある（実吉，1999）。

3節　環境ボランティア活動

1. 環境ボランティア活動の研究

災害救援活動の社会心理学が，阪神・淡路大震災によって突然揺り起こされるように生み出されたとするならば，環境ボランティア活動に関する社会心理学的研究は，短期間のうちに多くの人々の注目を引くことはなかったが，きわめて日常生活に密着した応用研究として着実に行なわれてきたといえる。

2. 環境ボランティア活動の実践的研究

前節で，「災害救援活動の社会心理学的研究では（援助行動研究とは逆に，頼まれてもいないのに）どうしてそうまでして助けようとするのかが焦点となる」と述べたが，環境ボランティア活動の研究ではこれはあてはまらない。むしろ，「どうやったら環境配慮行動あるいは環境保全活動に市民を巻き込めるか」という実践的効果が研究の重要なカギである。この点では，援助行動研究のスタンスに近いといえる。さらに，1997年に京都議定書[注6]が議決されて以来，環境保全問題は具体的な数字を出して「結果」を求められるようになった。環

注6　京都国際会議場で開かれた地球温暖化防止京都会議で議決された議定書のこと。議定書には地球温暖化の原因となる温室効果ガスについて，先進国の削減率を1990年を基準として国別に定め，協働で約束期限内に目標を達成することが盛り込まれた。

境問題に関する社会心理学的研究もその影響を受けている。

　まず，環境ボランティア活動は実際に市民の環境保全行動を促進するのであろうか。杉浦ら（1998）は，資源リサイクルを活動の中心とする環境ボランティア団体とその団体が活動する地域住民を対象とした調査を行ない，その結果，環境ボランティア団体が資源リサイクル活動をしている地域では（活動団体のない地域に比べて）資源リサイクル活動が多く行なわれており，住民の資源リサイクルに対する規範意識も高かった。広瀬（1993）によるアクション・リサーチにおいても，資源リサイクルを地域全体に普及させるプログラムを実行した結果，地域住民の資源リサイクル活動が促進されたと報告されている。

　また，社会的ジレンマ研究の知見から明らかなように，環境保全活動はできる限り多くの人に参加してもらうことが成否のカギとなるので，1人でも多くの参加者を募るための説得・要請方略も大切である。杉浦（1998）によれば，「エコロジーダイヤル」[注7]の加入を呼びかけるパンフレットを配布した結果，それに応諾して加入意思を表明したのは，代理店の電話会社や友人から要請された場合よりも，運営母体の環境NPOから要請された場合に最も多かった。杉浦（2005）は，環境保全活動へ参加してもらうための独自の要請方略を研究し，成果を上げている。

　さらに，環境ボランティア団体のメンバーに関する研究も行なわれている。安藤ら（1999）によれば，環境ボランティア団体のメンバーが団員として活動し続けている要因は，自分にとって好ましいことがあるというよりも，その団体への帰属意識が強いことであった。このことは，従来のようにボランティア活動が自己犠牲をともなう篤志家のやること，といった考え方が現在では一般的でないことを示唆している。野波ら（2002）においても同様に，個人的な環境保全行動だけでなく地元の河川を保全するNPO活動を行なう人々は，やはり地元に対する愛着心が強いことが明らかになっている。

　　注7　加入者の使用した電話料金の1％に相当する額を環境保全活動基金として組み入れるという，環境NPOのジャパンエコロジーセンターが運営するシステム。

4節　組織市民行動

1. 組織市民行動の位置づけと定義

　民間・公共を問わず，企業体とは利益や利潤を追求することが基本目標である。企業全体のみならず，個人についてもそれはいえる。職務業績（job performance）というのは，個人がどれくらい成果を上げたかを示す概念である。従来，職務業績の内容は，課業業績（task performance）に限定されてきた（Borman, W. C. et al., 1993, 1997）。課業業績とは，組織業績に直接的に結びつく中核的な職務行動として定義される（Motowidlo, S. J. et al., 1994）。これは，役割内行動と考えてほぼまちがいない。

　これに対して，近年，職務記述書や人事考課表に含まれない役割外行動も職務業績に寄与するという認識が研究者の間で共有されつつあり，こうした行動も職務業績の一次元とみなすべきであるという考えが優勢になりつつある。ボーマンら（Borman, W. C. et al., 1997）は，役割外行動が課業業績を高めるような職場雰囲気や状況を醸成するためには重要であると述べた。ダラール（Dalal, R. S., 2005）は，これまでの研究（Ratundo, M. et al., 2002; Sackett, P. R., 2002; Viswesvaran, C. et al., 2000）を整理して，職務業績を図22-1のように3領域に区別した。この図は,役割外行動について組織市民行動（Organizational Citizenship Behavior: OCB）と非生産的職務行動（Counterproductive Work Behavior: CWB）を仮定している。まず，後者のCWBは組織の目標を損なうような従業員の意図的な行動と定義される。たとえば，「職場の雰囲気を悪くする」「上司の前で同僚が悪く見えるように陥れる」といった行動が考えられる。そして前者のOCBが，職務業績に寄与する従業員の役割外のポジティブな行動であり，近年その効用が期待されている概念であり，本節が論ずる概念である。

　OCBは，オーガン（Organ, D. W., 1988）によって次のように定義された。すなわち「従業員によって示される任意の行動であり，正規の給与体系によって直接的にそして明確に補償されない個人行動である。さらに，総体として組織に機能的なはたらきを示す行動である」という定義である。ここで「任意の

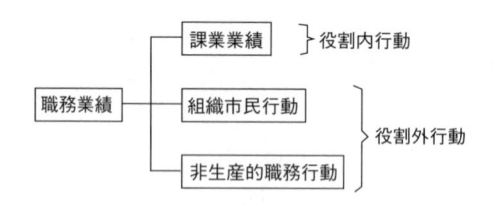

```
                    ┌─ 課業業績 ─┐役割内行動
    職務業績 ───────┼─ 組織市民行動 ─┐
                    └─ 非生産的職務行動 ┘役割外行動
```

図 22-1　職務業績という概念について（Dalal, R. S., 2005）

行動」とは，役割や職務記述書によって求められる強制された行動ではなく，個人の自由意思に基づくという意味を表わす。英語では，OCBを説明する際に，"go the extra mile" という表現がよく用いられる。これは余分なマイルを行くという意味から転じて，「求められている以上のはたらきをし，いっそうの努力をする」という意味を表わす。誤解を恐れずにいえば，これは組織や職場での「ボランティア活動」である。

2. 組織市民行動の次元性

ポザコフら（Podsakoff, P. M. et al., 2000）は，これまでの文献を調べたうえで，潜在的に30種類の異なる組織市民行動が存在する可能性を指摘した。しかしながらOCBの基本次元は，OCB-O（組織：Organizationに向けられる行動）とOCB-I（個人：Individualに向けられる行動）の2因子であると思われる（Williams, L. J. et al., 1991）。この2因子モデルは，スミスら（Smith, C. A. et al., 1983）の先駆的研究を引き継いでいる。彼らは管理者に「職務行動の中で，求められているわけではないが役立つ行動」を自由に記述するように求めた。彼らは，この記述に基づいて尺度項目を作成し，質問紙調査を実行した。項目を因子分析した結果，2因子が抽出された。第1因子は，愛他主義（altruism）と呼ばれた。これは，対面的な場面において，特定の人物を援助する行動をさす。第2因子は，一般的なコンプライアンス（generalized compliance）と呼ばれる。これは労働者として規範を順守するといった非対人的な行動を示す。たとえば，そのようなコンプライアンスとして時間厳守，無駄話をしないなどがあげられる。前者がOCB-Iそして後者がOCB-Oに対応する。これ以外にもオーガン（Organ, D. W., 1988）の5因子モデルやヴァンダインら（Van Dyne, L.

et al., 1994) の 5 因子モデルなど多くのモデルが提起されている（詳しくは田中, 2004 を是非参考にされたい）。ポザコフ（Podsakoff, P. M. et al., 2000）は，これまでの OCB 研究から見いだされた因子を整理し，次の代表的な 7 因子モデルを提起した（表 22-1 参照）。

● 表 22-1　OCB を構成する代表的な 7 因子（Podsakoff, P. M. et al., 2000）

1. 援助行動
   仕事上の問題を抱えているだれかを助けたり，問題がさらに悪化することを防ぐといった行動をさす。オーガン（Organ, D. W., 1988）の次元に従えば，愛他主義に相当する。

2. スポーツマンシップ
   避けようのない不都合や仕事を押しつけられても不平や不満を漏らさないで仕事に取り組むといった行動をさす。こうした忍耐強さに加えて，自分の思い通りにならなくても前向きであり続ける，周囲の賛同が得られなくても攻撃的にならない，職場のために自分の利益を犠牲にすることも厭わないといった行動も含まれる。

3. 組織への忠誠
   組織の是認・支持・擁護といった行動を含む。たとえば，組織の価値を高めたり，外部からの脅威を防衛したり，逆境下でも組織に貢献するといった行動が含まれる。

4. 組織へのコンプライアンス
   観察者や監視者が不在の状況でも，組織の規則，決定，手続きを受容し，内面化するといった行動を含む。オーガンの次元でいえば，一般的なコンプライアンスに相当する。

5. 率先性
   期待以上の水準で，職務を遂行することを表わす。たとえば，組織の創造性や革新性を向上させるような取り組みを心がける。あるいは情熱をもって職務に向かい，余分な責任を引き受けることを厭わない。さらに周囲の人間も同様にふるまうよううながすといった行動が含まれる。

6. 市民の美徳
   この次元は，組織の将来性などマクロレベルで関心をもち，組織に関与するという行動をさす。たとえば，組織の営為に積極的に参加する姿勢を表わす（会議に参加する，組織の政策についてディベートする，どういった戦略を採るべきか意見を述べる）。あるいは組織に影響を及ぼすと予想される業界の動向に対して，常に気を配っているといった行動が含まれる。

7. 自己開発
   自分の知識，能力，スキルを向上させるための自発的な取り組みをさす。たとえば，訓練プログラムを積極的に利用することや自分の専門領域を充実させる取り組みといった行動が含まれる。

3. 組織市民行動を高める要因

　ここでは，組織市民行動を高める要因について解説する。これまで数多くのOCB規定因が見いだされているが，主要な要因は，①職務満足感，②組織コミットメント，③組織的公正，④傾性特性としての誠実性，⑤ポジティブな気分，という5変数に集約できるであろう（Dalal, R. S., 2005）。ダラールは，上記の5要因とOCBの関連性を複数のメタ分析[注8]を用いて検討した。分析の結果，両者の関係の強さは修正済みの相関係数で，おおむね.20以上の値が得られている（表22-2）。OCBを高める要因は多岐にわたると考えられるので，.20以上はかなり高い数値と考えて差し支えないだろう。

　では，上記の5要因はどのようなメカニズムを経てOCBと結びつくのであろうか。これまでの理論的研究によれば，職場に対する満足感の高い従業員や職場をフェアであると感じている従業員は，そうした職場に返礼しようと（報いようと）動機づけられる。こうした動機は組織に忠誠を示そうという態度（組織コミットメント）や組織や同僚に利益をもたらそうという行動（OCB）として発現すると考えられている。このように組織コミットメントとOCBは同じメカニズムを通して強められると考えられるが，これまでの研究は組織コミットメントがOCBを予測する重要な態度変数であると報告している（Becker, T. E., 1992; Kim, W. C. et al., 1993; O'Reilly, C. et al., 1986; 田中，2004）。

　また，組織的公正とOCBの関連性は社会的同一性理論の観点からも説明されうる。タイラーら（Tyler, T. R. et al., 2000）の社会的同一性理論から発展した関係性モデルによれば，個人は自分と権限者あるいは組織との関係性の良好さを手続き的公正によって推定すると考えられている。公正な扱いを受けた個人は，そうした扱いをした権限者や組織に対して肯定的な感情をいだき，自分と組織を同一視させるにいたる。そして自分が同一化した組織の価値を高めるためにいっそうの努力を示す（OCBを行なう）ようになるのである。ここで組織の価値を高めることは，そこに同一化している自分の同一性の確認に寄与することにつながる点に注目してほしい。

注8　メタ分析とは，独立して行なわれた研究結果を要約し，記述する方法である。多くの研究結果を凝縮したものと考えてもよい。

● 表22-2 ダラールによるメタ分析の結果 (Dalal, R. S., 2005)

先行要因	メタ分析	OCB			
		k	N	Mean r	Mean p
職務満足感	Lepine et al. (2002)	72	7,100	0.20	0.24
	Organ & Ryan (1995)	9	2,845	0.23	0.28
	Dalal (2005)	25	6,106	0.12	0.16
組織コミットメント	Lepine et al. (2002)	54	5,133	0.17	0.20
	Organ & Ryan (1995)	4	1,614	0.18	0.23
	Meyer et al. (2002)	22	6,277	0.26	0.32
	Riketta (2002)	42	10,747	0.19	0.25
	Dalal (2005)	22	5,582	0.22	0.28
組織的公正	Lepine et al. (2002)	40	1,975	0.20	0.23
	Organ & Ryan (1995)	17	2,969	0.24	0.28
	Cohen-Charash & Spector (2001)	7	1,758	0.27	0.34
	Colquitt et al. (2001)	8	1,972	0.25	0.27
	Dalal (2005)	10	1,997	0.15	0.20
誠実性	Lepine et al. (2002)	15	848	0.19	0.23
	Organ & Ryan (1995)	10	1,979	0.22	0.29
	Dalal (2005)	10	3,280	0.23	0.30
ポジティブな気分	Organ & Ryan (1995)	6	976	0.10	0.12
	Dalal (2005)	23	4,425	0.28	0.34
ネガティブな気分	Organ & Ryan (1995)	5	993	-0.08	-0.10
	Dalal (2005)	23	4,101	-0.08	-0.10

注) k＝相関係数の推定に用いられたサンプル集団の数
　　N＝k集団から得られる総実験参加者数
　　Mean r＝N（総実験参加者数）によって重みづけられた，修正されていない相関係数の平均
　　Mean p＝Nによって重みづけられた，修正済み相関係数の平均

　組織的公正や職務態度変数とは別に，傾性変数もOCBを強める要因であると明らかにされている。その1つは性格5大因子に含まれる誠実性である。誠実で篤実な人間ほどOCBに従事すると考えることは，直感的にも妥当な考えである。この知見は，近年採用場面で注目を浴びている。従来，認知能力の高い人間ほど，課業業績が高く職務業績も高いという仮定に基づいて採用が行なわれてきた。しかしながら誠実性とOCBの関連が示すように誠実であるとい

う傾性は，OCB や CWB を通して，職務業績に影響を与える要因である。したがって，誠実性とは認知能力と同じくらい候補者の選抜に重要な概念であることが示唆される。

もう1つの OCB を強める傾性変数は，ポジティブな気分である。情動とは一般的な心理的覚醒と関連が深く，行動傾性を導くと考えられている。行動傾性とは，特定の行動に対する意図の形成や行動への準備状態を表わす概念である。スペンサーら（Spencer, P. F. et al., 2002）は，情動がポジティブ（ポジティブな気分）な場合，人々は OCB に従事し，逆に情動がネガティブな場合に，人々は CWB を行なうことを示した。

4. 組織市民行動が職場に果たす意義

グローバル競争や絶え間ない技術革新という趨勢の中で，多くの企業は時代やマーケットの素早い変化に敏感に対応し，迅速な意思決定を行なうことが求められている。こうした状況に対応するために，前線や現場に権限を委譲したフラットな組織づくりや自律的チームに基づくマネジメントが求められている。こうした形態の組織やチームにおいては，個々人が決められた役割に従って行動するだけでなく，自律的にふるまうことによってチームや組織の生産性を向上することが求められている。

また，こうした職場は，メンバー間の人間関係を良好に維持することが不可欠である。チームをベースとする職場は，求められる役割や課業が公式に決められていないため，各メンバーが職掌を超えて OCB に従事することがきわめて重要である。こうした取り組みは職場内の社会的関係資本（social capital）[注9]を強め，最終的に企業業績に寄与すると考えられる。

最後に，日本における OCB の意義について考えてみたい。石田（1985）や守島（Morishima, M., 1995）が述べたように，日本の組織の特徴は個々人の職務範囲（職掌）が明確に区分されていない。したがって OCB を行なうことは，従業員にとって自明のこととして受けとめられている可能性がある。実際，

注9　社会的関係資本とは，人々の協調行動を活発にすることによって，社会の効率性を高めることのできる，「信頼」「規範」「ネットワーク」といった社会的仕組みの特徴と定義される（Putnam, D. V., 1993）。

QCサークル運動などにみられるように，OCBが日本のモノづくりの競争力を支えている要素もある。しかしながら課業業績とOCBの区別が不明確である状況とは，従業員に決められた以上の仕事をすることを，なかば強制していると考えることも可能である。こうした半強制的なOCBのために，日本の従業員は多くのストレスを感じているのかもしれない。よって，図22-1に示したように，課業業績とOCBを区別し，OCBを明確にする取り組みは，今こそわが国に求められている研究であると思われる。

23章 非行と更生

1節 非行への関心

　「非行」という言葉はさまざまな使い方をされているが，少年法に法的な定義がある。少年法でいう少年とは20歳に満たない者のことであり，「①罪を犯した少年，②14歳に満たないで刑罰法令に触れる行為をした少年，③将来，罪を犯し，又は刑罰法令に触れる行為をする虞のある少年」を審判の対象にする，としている。成人と異なるのは，20歳未満であることと③の「虞犯」が含まれていることである。親の正当な監督に服しないとか，犯罪性のある成人との接触があることをもって，罪を犯してはいなくても保護の必要があると判断された場合に適用される。つまり，少年には人生の時間が長く残されており，可塑性があり教育可能性も高いと社会が期待し，成人とは別の法律を定めて少年を保護し矯正しようとしているのである。

　犯罪現象を考える際にも，少年のそれについてはとくに社会が関心を向けてきた。同じ殺人事件でも犯人が成人か少年かでは，その衝撃の大きさが明らかに異なることでもそれがわかる。「なぜ若くしてそれほどの大事を起こしてしまったのか，どんな心理がはたらいたのか，自分たちは同じような少年を育ててはいまいか」といった関心である。

　ただ，犯罪や非行に共通する特殊な心理が存在するわけではない。ある素質と環境に育った少年が，被害者や人的・物的な環境，法規範といった諸条件と出会うところに「非行」が生まれるのである（図23-1参照）。したがって，心理学だけでなく，社会学，法学，精神医学などの領域でも関心が向けられてき

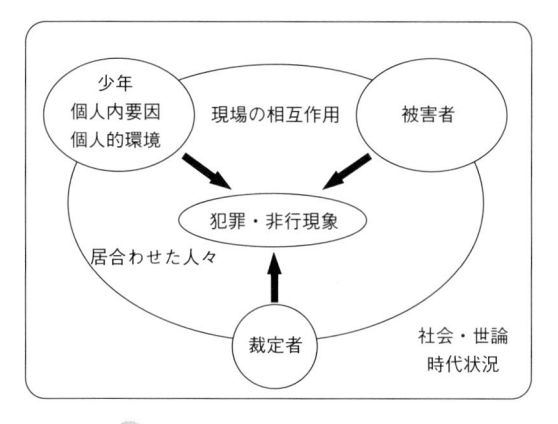

図 23-1 少年非行にかかわる人々

た，多面的な見方を必要とするテーマであるといえよう。

2節　犯罪原因論の発想

1. 個人内要因

　犯罪に走るのはその犯罪者個人にどんな問題があったからなのか，それを追求しようとするのがこの立場である。

　実証主義犯罪学の祖とされているイタリアのロンブローゾ（Lombroso, C.）は，犯罪者の身体になんらかの特徴があるとみて計測を重ね，犯罪をすべく運命づけられたとでもいうべき「生来性犯罪者」がいるとした（Darmon, P., 1989を参照）。この説は現在では否定されているが，こうした生物学的な原因論はその後も脳機能の障害説，遺伝説として議論されている。ただし，決定的な証拠は得られていない。

　古典的な心理学的研究としては，ゴダード（Goddard, H. H.）のものがあげられる（瀬川，1998などを参照）。要するに犯罪は知能の低さと関係があるとするものである。ゴダードの研究が批判されたあとも，知能との関連は長く議

論になっており決着はついていない。ただ，関連があったとしても低知能が直接，犯罪に結びつくわけではない。学業不振から就業にハンデが生じ，人生でとりうる選択肢が減ってしまうなど，介在する要因を考えなければならない。

また，人格障害として犯罪を理解する立場もある。歴史をたどるとシュナイダー（Schneider, K., 1923）が「精神病質」という概念を提示したことに始まるが，現在ではアメリカ精神医学会の診断マニュアルで「反社会性人格障害」などのいくつかの人格障害が犯罪に深く関係するとされている。反社会性人格障害の定義自体に，他者の人権をくり返し侵害し，規範を守らないことが含まれているので当然ともいえる。なお，これとは別に，最近になって発達障害が注目される中で，発達障害と非行との関係に注目する研究も現われ始めている。

一方，パーソナリティ特性という視点からも社会心理学的な研究がなされている。犯罪者に認知の歪みがあるという指摘は，大渕（2006）によって次の5つの論点に整理されている。

①敵意バイアス：他者の行為を悪意に満ちたものととらえる傾向。
②反社会的スクリプト：他者に対応するときにまず強制的手段が思い浮かぶ傾向。
③偏った報酬への関心：人から信頼され受け入れられることより，他者を支配し物質的利益を得るなど，偏った方向に注意を向ける傾向。
④自己正当化：「相手のほうが悪い」「だれでもやっている」などと考えることで罪悪感や不安を和らげようとする傾向。
⑤ポジティブ・バイアス：自分の行為にともなうリスクを低く見積もり向こう見ずな行動をしようとする傾向。

非行少年の自己正当化について述べたマッツァ（Matza, D., 1964）は，少年たちが非行をするように運命づけられているわけではなく，合法的世界と非合法の世界との間を漂流しているようなものだと考えた（漂流理論）。われわれは何げなく「非行少年」と呼ぶが，少年たちは常に罪を犯し続けているわけではない。逆に法の網を器用にかいくぐり，非行少年のレッテルを貼られずに生きている者もいるだろう。法規範が変化することで，同じ行動が罪になったりならなかったりすることもある。罪を犯した少年に焦点をあてて原因を考えようとするときには，常に少年が置かれている状況を忘れないようにすべきであ

ろう。

2. 社会的要因を加味した理解

　特定の地域や階層，集団に犯罪が多発することがあると，社会が犯罪を誘発するような条件をもっているのではないかと考えるのは自然なことであろう。犯罪社会学はこのテーマを扱ってきた。そこには，環境要因を少年がどう受けとめるかという社会心理学的な観点も取り入れられている。これは「緊張理論」「副次文化理論」「統制理論」という3つの理論的枠組みで大きく整理される。

　緊張理論とは，要するに人は追いつめられると罪を犯す，という考え方である。この立場の代表的な論者であるマートン（Merton, R. K., 1957）は，人々が経済的な成功に価値を置き，それを目標にしているような文化にあって，社会的に成功するために必要な教育などの制度的な手段を十分に与えられていない状況をアノミーと呼び，アノミーに対処する1つの方策として人は犯罪に走る，と考えた。

　ただ，貧困を例に考えてみても，餓死寸前というほど絶対的な欠乏状態になくとも，人は他人と比べて相対的に貧しいとか不幸であると考えることがある。社会が豊かになっても解決にいたらないのは，そこに人の複雑な心理が介在するからである。

　副次文化理論とは，犯罪を生みやすい考え方や行動パターンという「朱」に染まることで人は罪を犯すという考え方である。この立場の代表はサザーランドら（Sutherland, E. H. et al., 1939）で，その主張は「分化的接触理論」と呼ばれる。犯罪行動も他の行動と同じように学習によって獲得されるというのであるが，犯罪の手口だけでなく，法規範に対する挑戦的な態度や，犯罪であっても敢えてやろうという動機そのものまでが学習されるとした点は注目に値する。ただし，非行的な副次文化に触れたとたんにだれでもが非行を学習するわけではなく，そこにはその副次文化を選んで取り入れるプロセスがあるはずであり，そこに少年の心理がはたらくと考えられる。

　第三の統制理論の立場は，人が犯罪を犯さないようにコントロールしているのはどんな要因なのかを明らかにしようとしている。つまり，放っておけば人は犯罪を犯すという，いわば性悪説に立つものである。ハーシ（Hirschi, T.,

1969）の社会的絆理論がその代表とされる。ハーシは非行が次の4つの社会的な絆によって抑制されていると考えた。

①愛着：家族や友人などとの結びつきが非行を抑止する。

②コミットメント：合法的生活によって得ているものが大きく，犯罪によって失うものが大きいほど非行は割に合わないため抑制される。

③関与：合法的な活動に深くかかわることで非行に走る時間やエネルギーがなくなり，結果的に非行は抑制される。

④信念：社会のルールには従わなければならないという信念により抑制される。

また，これとはまったく別の観点であるが，環境犯罪学というアプローチもある（谷岡，2004）。犯罪は主体と環境との相互作用である限り，犯罪を起こしにくい環境にあれば犯罪の動機そのものも弱まるし，逆に破れ窓理論の指摘するように，割れた窓ガラスを1枚でも放置すれば破壊行為が誘発され，やがて町全体が荒廃することになる。どんなところに犯罪が発生しやすいかを発見し，予防的にそれを変えていくという対症療法的なアプローチのように見えるが，ここからも犯罪現象の一面を知ることができるだろう。

ここで紹介した諸理論は欧米で1970年代までに提唱されたものであるが，原因についての典型的な考え方を示しているという点で重要である。ただ，犯罪が社会との密接な関係の中で発生し，時代とともに変化していることから考えると，現代日本の犯罪現象を説明するには十分ではないかもしれない。

次節では，少年に特徴的な集団非行を取り上げ，最新の社会心理学的研究ではどんなことがなされているかをみてみよう。

3節　集団非行の発生過程

近年，少年犯罪の凶悪化や低年齢化などさまざまな問題が議論されているが，その中でもとくに問題視されているのが犯罪や非行の「集団性」である（法務省法務総合研究所，2005; 間庭，1997）。法務省法務総合研究所（2001, 2005）によると，少年院新入院者の共犯者割合は年々増加しており，1989（平成元）

年では単独犯が41.2%，2人以上で非行に関与した共犯少年が58.8%であったが，2004（平成16）年には単独犯が33.1%と減少し，共犯少年が66.9%と増加している。集団で非行に関与するとき，その行為はエスカレートする傾向があるが，いじめはその典型であろう。また，集団で非行に関与した者はそうでない者に比べて，罪悪感が薄いことも報告されている（家庭裁判所調査官研修所，2001）。こうしたさまざまな問題から，集団非行の発生過程を解明することが求められている。

過去の研究を遡ると，初期には前節で触れた副次文化理論や分化的接触理論のような社会構造的アプローチがさかんに行なわれた。その後，心理学的観点からマイクロレベルでのアプローチも行なわれるようになった。

ディジョンら（Dishion, T. J. et al., 1996）は2人1組の友人どうしに自分たちの身近で起きたトラブルの解決法について議論させた。その結果，一般少年は規範的な内容の解決法を示し，友人はその解決方法に賛同する反応をみせたが，非行少年は反規範的な解決方法を示し，友人はそれに賛成的な態度を示した。また，友人が反規範的な会話に賛同を示すことで，反規範的な会話がうながされるという悪循環もみられた。ディジョンらはこのような反規範的相互作用過程を逸脱訓練（deviancy training）と呼び，逸脱訓練に携わる少年は将来的に非行に関与する傾向が高いことを示した。

近年では，ソーンベリーら（Thornberry, T. P. et al., 2003）はギャング集団への加入が少年を非行に関与させるようになるのか，それとも非行に関与するような少年がギャング集団に加入するようになるのかという問題を検討した。これを検討するにあたり，彼らは少年が「ギャング集団に加入する前」「ギャング集団に加入」「ギャング集団から脱退」の3つの期間を設け，各期間に関与した非行の頻度を比較した。その結果，少年がギャング集団に加入している期間は他の期間に比べ，非行に関与する頻度が明らかに高くなっていた。これは，ギャング集団に加入する前には非行に関与しなかった少年がギャング集団に加入すると非行に関与し，脱退すると再び非行に関与しなくなることを示している。こうした結果は，「朱に交われば赤くなる」ということわざがあるように，集団に加入したり脱退することで人間関係が変化し，その所属集団内での規範や価値を習得する結果によるものであろう。

一方，日本では，吉澤（2005）が社会的情報処理モデル（Crick, N. R. et al., 1994）の観点を採択した。社会的情報処理モデルは，人は過去の経験や知識などを利用して外界からの情報を処理するという理論的仮定に基づいている。処理メカニズムに歪みがある場合，問題場面では適切な対処をとることが難しく，攻撃行動のような反社会的行動が生じやすくなる。吉澤はこの理論モデルに基づき，仲間集団とそこに所属する少年の認知的な歪みが互いにどのように影響しあい，それが集団非行にどのような影響をもたらすのかということを分析した。その結果，「嘘をつくのは仕方ない」とか「腹が立ったら相手に危害を加えてもよい」などの歪んだ解釈が仲間集団の中で行なわれている場合，その集団に所属する少年にも同様の認知的な歪みが生じ，これが集団非行をうながす可能性があるということを示した。

　また，中川ら（2004）は社会的アイデンティティ理論（Hogg, M. et al., 1988, 詳細は本書13章を参照）を基盤とした集団過程モデルを構築し，これを検討した。分析の結果，一般の少年は所属集団への愛着やメンバーへの信頼が強いと，規則を守ったり，まじめだといった社会的評価をメンバーから得ようとして，集団非行への関与を避ける傾向があった。しかし，非行少年は所属集団やメンバーに対する愛着が強いと，けんかが強いとか大人に反抗できるなどの反社会的評価をメンバーから獲得しようと集団非行に関与する傾向がみられた。

　こうした定量的研究以外に，定性的な観点からは佐藤（1984）が実際に暴走族に加入し，少年たちとの相互作用を通じて，彼らが暴走する心理過程を詳細に記述している。しかしながら，日本での集団非行に関する研究の蓄積は少なく，今後のさらなる研究が望まれる。

4節　更生に向けたはたらきかけ

　冒頭でも述べたように，罪を犯した少年が捕らえられた場合，成人に対するように罰を与えるというより，保護して再教育を施すという精神で法がつくられている。そこでいかに少年を更生させるかが大きな課題になる。更生のため

には上述してきたような犯罪原因の理解も大切ではあるが，たとえ原因が突きとめられたとしても，それで対処方法が自動的に決まるわけではないので，ある程度原因論とは独立したテーマになる。非行臨床心理学の領域である。

　この分野の難しさは，悩みをもった人がみずから相談に訪れ，カウンセリングを受けるのとは状況が違うということである。少年を保護して更生させようとするのは少年法を定めた国家であり，実際に業務にあたるのも少年院など矯正施設の職員をはじめ，それぞれに国家権力を背景にした人々である。一方，少年は大人の手を借りて更生したいとは考えていない。つまり，動機がすれ違っているのである。生島（1993）は非行臨床の面接の作法としていくつかの点を述べているが，とくに，今ここで行なう面接の目的や方法を明らかにして，面接の枠組みを少年と共有しておくことが重要であると述べている。ただでさえ大人に対する不信感をいだきがちの少年と，いかに一定の関係を築くかが問われることになる。

　援助手法としては個人心理療法だけでなく，集団療法，家族療法，自助グループ，心理教育など多彩なアプローチが試みられており，最近では次節で述べる修復的司法の動きにともなって被害者との対話ということも試みられている。

　なお，松嶋（2005）は，「非行少年」こそが「問題」であるととらえることによって更生に向けたはたらきかけが組み立てられている点に疑問を投げかけ，はたらきかける側と少年との関係に注目するフィールドワークを更生施設で行なっている。少年たちにまなざしを送るわれわれ自身のものの見方についても，日ごろから点検していく必要があるといえよう。それが少年の「更生」にも強くかかわってくるからである。

　罪を犯した少年たちの多くは，成人して周囲から大人と認められ，ワルぶることで仲間から承認される必要もなくなり，就業したり伴侶を得たりすることで非合法的活動にかかわる不利益が大きくなって，しだいに非行から離れていく。ただ，一部だけは成人になっても犯罪をくり返すようになってしまう（大渕，2006，とくに第5章を参照）。この種の人間を生み出さないことが矯正の大きな課題といえるだろう。

5節　被害者に向けるまなざし

「目には目を」という古代の考え方は，被害者側が直接，加害者側に報復したり損害の回復を要求することを認めるものだった。ところが，近代の刑事司法の考え方では，犯罪は国家の法秩序に対する侵害とみなされ，加害者は裁かれても被害者はその場に必要とされず，癒されないまま放置されてきた。

ところが，1940年代も終わりになって「被害者学」が出現し，被害者が注目されることになった（瀬川，1998を参照）。そこでの関心は，「犯罪に巻き込まれやすい人はどんな人で，どんな過程をたどって，どんな被害に遭いやすいのか」ということであった。犯罪は加害者・被害者を中心とする相互作用の中に生じることを考えれば，この視点は必要なものであった。ところが，被害者になりやすい人の類型や行動特徴を見いだすことは同時に，それが被害者側の落ち度であるととらえて被害者をおとしめてしまう危険性をはらんでいた。そのために初期の被害者学は批判の的になった。

その後，1960年代以降になって，被害者の苦しみを理解し，その地位の向上や精神的・経済的な救済が必要であると論じられるようになる。トラウマやPTSD（心的外傷後ストレス障害）といった概念が広まり，被害者の痛みに対する一般の関心も高まった。日本では1981年に施行された犯罪被害者等給付金支給法で金銭的救済に端緒がつき，2004年には犯罪被害者等基本法が成立して，被害者のために国家が責任をもって支援することが決まった。

一方，犯罪を，法規範の侵害ではなく人々の関係を侵害するものであるととらえ，被害者と罪を犯した者との間でその関係を修復することが司法の目標であると考える，修復的司法が注目されるようになった（表23-1）。その考え方の具体的な現われが，被害者と加害者との対話である。そのめざすところは被害者と加害者がともに犯罪体験に一区切りをつけて解放され，新たな一歩を踏み出すことと，被害者が加害者から現実的な償いを受けることにあるという（藤岡，2005）。両者が対話するというのはかなり難しい作業であり，対話のための枠組みや場を第三者が注意深くつくっていく必要はある。しかし，うまく運べば少年たちの更生という意味でも，自分の問題を認識し，被害者に謝罪と償いをし，再犯をしないようにするきっかけにすることができるだろう。現時点

● 表 23-1 修復的司法と従来の司法との対比 (守山ら, 1999, p.181)

応報的モデル（思想）	関係修復モデル（思想）
1. 非難の確定が中心的	1. 紛争解決が中心的
2. 過去に焦点	2. 将来に焦点
3. 闘争モデル，訴追と防御	3. 標準的直接対話
4. 地域社会は傍観者	4. 関係修復の促進者
5. 犯罪者による害悪は彼に科される苦痛という害悪とバランスされる	5. 犯罪者による害悪は償いとバランスされる
6. 被害者には情報を伝えない	6. 情報を伝える
7. 被害者の「真実」は2次的	7. 被害者に真実を告げる機会を与える
8. 悪事に対して国家が独占的に反応	8. 被害者，犯罪者，地域社会の役割を重視
9. 個人的な公然の非難と排除の儀式	9. 悔悟と出直し，赦しの儀式
10. 犯罪者の地域社会との結合が弱まる	10. 犯罪者の地域との融合が増す
11. 犯罪者の過去の行動に基づく対応	11. 犯罪者の行動の末に基づく対応
12. 勝ち-負けの結果を想定する	12. 勝ち-勝ちの結果を可能にさせる
13. 代理の法律専門家が中心	13. 被害者と犯罪者が中心で専門家は援助のみ

ではまだ端緒についたばかりであるし，被害者支援団体等からは懸念の声もあるというが，注目される動きではある。

24章 社会的適応

1節 適応とストレス

1. 適応とは

　たとえば，大学に入学すると，一人暮らしになったり，授業のやり方が変わったり，新しい目標ができたりなどさまざまな変化を経験し，それへの適応が要請される。これらは，われわれの心にどのような影響を及ぼすであろうか。

　適応について，佐々木（1992）は，「生体が環境からの要請に応じるのと同時に，自分自身の要求をも充足しながら，環境との調和した関係を保つこと」と定義している。ここでいう「環境」とは，とくに社会的適応を考えた場合，友人や家族，職場などの自分を取り巻く人間関係，自分が所属する社会や文化などをさす。この中で，自分自身の要求の満足や充実感を得ながら，周囲との関係にうまく対処していくことが，社会的に適応するために求められる。

　まわりの人々との関係がうまくいかない状態や自分の要求が満たされない状態が続くことは，不適応状態を招きやすい。不適応の程度の指標としては，次に説明する抑うつや不安，無気力などのストレス反応がある。

2. ストレスと適応

　日常的には，心身になんらかの負担になっているできごと，あるいはそれによる負担感や不調をストレスと呼んでいることが多いが，ストレス研究では，ストレスを次の3つに分けている。①心身の安全を脅かす環境や刺激（スト

レッサー），②環境や刺激に対応する心身のはたらき（ストレッサーへの対処），③対応した結果としての心身の状態（ストレス反応），である（小杉，2006）。

ストレッサーには，慢性型のストレッサーとライフイベント型のストレッサー（以下，ライフイベント）とがある。慢性型ストレッサーは持続的なものであり，家族関係などの日常的なものに組み込まれていることが多い。これに対して，ライフイベントは，生活上で体験する客観的できごとで，持続期間が短い。大学生が経験することの多いライフイベントを表24-1に示す。また，同じできごとが生じても，それが自分にとってどのくらい脅威であると評価するかにより，それがストレッサーとなる場合もあれば，ストレッサーとならない場合もある。これをストレッサーの認知的評価という。

ストレッサーへの対処はコーピングとも呼ばれ，「その個人の資源に負荷をかける，あるいは資源を超えると評定される外的，内的要請を処理するための，常に変化する認知的行動的努力である」（Lazarus, R. S., 1999）と定義されている。おもなコーピングの分類として，問題自体を解決しようとする問題解決型，問題によって生じた不安などの情動をコントロールしようとする情動焦点

● 表24-1　大学生の体験するライフイベントの学年別比較（鈴木，2006より作成）

学年	項目
1年生	1. 大学に入学した 2. 入学試験を受けた 3. ひとり暮らしを始めた
2年生	1. 大学の講義でレポート提出を求められた 2. サークルをやめた 3. アルバイトを始めた
3年生	1. 大学の定期試験があった 2. サークルの責任者になった 3. 大学の講義でレポートの提出を求められた
4年生	1. 卒業論文が始まった 2. パソコンのデータが壊れた 3. 進路のことで親と意見のくいちがいがあった

注）項目は他学年との差が大きい上位3項目を表示

型があげられている。コーピングについてもそれが成功かどうかといった認知的評価が行なわれる。

　ストレス反応は，あるできごとが脅威となるストレッサーとして認知され，それへのコーピングの評価が否定的な場合に生じる。ストレス反応には，不安，抑うつ，怒りなどの感情的な反応，頭痛，不眠などの身体的反応，引きこもるなどの行動的反応がある。

2節　大学生のストレッサー

1. 大学生のライフイベントとその影響

　大学入学時に新入生がよく言われることは，「大学生活は自分の目的をもっていないといけない」ということである。これは，大学生活では個人の行動の自由度が高く，一定のクラスや仕事などに拘束されることが少ないため，逆に生活の目的を見失ってしまいやすいことを示している。このような立場にある大学生は，固定的で長期にわたる人間関係の中で生じやすい慢性型ストレッサーよりも，比較的持続期間の短いライフイベント型ストレッサーの影響を受けやすいといえよう。

　表24-1でみたように，各学年でライフイベントはかなり異なっている。1年生は大学入試や入学にともなう生活の変化，2年生は授業，サークル活動，アルバイトにかかわること，3年生は2年生と比較的共通しているが，サークル活動の責任者になることが加わり，4年生は卒業論文や進路など卒業の準備にともなうことが，ストレッサーとなることが特徴的である（鈴木，2006）。

　次に，大学生の対人関係におけるストレスイベントに注目してみよう。橋本（1997）は，対人ストレスイベントを，けんかをするなどの社会的規範からみて望ましくない状況である「対人葛藤」，対人関係で劣等感を触発する事態である「対人劣等」，対人関係における気疲れなどでエネルギーを消耗する「対人磨耗」に分類している（表24-2）。対人ストレスというと，直接相手とのトラブルがみられる対人葛藤は思い浮かびやすい。このようなストレッサーだけ

● 表24-2　大学生の対人ストレスイベント（橋本，1997より作成）

因子	項目
対人葛藤	1. 知人とけんかした 2. 知人が無責任な行動をした 3. 知人に嫌な思いをさせた
対人劣等	1. 会話中，何をしゃべったらいいのかわからなくなった 2. 知人が自分のことをどう思っているのか気になった 3. 知人とどのようにつきあえばいいのかわからなくなった
対人磨耗	1. 自慢話や愚痴など，聞きたくないことを聞かされた 2. 上下関係に気を遣った 3. 集団に溶け込めず，違和感を感じた

注）項目は因子負荷量が高いもの上位3項目を表示

でなく，対人磨耗のような表面上みえにくいが，本人にとってはストレッサーとなるような対人関係上の問題が，現代の大学生に見いだされたことが特徴的である。

　ここまでみてきたようなさまざまな種類のライフイベントは，それを経験した大学生にどのような影響を及ぼしているのであろうか。高比良（1998）は，大学生のライフイベントが精神的健康に及ぼす影響を，対人領域と学業などの達成領域に分けて検討し，とくに対人領域におけるネガティブライフイベント（たとえば，「会話に困った」「気の合わない人と話をした」）が男女とも抑うつ，自尊心といった精神的健康に大きくかかわってくると指摘している。また，大学1～4年生の劣等感と適応との関連を分析した堂野（1999）は，1年生に社会的要因に劣等感を感じている者が比較的多いことを見いだし，1年生は新しい対人関係形成を模索する中で劣等感を感じやすくなっているのではないだろうかと指摘している。

　これらの研究結果から，とりわけ対人関係はストレッサーになりやすいこと，その結果として抑うつや劣等感などの適応を妨げる要因を導きやすいことがわかる。

2. 大学生の慢性型ストレッサーとその影響

これまで持続期間が比較的短く，1つのできごととしてとらえやすかったライフイベント型ストレッサーについて取り上げてきた。ここでは，その開始と終結がわかりにくく，継続的に過重な負荷のかかる慢性型ストレッサーについてみてみよう。この型のストレッサーはとくにある程度一定の役割や生活環境が持続する状況（大塚，2006）で生じる。

大学生に慢性型ストレッサーが生じやすいのは，何といっても家族関係であろう。林ら（2003）は，女子学生を対象に，家族ストレッサーと心理的ストレス反応との関連を検討した。家族ストレッサーは，家族成員間の関心のなさやまとまりのなさを示す「無関心」，家族間の対立を示す「不和」，親の無理解を示す「親への不信感」，親の過度の心配や干渉を示す「過干渉」の4つの要因から成り立っていた。家族ストレッサーが高いほど，心理的ストレス反応が高く，とくに「親への不信感」には，心理的ストレス反応が高かった。これに対して，「過干渉」へのストレス反応は比較的小さなものであった。

3節　現代の大学生の友人関係と適応

1. アイデンティティの形成と友人関係

大学生の適応にとって友人関係はどのような意味をもつのであろうか。福岡（2000）は，ソーシャルサポートが心理的健康に及ぼす影響についての研究をレビューした。その結果，中・高校生は概して友人よりも家族のほうがストレス反応などを軽減する効果をもっていたが，大学生は家族よりも友人のほうが影響力をもっていると指摘した。この理由の1つとして，友人関係は青年期後期に質的に大きく変化することがあげられる。すなわち，青年期前期の仲間集団への同調を重視した段階から，後期の自分にとって本当に必要な友人を選択し，個と個の深いつきあいを求めるようになる段階へと変化する（落合ら，1996）。これが大学生の適応に大きく関係すると考えられる。

友人関係のあり方は，青年期の発達課題ともかかわる。エリクソン（Erikson,

E. H., 1959)によれば，青年期には「アイデンティティ対アイデンティティ拡散」という心理・社会的危機がある。アイデンティティとは，これまでのさまざまな対象に同一化してきた自分を1つに統合していく中で「自分とは何かという問いに対する答え」を見いだしていくことに結びつく。一方，社会の基準や期待にどのように合わせていくか（斉藤，1996）という社会的側面もある。自分とは何かを見いだし，自分なりの視点を獲得するには，友人関係との深い結びつきが重要な役割を果たすと考えられる。加藤（1989）は，大学生を対象に，縦断的にアイデンティティ形成に関連する要因について検討し，同性・異性の友人との関係の危機がアイデンティティ拡散経験，つまり「自分とは何か」が見いだせずにいることと関連することを指摘している。

2. 現代の大学生の友人関係の特徴と適応

友人関係がアイデンティティの形成に重要な役割を果たしていることが示されたが，その一方で，現代の若者の友人関係が深いかかわりを避けるという指摘も多い。岡田（1995）は，大学生を対象に友人関係を調査し，自己の内面に関心が薄く，親友のイメージを基準に自己を把握している「群れ関係群」，自己の内面に関心が高く，自己を一貫したものと認識している「気遣い関係群」，自己の内面に関心が高いが，自己と親友のイメージの関連が薄い「関係回避群」に分けている。

橋本（2000）も大学生の友人関係の調査から，軽く浅い対人関係を志向する「表層群」，自己をふり返ることも少なく，友人への気遣いも少ない「無関心群」，自己にも友人にも積極的にかかわる「積極群」，自己には積極的だが友人には消極的な「内向群」に分けた。現代の大学生の友人関係は全体にかかわりが希薄なわけではなく，従来，青年期の特徴的な友人関係といわれてきた深いかかわりを求めるタイプも含め，さまざまなタイプに分かれていることがわかる。

さらに橋本（2000）は，対人ストレスのタイプと精神的健康について各群の得点を比較している。いずれも無関心群の対人劣等得点とGHQ（精神健康調査票）得点が低く，一見自己へも対人関係へも関心が薄い無関心群のほうが，適応が良好なようにみえる（図24-1）。たしかに，自己も他者も気にしなければ悩みにはつながりにくいだろうが，他者からは傍若無人にふるまっているよ

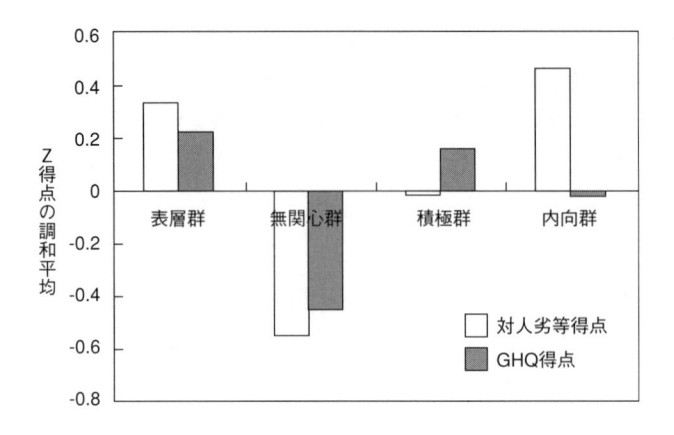

図 24-1　各クラスターの対人劣等得点と GHQ 得点（橋本，2000 より作成）

うにみえる可能性がある。その意味で，この群は客観的な社会的適応という点では問題がある可能性が指摘されている。

4節　対人関係における適応を促進・妨害する要因

1. 目標志向の次元からみた適応

　目標は，個人の認知，感情，行動を方向づける動機づけ的な機能をもっている。そのため，どのような目標を志向するのかが，その後の行動，そして適応に影響を及ぼすと考えられる。黒田ら（2001）は，友人関係場面における目標志向性には，友人関係におけるさまざまな経験の中から自分にはないものを学ぼうとする「経験・成長目標」，友人から良い評価を得ることをめざす「評価－接近目標」，友人からの悪い評価を得ないようにしようとする「評価－回避目標」の3つがあることを示した。さらに，評価－回避目標をもつ者は抑うつを生じさせやすく，他の2つの目標をもつ者は抑うつを生じさせにくいことを明らかにした。

　この背景には，評価－回避目標が高いと，相手にいやな印象を与えまいと引

きこもり的・回避的な行動が多くなることが考えられる。一方，評価−接近目標は自分の性格を好ましく見せようとし，経験・成長目標は自分のもっていない友人の考え方や性格に関心をもち自分を深めようとするために，向社会的行動や関係構築・維持行動が増え，それにより友人からの受容などのポジティブなできごとの頻度が増えることが示された（黒田ら，2003）。

これまでのアイデンティティ形成のプロセスの根底にある要因についての研究を概観した杉村（1998）は，自分が取り組む問題を明確に理解すると同時に，自分がもっている以外の新しい体験や情報に対しても積極的に開かれている青年は，アイデンティティ形成において有利であると推察している。そしてこの特徴は，経験・成長目標をもつ者の特徴と類似している。

2. 実際の行動の次元からみた適応

ストレッサーに対処するために行なうコーピングは，個人の精神的健康にどのような影響を及ぼすであろうか。加藤（2000）は，対人ストレスコーピングには，積極的に相手との関係を改善しようと努力する「ポジティブ関係コーピング」，ストレスの多い関係を放棄・崩壊するような行動をする「ネガティブ関係コーピング」，ストレスの多い関係を問題とせず，ストレスフルなできごとの存在を無視する「解決先送りコーピング」の3つのタイプ（表24-3）があることを示した。ポジティブ関係コーピングと解決先送りコーピングは他者から好感をいだかれ，ソーシャルサポートを引き出すため，孤独感が減少するが，ネガティブ関係コーピングは他者から不快感をいだかれやすいため，ソーシャルサポートを引き出しにくく，孤独感が増加すると指摘されている（加藤，2002）。

コーピングはわずかの種類のものしか利用できないのではなく，レパートリーが多いほうが適応に有利にはたらくことが，心理療法の1つである認知行動療法などで指摘されている。加藤（2001）は，コーピングはレパートリーが多いだけでなく，状況に応じて柔軟に選択できることも重要であるとし，大学生を対象にコーピングが失敗した状況下で，次にどのようなコーピングを行なうかを調査した。その結果，次に同様の事態にのぞむときには，失敗したコーピングの使用を断念し，新しいコーピングを使用することが，抑うつが低いこ

● 表 24-3 対人ストレスコーピング尺度の項目例 (加藤, 2000 より作成)

因　子	項　目
ポジティブ関係コーピング	・相手のことをよく知ろうとした ・積極的にかかわろうとした ・この経験で何かを学んだと思った
ネガティブ関係コーピング	・かかわり合わないようにした ・友だちづきあいをしないようにした ・人を避けた
解決先送りコーピング	・気にしないようにした ・何とかなると思った ・何もせず，自然のなりゆきに任せた

とと関連することがわかった。

　とくに目的をもって行なっているわけではない，ふだんの日常的活動を自分がどのようにとらえているかといった内的活動との相互作用により，自己の発達や適応が促進される。自分が現在行なっている日常的活動，たとえば，授業，対人関係，サークル活動などの中で重要だと思えるものについて，その活動をすることが充実感や自己受容などに結びつくと肯定的に評価している場合は，個人の全般的な適応の指標といわれている自尊感情を高め，アイデンティティ形成も促進することが示されている（山田，2004）。

引用文献

第Ⅰ部

1章

安藤清志　1994　見せる自分／見せない自分―自己呈示の社会心理学　サイエンス社
Bandura, A.　1977　*Social Learning Theory*. Englewood Cliffs: Prentice-Hall. 原野広太郎（監訳）　1979　社会的学習理論―人間理解と教育の基礎　金子書房
Berkowitz, L.　1988　Introduction. In L. Berkowitz (Ed.), *Advances in Experimental Social Psychology*. Vol. 21. New York: Academic Press. Pp. 1-14.
Buss, A. H.　1980　*Self-Consciousness and Social Anxiety*. San Francisco: Freemann.
Cooley, C.　1902　*Human Nature and the Social Order*. New York: Chales Scribner's Son.
Duval, S., & Wickland, R.　1972　*A Theory of Objective Self Awareness*. New York: Academic Press.
Fenigstein, A., Scheier, M.F., & Buss, H.　1975　Public and private self-consciousness. *Journal of Consulting and Clinical Psychology*, **43**, 522-527.
Festinger, L.　1954　A theory of social comparison processes. *Human Relations*, **7**, 117-140.
Frued, S.　1964　*New Introductory Lectures on Psychoanalysis*. Translated by J. Strachey, W.W. New York: Norton.
Gallup, G. G.　1977　Self-awareness in primates. *American Psychologist*, **32**, 329-337.
Greenberg, J., Solomon, L., & Pyszczynski, T.　1997　Terror management theory of self-esteem and cultural worldviews: Empirical assessments and conceptual refinements. In M. P. Zanna (Ed.), *Advances in Experimental Social Psychology*. Vol. 29. New York: Academic Press. Pp. 61-139.
広瀬幸生・長谷川葉子　2001a　日本語から見た日本人―日本人は『集団主義的』か（上）　言語, **30**, 86-97.
広瀬幸生・長谷川葉子　2001b　日本語から見た日本人―日本人は『集団主義的』か（下）　言語, **30**, 102-112.
Heine, S. J., Takata, T., & Lehman, D. R.　2000　Beyond self-presentation: Evidence for self-criticism among Japanese. *Personality and Social Psychology Bulletin*, **26**, 71-78.
James, W.　1892　*Psychology*: Briefer Course. Holt. 今田　寛（訳）　1992　心理学（上）　岩波書店
北山　忍　1998　自己と感情―文化心理学による問いかけ　共立出版
熊倉徹雄　1983　鏡の中の自己　海鳴社
Leary, N. R., Tambor, E. S., Terdal, S. T., & Downs, D. L.　1995　Self-esteem as an interpersonal monitor: The sociometer hypothesis. *Journal of Personality and Social Psychology*, **68**, 518-530.
Markus, H.R., & Kitayama, S.　1991　Culture and the self: Implications for cognition, emotion, and motivation. *Psychological Review*, **98**, 224-253.
Matsumoto, D.　1999　Culture and self: An empirical assessment of Markus and Kitayama's of independence and interdependence self-construal. *Asian Journal of Social Psychology*, **2**, 289-310.
Mead, G. H.　1934　*Mind, Self, and Society*. Chicago: University of Chicago Press. 稲葉三千男・滝沢正樹・中野　収（訳）　1973　精神・自我・社会　青木書店
中村陽吉　1990　「自己過程」の4段階　中村陽吉（編）「自己過程」の社会心理学　東京大学出版会　Pp. 3-20.
Orbach, J., Traub, A. C., & Olson, R.　1966　Psychophysical studies of body-image: II. Normative data on the adjustable body-distorting mirror. *Archives of General Psychiatry*, **14**, 41-47.
Oyserman, D. O., & Coon, H. M., & Kemmelmeier, M.　2002　Rethinking individualism and

collectivism: Evaluation of theoretical assumptions and meta-analysis. *Psychological Bulletin*, **128**, 3-72.
Schoeneman, T. 1981 Reports of the sources of self-knowledge. *Journal of Personality*, **49**, 284-294.
Suls, J. 1986 Comparison processes in relative deprivation: A life-span analysis. In M. Olson, C.P. Herman, & M. P. Zanna (Eds.), *Relative Deprivation and Social Comparison*. The Ontario Symposium. Vol. 4. Hillsdale: Lawrence Erlbaum. Pp. 95-116.
Suls, J., & Mullen, B. 1982 From the cradle to the grave: Comparison and self-evaluation across the life-span. In J. Suls (Ed.), *Psychological Perspectives on the Self*. Vol. 1. Hillsdale: Lawrence Erlbaum. Pp. 97-125.
高野陽太郎・櫻坂英子 1997 "日本人の集団主義"と"アメリカ人の個人主義"——通説の再検討 心理学研究，**68**，312-327.
Takano,Y., & Osaka, E. 1999 An unsupported common view: Comparing Japan and the U.S. on individualism/collectivism. *Asian Journal of Social Psychology*, **2**, 311-341.
高田利武 1992 他者と比べる自分 サイエンス社
高田利武 1993 青年の自己概念形成と社会的比較——日本人大学生にみられる特徴 教育心理学研究，**41**, 339-348.
高田利武 2001 自己認識手段と文化的自己観——横断的資料による発達的検討 心理学研究，**72**, 378-386.
高田利武 2004 「日本人らしさ」の発達社会心理学——自己・社会的比較・文化 ナカニシヤ出版
Tedeschi, J. T., & Norman, N. 1985 Social power, self-presentation, and the self. In B. R. Schlenker (Ed.), *The Self and Social Life*. New York: McGraw-Hill. Pp. 293-322.
Tesser, A., & Campbell, J. 1983 Self-definiton and self-evaluation maintenance. In J. Suls & A. G. Greenwald (Eds.), *Psychological Perspectives on the Self*. Vol.2. Hillsdale: Lawrence Erlbaum. Pp. 1-31.
Triandis, H.C. 1995 *Individualism and Collectivism*. Boulder: Westview. 神山貴弥・藤原武弘（訳編） 個人主義と集団主義——2つのレンズを通して読み解く文化 北大路書房
Wills, T. A. 1981 Downward comparison principles in social psychology. *Psychological Bulletin*, **90**, 245-271.
Wood, J.V. 1996 What is social comparison and how should we study it? *Personality and Social Psychology Bulletin*, **22**, 520-537.

2章

Allport, G. W., & Odbert, H. S. 1936 Trait-names: A psycho-lexical study. *Psychological Monographs*, **47** (Whole No.211).
安藤寿康 1999 行動遺伝学と双生児法から性格をとらえる 杉山憲司・堀毛一也（編） 性格研究の技法 福村出版
Argyle, M., Furnham, A., & Graham, J. A. 1981 *Social situations*. New York: Cambridge University Press.
Buss, A. H. 1988 *Personality : Evolutional heritage and human distinctiveness*. Hillsdale, N. J.: L. Erlbaum Associates.
Buss, D. M. 1991 Evolutionaly personality psychology. *Annual Review of Psychology*, **42**, 459-491.
Buss, D. M. 1997 Evolutional foundations of personality. In R. Hogan et al. (Eds.), *Handbook of personality psychology*. Academic Press.
Cervone, D. 2004 The architecture of personality. *Psychological Review*, **111**, 183-204.
Cervone, D., & Shoda, Y. 1999 *The coherence of personality: Social-cognitive bases of consistency, variability, and organization*. New York: Guilford.
Costa, P. T. Jr., & McCrae, R. R. 1985 *The NEO personality inventory manual*. Odessa, FL.: Psychological Assessment Resources.
Costa, P. T. Jr., & McCrae, R. R. 1997 Longitudinal stability of adult personality. In R. Hogan et al. (Eds.), *Handbook of personality psychology*. Academic Press.
Endler, N. S. 1975 A person-situation interaction model of anxiety. In C. D. Spielberger, & I. G. Sarason(Eds.), *Stress and anxiety*. Wasington, DC: Hemisphere.

引用文献

Endler, N. S., & Magnusson, D.　1976　Towards an interactional psychology of personality. *Psychological Bulletin*, **83**, 956-974.
Forgas, J. P.　1979　*Social episodes: The study of interaction routines*. Academic Press.
Goldberg, L. R.　1981　Language and individual differences: The search for universals in personality lexicons. In L. Wheeler (Ed.), *Review of Personality and Social Psychology*. Vol.2. New York: Sage. Pp. 141-165.
堀毛一也　1989　社会的行動とパーソナリティ　大坊郁夫・安藤清志・池田謙一（編）　社会心理学パースペクティブ1　誠信書房
堀毛一也　1996　パーソナリティ研究への新たな視座　大渕憲一・堀毛一也（編）　パーソナリティと対人行動　誠信書房
堀毛一也　2005　社会心理学とパーソナリティ　大橋英寿・細江達郎（編）　改訂版社会心理学特論―発達・臨床との接点を求めて　放送大学出版会
Krahe, B.　1992　*Personality and social psychology : Toward a synthesis*. London: Sage. 堀毛一也（編訳）1996　社会的状況とパーソナリティ　北大路書房
Larsen, R. J. & Buss, D. M.　2002　*Personality psychology: Domains of knowledge about human nature*. New York: McGraw Hill.
Magnusson, D.　1988　*Individual development from an interactional perspective: A longitudinal study*. Hillsdale, NJ: LEA.
Mayer, J. D., & Carlsmith, K. M.　1997　Eminence ranking of personality psychologists as a reflection of the field. *Personality and Social Psychology Bulletin*, **23**, 707-716.
McCrae, R. R., & Costa, P. T. Jr.　1996　Toward a new generation of personality theories: Theoretical contexts for the Five-Factor Model. In J. S. Wiggins (Ed.), *The five-factor model of personality: Theoretical perspectives*. New York: Guilford Press.
McCrae, R. R., & Costa, P. T. Jr.　1997　Personality trait structure as a human universal. *American Psychologist*, **52**, 509-516.
Mischel, W.　1968　*Personality assessment*. New York: Wiley.　詫摩武俊（監訳）1992　パーソナリティの理論―状況主義的アプローチ　誠信書房
Mischel, W., & Morf, C. C.　2003　The self as a psycho-social dynamics processing system: A meta-perspective on a century of the self in psychology. In M. R. Leary, & J. P. Tangney (Eds.), *Handbook of self and identity*. New York: Guilford Press.
Mischel, W., & Shoda, Y.　1995　A cognitive-affective system theory of personality: Reconceptualizing situation, dispositions, dynamic, and invariance in personality sturucture. *Psychological Review*, **102**, 2, 246-268.
Plomin, R.　1990　*Nature and nature*. Brooks/Cole.　安藤寿康・大木秀一（共訳）　1994　遺伝と環境―人間行動遺伝学入門　培風館
Shoda, Y., & Leetiernan, S.　2002　What remains invariant?: Finding order within a person's thoughts, feelings, and behaviors across situations. In D. Cervone, & W. Mischel (Eds.), *Advances in Personality Science*. New York: Guilford Press. Pp. 241-270.
下仲順子 他　1999　NEO-PI-R 人格検査　東京心理
Swann, W. B. Jr., & Seyle, C.　2005　Personality psychology's comeback and its emerging symbiosis with social psychology.
辻　平治郎（編）　1998　5因子性格検査の理論と実際―こころをはかる5つのものさし　北大路書房
辻　平治郎　2001　日本語での語彙アプローチによるパーソナリティ特性次元の分析　文部科学省科学研究費補助金成果報告書
和田さゆり　1996　性格特性用語を用いた Big Five 尺度の作成　心理学研究, **67**, 61-67.
Van Heck, G. L.　1984　The construction of a general taxonomy of situations. In G. L. Bonarius et al. (Eds.), *Personality psychology in Europe*. Vol. 1. Amstterdam: Swets & Zeitlinger.
Zuckerman, M.　1991　*Psychobiology of personality*. 2nd. ed. Cambridge: Cambridge University Press.

3章

Anderson, N. H.　1965　Averaging versus adding as a stimulus-combination rule in impression formation.

Journal of Experimental Psychology, **70**, 394-400.
Anderson, N. H., & Barrios, A. A. 1961 Primacy effects in personality impression formation. *Journal of Abnormal and Social Psychology*, **63**, 346-350.
Asch, S. E. 1946 Forming impressions of personality. *Journal of Abnormal and Social Psychology*, **41**, 258-290.
Bruner, J. S., & Tagiuri, R. 1954 The perception people. In G. Lindzey (Ed.), *Handbook of Social Psychology*. Addison-Wesley.
Bower, G. H. 1991 Mood congruity of social judgments. In J. P. Forgas (Ed.), *Emotion and social judgments*. Pergamon Press. Pp. 31-53.
Dutton, D., & Aron, A. 1974 Some evidence for heightened sexual attraction under conditions of high anxiety. *Journal of Personality and Social Psychology*, **30**, 510-517.
Forgas, J. P., & Bower, G. H. 1987 Mood effects on person perception Judgments. *Journal of Personality and Social Psychology*, **53**, 53-60.
Forgas, J. P., Bower, G. H., & Moylan, S. J. 1990 Praise or blame?: Affective influences on attribution for achievement. *Journal of Personality and Social Psychology*, **59**, 809-818.
Gara, M. 1990 A set-theoretical model of person perception. *Multivariate Behavioral Research*, **25**, 275-293.
林 文俊 1978 対人認知構造の基本次元についての一考察 名古屋大学教育学部紀要（教育心理学科）, **25**, 233-247.
林 文俊 1981 対人認知構造における個人差の測定 (6) ―認知者の性および年齢についての検討 心理学研究, **52**, 244-247.
林 文俊・大橋正夫・廣岡秀一 1983 暗黙裡の性格観に関する研究 (1) ―個別尺度法によるパーソナリティ認知次元の抽出 実験社会心理学研究, **22**, 9-25.
Heider, F. 1958 *The Psychology of interpersonal relations*. New York: John Wiley & Sons. 大橋正夫（訳） 1978 対人関係の心理学 誠信書房
細江達郎・田名場 忍・田名場美雪 2005 暗黙の人格観検査（岩手大学・岩手県立大学式）手引書 川口印刷
Jones, E. E., & Davis, K. E. 1965 Form acts to dispositions: The attribution processes in person perception. In L. Berkowiz (Ed.), *Advances in Experimental Social Psychology*. 2 Academic Press. Pp. 219-266.
Kelly, H. H. 1967 Attribution theory in social psychology. In D.Levine(Ed.), *Nebraska symposium on motivation*, Vol.15. University of Nebraska Press. Pp. 192-238.
Kelly, H. H. 1972 Causal schemata and the attribution process. In E. E. Jones, et al. (Eds.), *Attribution: Perceiving causes of behavior*. General Laearning Press. Pp. 151-174.
Luchins, A. S. 1958 Definitiveness of impression and primacy-recency in communication. *Journal of Social Psychology*, **48**, 275-290.
松原敏浩・内田敏夫 1982 パーソナリティ認知の多次元的研究 (2) ― 被験者の発達段階および Stimulus Person による次元の変動性について 実験社会心理学研究, **21**, 121-128.
Mulaik, S. A. 1964 Are personality factors rater's conceptual factors? *Journal of Consulting and Clinical Psychology*, **28**, 506-511.
Nisbett, R. E., & Borgida, E. 1975 Attribution and the psychology of prediction. *Journal of Personality and Social Psychology*, **32**, 932-943.
Norman,W. T. 1963 Toward an adequate taxonomy of personality attitudes : Replicated factor structure in peer nomination personality ratings. *Journal of Abnormal Social Psychology*, **66**, 574-583.
Passini, F. T., & Norman, W. T. 1966 A universal conception of personality structure? *Journal of Abnormal Social Psychology*, **4**, 44-49.
Rosenberg, S. 1989 A study of personality in literary autography : An analysis of Thomas Wolfe's Look Homeward, Angel. *Journal of Personality and Social Psychology*, **56**, 416-430.
Rosenberg, S., Nelson, C., & Vivekananthan, P. S. 1968 A multidimentional approach to the structure of personality impressions. *Journal of Personality and Social Psychology*, **9**, 283-294.
Rosenberg, S., & Sedlak, A. 1972 Structural representations of implicit personality theory. In L. Berkowitz (Ed.), *Advanced in experimental social Psychology*, 6, New York: Academic Press. Pp.

235-297.
Shneider, D. J.　1973　Implicit personality theory: A review. *Psychological Bulletin*, **9**, 249-309.
Schwarz, N., & Clore, G. L.　1988　How do I feel about it? The informative function of affective states. In K. Fiedler, & J. Forgas (Eds.), *Affect, cognition and social bihavior*. Hogrefe. Pp. 44-62.
田名場　忍・伊藤忠之・田名場美雪　2003　教師の児童認知に関する研究 ―小学校教師の児童認知次元の検討　日本応用心理学会第70回大会発表論文集, 91.
照井美雪・田名場　忍　1986　個別尺度法によるパーソナリティ認知に関する研究 (2) ―精神分裂病入院患者における認知の検討　日本応用心理学会第53回大会論文集, 111.
Weiner, B.　1979　A theory of motivation for some classroom experiences. *Journal of Educational Psychology*, **71**, 3-25.
Weiner, B.　1985　"Spontaneous" causal thinking. *Psychological Bulletin*, **97**, 74-84.
Wishner, J.　1960　Reanalysis of impressions of personality. *Psychological Review*, **67**, 96-112.

4章

Aron, A., Aron, E. N., Tudor, M., & Nelson, G.　1991　Close relationships as including other in the self. *Journal of Personality and Social Psychology*, **60**, 241-253.
Bargh, J. A.　1997　The automaticity of everyday life. In R. S. Wyer, Jr. (Ed.), *The automaticity of everyday life: Advances in social cognition*. Vol. 10. Mahwah, NJ: Lawrence Erlbaum Associates. Pp. 1-61.
Bargh, J. A.　2005　Bypassing the will: Toward demystifying the nonconscious control of social behavior. In R. R. Hassin, J. S. Uleman, & J. A. Bargh (Eds.), *The new unconscious*. New York: Oxford University Press. Pp. 37-60.
Bosson, J. K., Swann, W. B., & Pennebaker, J. W.　2000　Stalking the perfect measure of implicit self-esteem: The blind men and the elephant revisited? *Journal of Personality and Social Psychology*, **79**, 631-643.
Darley, J. M., & Gross, P. H.　1983　A hypothesis-confirming bias in labeling effects. *Journal of Personality and Social Psychology*, **44**, 20-33.
Devine, P. G.　1989　Stereotypes and prejudice: Their automatic and controlled components. *Journal of Personality and Social Psychology*, **56**, 5-18.
Devine, P. G., Monteith, M. J., Zuwerink, J. R., & Elliot, A. J.　1991　Prejudice with and without compunction. *Journal of Personality and Social Psychology*, **60**, 817-830.
Dovidio, J. F., & Gaertner, S. L.　2000　Aversive racism and selection decisions: 1989 and 1999. *Psychological Science*, **11**, 319-323.
Dovidio, J. F., & Gaertner, S. L.　2004　Aversive Racism. In M. P. Zanna (Ed.), *Advances in Experimental Social Psychology*. Vol. 36. New York: Academic Press. Pp. 1-52.
Gardner, H.　1985　*The Mind's New Science: A history of the cognitive revolution*. New York: Basic Books. 佐伯　胖・海保博之（監訳）1987　認知革命―知の科学の誕生と展開　産業図書
Greenwald, A. G., & Banaji, M. R.　1995　Implicit social cognition: Attitudes, self-esteem, and stereotypes. *Psychological Review*, **102**, 4-27.
Greenwald, A. G., McGhee, D. E., & Schwartz, J. K. L.　1998　Measuring individual differences in implicit cognition: The Implicit Association Test. *Journal of Personality and Social Psychology*, **74**, 1464-1480.
Hassin, R. R., Uleman, J. S., & Bargh, J. A. (Eds.)　2005　*The New Unconscious*. New York: Oxford University Press.
Hewstone, M., Johnston, L., & Aird, P.　1992　Cognitive models of stereotype change: (2) Perceptions of homogeneous and heterogeneous groups. *European Journal of Social Psychology*, **22**, 235-249.
Lippman, W.　1922　*Public opinion*. New York: Harcourt, Brace.　掛川トミ子（訳）1987　世論　岩波文庫
Posner, M. I. & Snyder, C. R. R.　1975　Facilitation and inhibition in the processing of signals. In P. M. A. Rabbit, & S. Dornic (Eds.), *Attention and performance V*. New York: Academic Press. Pp. 669-682.
潮村公弘・村上史朗・小林知博　2003　潜在的社会的認知研究の進展 ―IAT (Implicit Association Test) への招待　信州大学人文学部人文科学論集　人間情報学科編, **37**, 65-84.

潮村公弘・上田勝弘　2004　内集団表象と外集団表象が社会的自己概念をどのように規定しているのか ― Stroop Effect Technique を適用した検証　信州大学人文学部人文科学論集　人間情報学科編 **38**, 99-118.
Srull, T. K., & Wyer, R. S. Jr.　1979　The role of category accessibility in the interpretation of information about persons: Some determinants and implications. *Journal of Personality and Social Psychology*, **37**, 1660-1672.
Steffens, M. C., & König, S. S.　2006　Predicting spontaneous Big Five behavior with Implicit Association Tests. *European Journal of Psychological Assessment*, **22**, 13-20.
田村　達・大渕憲一　2006　非人間的ラベリングが攻撃行動に及ぼす効果 ― 格闘 TV ゲームを用いた実験的検討　社会心理学研究, **22**, 165-171.
Uleman, J. S., Blader, S. L., & Todorov, A.　2005　Implicit impressions. In R. R. Hassin, J. S. Uleman, & J. A. Bargh(Eds.), *The new unconscious*. New York: Oxford University Press. Pp. 362-392.

=== 第Ⅱ部 ===

5章

Ajzen, I.　1991　The theory of planned behavior. *Organizational Behavior and Human Decision Processes*, **50**, 179-211.
Ajzen, I., & Fishbein, M.　1977　Attitude behavior relations: A theoretical analysis and review of empirical research. *Psychological Bulletin*, **84**, 888-918.
Ajzen, I., & Fishbein, M.　2005　The influence of attitudes on behavior. In D. Albarracin, B. T. Johnson, & M. P. Zanna (Eds.), *The handbook of attitudes*. Hillsdale, NJ: Erlbaum. Pp. 173-221.
Albarracin, D., Johnson, B. T., & Zanna, M. P. (Eds.),　2005　*The handbook of attitudes*. Hillsdale, NJ: Erlbaum.
Armitage, C. J., & Conner, M.　2001　Efficacy of the theory of planned behaviour: A meta-analytic review. *British Journal of Social Psychology*, **40**, 471-499.
Brehm, S. S., & Brehm, J. W.　1981　*Psychological reactance: A theory of freedom and control*. New York: Academic Press.
Cialdini, R.　1988　*Influence: Science and practice*. 2nd ed. Illinois: Scott, Foresman and Company. 社会行動学研究会（訳）1991　影響力の武器　誠信書房
Cialdini, R., & Sagarin, B.　2005　Principles of interpersonal influence. In T. C. Brock, & M. C. Green(Eds.), *Persuasion: Psychological insights and perspectives*. 2nd ed. Thousand Oaks: Sage Publications. Pp. 143-169.
Cooper, J., Mirabile, R., & Scher, S.　2005　Actions and attitudes: The theory of cognitive dissonance. In T. C. Brock, & M. C. Green (Eds.), *Persuasion: Psychological insights and perspectives*. 2nd ed. Thousand Oaks: Sage Publications. Pp. 63-79.
Eagly, A., & Chaiken, S.　1998　Attitude structure and function. In D. T. Gilbert, S. T. Fiske, & G. Lindzey (Eds.), *The handbook of social psychology*. 4th ed. Vol.1. Pp. 269-322.
Festinger, L.　1957　*A theory of cognitive dissonance*. Stanford: Stanford University Press.　末永俊郎（監訳）1965　認知的不協和の理論　誠信書房
Festinger, L., & Carlsmith, J.　1959　Cognitive consequences of forced compliance. *Journal of Abnormal and Social Psychology*, **58**, 203-210.
Fishbein, M., & Ajzen, I.　1975　*Belief, attitude, intention and behavior: An introduction to theory and research*. Reading, MA: Addison-Wesley.
深田博己（編著）　2002　説得心理学ハンドブック―説得コミュニケーション研究の最前線　北大路書房
Heider, F.　1958　*The psychology of interpersonal relations*. New York: Wiley.　大橋正夫（訳）1978　対人関係の心理学　誠信書房
Hovland, C. I., Janis, I. L., & Kelley, H. H.　1953　*Communication and persuasion*. Yale University Press.

辻　正三・今井省吾（訳）　1960　コミュニケーションと説得　誠信書房
今城周造　2000　ひとの気持ちを変える　小林　裕・飛田　操（編著）【教科書】社会心理学　北大路書房　Pp. 91-109.
Katz, D.　1960　The functional approach to the study of attitudes. *Public Opinion Quarterly*, **24**, 163-204.
Knowles, E., & Linn, J.(Eds.)　2004　*Resistance and persuasion*. Mahwah, NJ: Lawrence Erlbaum Associates.
Kraus, S. J.　1995　Attitudes and the prediction of behavior: A meta-analysis of the empirical literature. *Personality and Social Psychology Bulletin*, **21**, 58-75.
Krosnick, J., Boninger, D., Chuang, Y., Berent, M., & Carnot, C.　1993　Attitude strength: One construct or many related constructs? *Journal of Personality and Social Psychology*, **65**, 1132-1151.
La Piere, R. T.　1934　Attitudes vs. action. *Social Forces*, **13**, 230-237.
Maio, G., & Olson, J.(Eds.)　2000　*Why We Evaluate: Functions of Attitudes*. Mahwah, NJ: Lawrence Erlbaum Associates
西田公昭　1998　「信じるこころ」の科学―マインド・コントロールとビリーフ・システムの社会心理学　サイエンス社
Perloff, R.　2003　*The dynamics of persuasion*. 2nd ed. Mahwah, NJ: Lawrence Erlbaum Associates.
Petty, R. E., & Caccioppo, J. T.　1986　The elaboration likelihood model of persuasion. In L. Berkowitz(Ed.), *Advances in experimental social psychology*. Vol. 19. New York: Academic Press. Pp. 123-205.
Petty, R. E., Caccioppo, J.T., Strathman, A., & Priester, J.　2005　To think or not to think: Exploring two routes to persuasion. In T. C. Brock, & M. C. Green(Eds.), *Persuasion: Psychological insights and perspectives*. 2nd ed. Thousand Oaks: Sage Publications. Pp. 81-116.
Todorov, A., Chaiken, S., & Henderson, M.　2002　The heuristic-systematic model of social information processing. In J. P. Dillard, & M. Pfau(Eds.), *The persuasion handbook: Developments in theory and practice*. London: Sage Publications. Pp. 195-211.
Wicker, A. W.　1969　Attitudes vs. actions: The relationships of verbal and overt behavioral responses to attitude objects. *Journal of Social Issues*, **25**, 41-78.

6章

Anderson, C. A. & Anderson, K. B.　1998　Temperature and aggression: Paradox, controversy, and a (fairly) clear picture. In R. G. Geen, & E. Donnerstein (Eds.), *Human aggression: Theories, research, and implications for social policy*. San Diego, CA: Academic Press. Pp. 248-298.
Baumeister, R. F.　1997　*Evil: Inside human violence and cruelty*. New York: W. H. Freeman.
Berkowitz, L.　1998　Affective aggression: the role of stress, pain, and negative affect. In R. G. Geen, & E. Donnerstein (Eds.), *Human aggression: Theories, research, and implications for social policy*. San Diego, CA: Academic Press. Pp. 49-72.
Crick, N. R., Grotpeter, J. K., & Bigbee, M.　2002　Relationally and physically aggressive children's intent attributions and feelings of distress for relational and instrumental peer provocations. *Child Development*, **73**, 1134-1142.
Dodge, K. A., & Crick, N. R.　1990　Social-information-processing bases of aggressive behavior in children. *Personality and Social Psychology Bulletin*, **16**, 8-22.
Lorenz, K.　1963　*Das sogenannte Bose: Zur Naturgeschichite der Aggression*. Wien: Dr. G. Borotha-Schoeler Verlag.　日高敏隆・久保和彦（訳）　1970　攻撃―悪の自然誌　みすず書房
大渕憲一　2000　攻撃と暴力―なぜ人は傷つけるのか　丸善ライブラリー
大渕憲一　2002　コンフリクト・マネジメントと寛容性―紛争の激化と寛容性　上智大学教育学論集, **37**, 63-73.
大渕憲一・山之端津由・藤原則雄　1999　機能的攻撃性尺度（FAS）作成の試み―暴力犯罪・非行との関係　犯罪心理学研究, **37**, 1-14.
Raven, B. H.　1992　A power/interaction model of interpersonal influence: French and Raven thirty years later. *Journal of Social Behavior and Personality*, **7**, 217-244.
Tedeschi, J. T., & Felson, R. B.　1994　*Violence, aggression, and coercive actions*. Washington, D. C.:

American Psychological Association.
Tyler, T. R., Boeckman, R. J., Smith, H. J., & Huo, Y. J.　1997　*Social justice in a diverse society.* Boulder, Colorado: Westview Press.　大渕憲一・菅原郁夫（監訳）　2001　多元社会における正義と公正　ブレーン出版

7章

Bierhoff, H. W.　2002　*Prosocial Behavior.* Hove: Psychology Press.
Dawikins, R.　1976　*The Selfish Gene.* Oxfordshire: Oxford University Press.　日高敏隆・岸　由二・羽田節子・垂水　雄（訳）1991　利己的な遺伝子　紀伊國屋書店
Dovidio, J. F., Piliavin J. A., Schroeder, D. A,. & Penner, L. A.　2006　*The Social Psychology of Prosocial Behavior.* London: Lawrence Erlbaum Associates.
Freedman, J. L., & Fraser, S. C.　1966　Compliance without pressure: The foot-in-the-door technique. *Journal of Personality and Social Psychology*, **4**, 195-202
Latané, B., & Darley, J. M.　1970　*The unresponsive bystander: Why doesn't he help?* New York: New York Appleton-Century-Crofts. 竹村研一・杉崎和子（訳）　1977　冷淡な傍観者―思いやりの社会心理学　ブレーン出版
松井　豊　1985　援助行動生起に関する理論モデルの動向　東横学園女子短期大学紀要，**20**, 104-115.
松井　豊　1989　援助行動の意思決定過程に関する研究　東京都立大学博士論文　未公刊
松井　豊・浦　光博（編）1998　人を支える心の科学　誠信書房
水田恵三　2000　援助行動への生態学的アプローチ　西川正之（編著）　援助とサポートの社会心理学　北大路書房　Pp. 74-81.
水田恵三・田中　優　2006　援助行動の生起過程に関する分析（2）　日本社会心理学会発表論文集　Pp. 550-551.
中村陽吉・高木　修（編著）1987　「人を助ける行動」の心理学　光生館
西川正之　1998　援助研究の広がり　松井　豊・浦　光博（編）　人を支える心の科学　誠信書房
西川正之（編著）　2000　援助とサポートの社会心理学　北大路書房
太田　仁　2005　たすけを求める心と行動　金子書房
Ridley, M.　1996　*The Origins of Virtue.* London: Viking.　岸　由二（監修）　古川奈々子（訳）　2000　徳の遺伝子　翔泳社
清水　裕　2001　困った人に手をさしのべますか　水田恵三・西道　実（編著）　図とイラストでよむ人間関係　福村出版　Pp. 57-70.
高木　修　1982　順社会的行動のクラスターと行動特性　日本社会心理学会（編）　公と私の社会心理学　年報社会心理学No.23　Pp. 135-156.
高木　修　1998　人を助ける心　サイエンス社
高木　修・玉木和歌子　1996　阪神・淡路大震災におけるボランティア―災害ボランティアの活動とその経験の影響　関西大学社会学部紀要，**28**（1），1-62.
Toi, M., & Batson, C. D.　1982　More evidence that empathy is a source of altruistic motivation. *Journal of Personality and Social Psychology*, **43**, 281-292

8章

安藤玲子・高比良美詠子・坂本　章　2005　インターネット使用が中学生の孤独感・ソーシャルサポートに与える影響　パーソナリティ研究，**14**, 69-79.
Cohen, S., & Mckay, G.　1984　Social support, stress, and the buffering hypothesis: A theoretical analysis. In I. G. Sarason, & B. R. Sarason (Eds.), *Handbook of psychology and health.* Hillsdale, NJ: Erlbaum. Pp. 253-267.
Cohen, S., Underwood, L. G., & Gottlieb, B. H.(Eds.)　2000　*Social support measurement and intervention: A guide for health and social scientists.* New York: Oxford University Press.　小杉正太郎・島津美由紀・大塚泰正・鈴木綾子（監訳）　2005　ソーシャルサポートの測定と介入　川島書店
Cohen, S., & Wills, T. A.　1985　Stress, social support, and the buffering hypothesis. *Psychological Bulletin*, **98**, 310-357.

引用文献

福川康之・西田裕紀子・中西千織・坪井さとみ・新野直明・安藤富士子・下片　浩　2005　友人との死別が成人期の抑うつに及ぼす影響―年齢および家族サポートの調節効果　心理学研究，**76**, 10-17.

福岡欣治　2000　青年の援助とサポート　高木　修（監修）　西川正之（編）　21世紀の社会心理学　4　援助とサポートの社会心理学―助けあう人間のこころと行動　北大路書房　Pp. 10-25.

福岡欣治・橋本　宰　1995　大学生における家族および友人についての知覚されたサポートと精神的健康の関係　教育心理学研究，**43**, 185-193.

福岡欣治・橋本　宰　1997　大学生と成人における家族と友人の知覚されたソーシャル・サポートとそのストレス緩衝効果　心理学研究，**68**, 403-409.

橋本　剛　2005　ストレスと対人関係　ナカニシヤ出版

久田　満　1987　ソーシャルサポート研究の動向と今後の課題　看護研究，**20**, 170-179.

本間恵美子・柏谷美紀・花屋道子　2005　適応指導教室通級生徒の対人ストレッサーとソーシャルサポート　カウンセリング研究，**38**, 149-161.

兵藤好美・田中宏二・田中共子　2003　介護ストレス・サポートモデルの検討―寝たきり・痴呆高齢者の場合　健康心理学研究，**16**, 30-43.

池内裕美・藤原武弘　2000　物的所有物の喪失およびソーシャル・サポート・ネットワークが生活の質（QOL）に及ぼす影響―阪神大震災の被災者を対象として　社会心理学研究，**16**, 92-102.

伊藤裕子・相良順子・池田政子・川浦康至　2003　主観的幸福感尺度の作成と信頼性　心理学研究，**74**, 276-281.

伊藤裕子・伊藤あや子・池田政子・相良順子　2004　ソーシャルサポートと夫婦の心理的健康―中年期と老年期の比較を通して　聖徳大学研究紀要人文学部，**15**, 47-53.

周　玉慧・深田博巳　1996　ソーシャル・サポートの互恵性が青年の心身の健康に及ぼす影響　心理学研究，**67**, 33-41.

小林正幸・仲田洋子　1997　学校享受感に及ぼす教師の指導の影響力に関する研究―学級の雰囲気に応じて教師はどうすればよいのか　カウンセリング研究，**30**, 207-215.

Lakey, B., & Cohen, S.　2000　Social support theory and measurement. In. S. Cohen, L. G. Underwood, & B. H. Gottlieb (Eds.), *Social support measurement and intervention: A guide for health and social scientists*. New York: Oxford University Press. Pp. 86-135.

Lazarus, R. S., & Folkman, S.　1984　Stress, appraisal, and coping. New York: Springer.　本明　寛・春木　豊・織田正美（監訳）　1991　ストレスの心理学―認知的評価と対処の研究　実務教育出版

宗像恒次・仲尾唯治・藤田和生・諏訪茂樹　1986　都市市民のストレスと精神的健康　精神衛生研究，**32**, 49-68.

中川泰彬・大坊郁夫　1985　日本版GHQ精神健康調査手引　日本文化科学社

中村佳子・浦　光博　2000　ソーシャル・サポートと信頼との相互関連について―対人関係の継続性の視点から　社会心理学研究，**15**, 151-163.

岡安孝弘・嶋田洋徳・坂野雄二　1993　中学校におけるソーシャルサポートの学校ストレスの軽減効果　教育心理学研究，**41**, 302-312.

嶋　信宏　1992　大学生におけるソーシャルサポートの日常生活ストレスに対する効果　社会心理学研究，**7**, 45-53.

田中宏二　1997　ソーシャルサポート　日本健康心理学会（編）　健康心理学辞典　実務教育出版社　Pp. 191.

谷口弘一・浦　光博　2003　児童・生徒のサポートの互恵性と精神的健康との関連に関する縦断的研究　心理学研究，**74**, 51-56.

谷口弘一・浦　光博　2005　親子関係の内的ワーキングモデルと友人関係に対する認知が高校生の友人関係におけるサポート授受に及ぼす影響―縦断的研究による分析　実験社会心理学研究，**44**, 157-164.

Uchino, B. N.　2004　*Social support and physical health: Understanding the health consequences of relationships.* New Haven: Yale University Press.

浦　光博　1992　支えあう人と人―ソーシャル・サポートの社会心理学　サイエンス社

和田　実　1992　大学新入生の心理的要因に及ぼすソーシャルサポートの影響　教育心理学研究，**40**, 386-393.

Wills, T. A., & Shinar, O.　2000　Measuring perceived and received social support. In S. Cohen, L. G.

Underwood, & B. H. Gottlieb (Eds.), *Social support measurement and intervention: A guide for health and social scientists*. New York: Oxford University Press. Pp. 86-135.

9章

安藤智子・遠藤利彦　2005　青年期・成人期のアタッチメント　数井みゆき・遠藤利彦（編）　アタッチメント―生涯にわたる絆　ミネルヴァ書房　Pp. 127-173.

Attridge, M., Berscheid, E., & Simpson, J. A.　1995　Predicting relationship stability from both partners versus one. *Journal of Personality and Social Psychology*, **69**, 254-268.

Backman, C. W., & Secord, P. F.　1959　The effect of perceived liking on interpersonal attraction. *Human Relations*, **12**, 379-384.

Baldwin, M. W., Carrell, S. E., & Lopez, D. F.　1990　Priming relationship schemas: My advisor and the Pope are watching me from the back of my mind. *Journal of Experimental Social Psychology*, **26**, 435-454.

Bartholomew, K., & Horowitz, L. M.　1991　Attachment styles among young adults: A test of a four category model. *Journal of Personality and Social Psychology*, **61**, 226-244.

Baumeister, R. F., Twenge, J. M., & Nuss, C. K.　2002　Effects of social exclusion on cognitive processes: Anticipated aloneness reduces intelligent thought. *Journal of Personality and Social Psychology*, **83**, 817-827.

Bowlby, J.　1969　*Attachment and loss*. Vol. 1. Attachment. London: Hogarth.　黒田実郎（他訳）　1976　母子関係の理論Ⅰ―愛着行動　岩崎学術出版社

Buss, D. M.　1999　*Evolutionary Psychology: The new science of the mind*. Needham Heights, MA: Allyn & Bacon.

Buss, D. M., Larsen, R. J., Westen, D., & Semmelroth, J.　1992　Sex difference in jealousy: Evolution, physiology, and psychology. *Psychological Science*, **3**, 251-255.

Byrne, D., & Nelson, D.　1965　Attraction as a linear function of proportion of positive reinforcements. *Journal of Personality and Social Psychology*, **1**, 659-663.

Collins, N. L.　1996　Working models of attachment: Implications for explanation, emotion and behavior. *Journal of Personality and Social Psychology*, **71**, 810-832.

Collins, N. L., & Feeney, B. C.　2004　Working models of attachment shape perceptions of social support: Evidence from experimental and observational studies. *Journal of Personality and Social Psychology*, **87**, 363-383.

Collins, N. L., Ford, M. B., Guichard, A. C., & Allard, L. M.　2006　Working models of attachment and attribution processes in intimate relationships. *Personality and Social Psychology Bulletin*, **32**, 201-219.

Collins, N. L., & Miller, L. C.　1994　Self-disclosure and liking: A meta-analytic review. *Psychological Bulletin*, **116**, 457-475.

Downey, G., Freitas, A. L., Michaelis, B., & Khouri, H.　1998　The self-fulfilling prophecy in close relationships: Rejection sensitivity and rejection by romantic partners. *Journal of Personality and Social Psychology*, **75**, 545-560.

Dion, K., Berscheid, E., & Walster, E.　1972　What is beautiful is good. *Journal of Personality and Social Psychology*, **24**, 285-290.

Festinger, L., Schacter, S., & Back, K.　1950　*Social pressures in informal groups: A study of a housing community*. New York: Harper.

Fincham, F. D., & Bradbury, T. N.　1993　Marital satisfaction, depression, and attributions: A longitudinal analysis. *Journal of Personality and Social Psychology*, **64**, 442-452.

Fiske, A. P.　1992　The four elementary forms of sociality: Framework for a unified theory of social. *Psychological Review*, **99**, 689-723.

Gilovich, T., Kruger, J., & Savitsky, K.　1999　Everyday egocentrism and everyday interpersonal problems. In R. M. Kowalski, & M. R. Leary (Eds.), *The social psychology of emotional and behavioral problems: Interfaces of social and clinical psychology*. Washington, DC.: American Psychological Association. Pp. 69-95.　安藤清志・丹野義彦（監訳）　2002　日常生活の中の自己中心性と対人的問題　臨床社会心理学の進歩―実りあるインターフェイスを目指して　北大路書房　Pp. 70-105.

Gilovich, T., Savitsky, K., & Medvec, V. H. 1998 The illusion of transparency: Biased assessments of others' ability to read our emotional states. *Journal of Personality and Social Psychology*, **75**, 332-346.

Hazan, C., & Shaver, P. 1987 Romantic love conceptualized as an attachment process. *Journal of Personality and Social Psychology*, **52**, 511-524.

James, W. 1890 *The principles of psychology*. Vol.1. New York: Henry Holt and Company.

Kelley, H. H., & Thibaut, J. W. 1978 *Interpersonal relations: A theory of interdependence*. New York: Wiley.

Maner, J. K., Kenrick, D. T., Becker, D. V., Delton, A. W., Hofer, B., Wilbur, C. J., & Neuberg, S. L. 2003 Sexually selective cognition: Beauty captures the mind of the beholder. *Journal of Personality and Social Psychology*, **85**, 1107-1120.

Murray, S. L., Rose, P., Holmes, J. G., Derrick, J., Podchaski, E. J., & Bellavia, G. 2005 Putting the partner within reach: A dyadic perspective on felt security in close relationships. *Journal of Personality and Social Psychology*, **88**, 327-347.

Pinel, E. C., Long, A. E., Landau, M. J., Alexander, K., & Pyszczynski, T. 2006 Seeing I to I: A pathway to interpersonal connectedness. *Journal of Personality and Social Psychology*, **90**, 243-257.

Rusbult, C. E. 1983 A longitudinal test of the investment model: The development (and deterioration) of satisfaction and commitment in heterosexual involvements. *Journal of Personality and Social Psychology*, **45**, 101-117.

Segal, M. W. 1974 Alphabet and attraction: An unobtrusive measure of the effect of propinquity in a field setting. *Journal of Personality and Social Psychology*, **30**, 654-657.

Thibaut, J. W., & Kelley, H. H. 1959 *The social psychology of groups*. New York: Wiley.

Tversky, A., & Kahneman, D. 1974 Judgment under uncertainty: Heuristics and biases. *Science*, **185**, 1124-1131.

Twenge, J. M., Catanese, K. R., & Baumeister, R. F. 2003 Social exclusion and the deconstructed state: Time perception, meaninglessness, lethargy, lack of emotion, and self-awareness. *Journal of Personality and Social Psychology*, **85**, 409-423.

Walster, E., Aronson, V., Abrahams, D., & Rottmann, L. 1966 Importance of physical attractiveness in dating behavior. *Journal of Personality and Social Psychology*, **4**, 508-516.

Zajonc, R. B. 1968 Attitudinal effects of mere exposure. *Journal of Personality and Social Psychology Monograph Supplement*, **9**, 1-27.

10章

大坊郁夫 1998 しぐさのコミュニケーション―人は親しみをどう伝えあうか サイエンス社

Ekman, P. 1980 Three Classes of nonverbal behavior. In W. von Raffler Engel (Ed.), *Aspects of nonverbal communication*. Lisse: Swets and Zeitlinger B.V. Pp. 89-102. 本名信行・井出祥子・谷林真理子（編訳） 1981 身振りの三つのタイプ ノンバーバル・コミュニケーション―ことばによらない伝達 大修館書店 Pp. 3-26.

Ekman, P., & Friesen, W. V. 1969 The repertoire of nonverbal behavior: Categories, origins, usages, and coding. *Semiotica*, **1**, 49-98.

Hall, E. T. 1966 *The Hidden dimension*. New York: Doubleday & Company, Inc. 日高敏隆・佐藤信行（訳） 1970 かくれた次元 みすず書房

Hinde, R. A. 1972 Comments on part A. In R. A. Hinde (Ed.), *Non-Verbal communication*. Cambridge: Cambridge University Press. Pp. 86-98.

Kiesler, S., Siegel, J., & McGuire, T. W. 1984 Social psychology aspects of computer-mediated communication. *American Psychologist*, **39**, 1123-1134.

Lee, E. J., & Nass, C. 2002 Experimental tests of normative group influence and representation effects in computer-mediated communication: When interacting via computers differs from interacting with computers. *Human Communication Research*, **28**, 349-381.

McNeill, D. 1987 *Psycholinguistics: A new approach*. New York: Harper & Row. 鹿取廣人・重野 純・中越佐智子・溝渕 淳（共訳） 1990 心理言語学―「ことばと心」への新しいアプローチ サイエンス社

Richmond, V. P., & McRoskey, J. C.　2003　*Nonverbal behavior in interpersonal relations*. 5th ed. Boston: Allyn & Bacon.　山下耕二（編訳）　2006　非言語行動の心理学―対人コミュニケーション理解のために　北大路書房

Rutter, D. R., & Stephenson, G. M.　1977　The role of visual communication in synchronizing conversation. *European Journal of Social Psychology*, **7**, 29-37.

Rutter, D. R., Stephenson, G. M., & Dewey, M. E.　1981　Visual communication and the content and style of conversation. *British Journal of Social Psychology*, **20**, 41-52.

Shannon, C. E.　1948　The mathematical theory of communication. *The Bell System Technical Journal*, **27**, 379-423, 623-656.

Short, J., Williams, E., & Christie, B.　1976　*The social psychology of telecommunication*. London: John Wiley & Sons.

Siegel, J., Dubrovsky, V., Kiesler, S., & McGuire, T. W.　1986　Group processes in computer-mediated communication. *Organizational Behavior and Human Decision Processes*, **37**, 157-187.

Spears, R., & Lea, M.　1992　Social influence and the influence of the 'social' in computer-mediated communication. In M. Lea(Ed.), *Contexts of computer-mediated communication*. Hertfordshire, UK: Harvester Wheatsheaf. Pp. 30-65.

Stephenson, G. M., Ayling, K., & Rutter, D. R.　1976　The role of visual communication in social exchange. *British Journal of Social and Clinical Psychology*, **15**, 113-120.

Street, R. L. Jr.　1990　The communicative functions of paralanguage and prosody. In H. Giles, & W. P. Robinson (Eds.), *Handbook of language and social psychology*. Chichester: John Wiley & Sons. Pp. 121-140.

杉藤美代子　1992　プロソディーとは何か　言語，**21**（9），16-21.

竹内郁郎　1990　社会的コミュニケーションの構造　マス・コミュニケーションの社会理論　東京大学出版会（初出：竹内郁郎　1973　社会的コミュニケーションの構造　内川芳美（編）　講座現代の社会とコミュニケーション1　基礎理論　東京大学出版会）

瀧本 誓　2000　対人コミュニケーション　村井健祐・土屋昌明・田之内厚三（編著）　社会心理学へのアプローチ　北樹出版　Pp. 138-157.

Williams, E.　1978　Visual interaction and speech patterns: An extension of previous results. *British Journal of Social and Clinical Psychology*, **17**, 101-102.

11章

Allred, K. G.　1999　Anger and retaliation: Toward an understanding of impassioned conflict in organizations. In R. J. Bies, R. J. Lewicki, & B. H. Sheppard(Eds.), *Research on negotiation in organizations*. Vol. 7. Stanford, CT: JAI Press. Pp. 27-58.

Allred, K. G., Mallozzi, J. S., Matsui, F., & Raia, C. P.　1997　The influence of anger and compassion on negotiation performance. *Organizational Behavior and Human Decision Processes*, **70**, 175-187.

Anderson, C., & Thompson, L. L.　2004　Affect from the top down: How powerful individuals' positive affect shapes negotiations. *Organizational Behavior and Human Decision Processes*, **95**, 125-139.

Baron, R. A.　1990　Environmentally induced positive affect: Its impact on self-efficacy, task performance, negotiation, and conflict. *Journal of Applied Social Psychology*, **20**, 368-384.

Barry, B., & Oliver, R. L.　1996　Affect in dyadic negotiation: A model and propositions. *Organizational Behavior and Human Decision Processes*, **67**, 127-143.

Bazerman, M. H., & Neale, M. A.　1983　Heuristics in negotiation: Limitation s to effective dispute resolution. In M. H. Bazerman, & R. J. Lewicki(Eds.), *Negotiating in organizations*. Beverly Hills: Sage. Pp. 51-67.

Bower, G. H.　1981　Mood and memory. *American Psychologist*, **36**, 129-148.

Bradbury, T. N., & Fincham, F. D.　1992　Attributions and behavior in marital interaction. *Journal of Personality and Social Psychology*, **63**, 613-628.

Carnevale, P. J.　1986　Strategic choice in mediation. *Negotiation Journal*, **2**, 41-56.

Carnevale, P. J., & Isen, A. M.　1986　The influence of positive affect and visual access on the discovery of integrative solutions in bilateral negotiation. *Organizational Behavior and Human Decision*

Processes, **37**, 1-13.
Davidson, M. N., & Greenhalgh, L.　1999　The role of emotion in negotiation: The impact of anger and race. In R. J. Bies, R. J. Lewicki, & B. H. Sheppard(Eds.), *Research on negotiation in organizations*. Vol. 7. Stanford, CT: JAI Press. Pp. 3-26.
De Dreu, C. K. W.　2003　Time pressure and closing of the mind in negotiation. *Organizational Behavior and Human Decision Processes*, **91**, 280-295.
De Dreu, C. K. W., Beersma, B., Stroebe, K., & Euwema, M. C.　2006　Motivated information processing, strategic choice, and the quality of negotiated agreement. *Journal of Personality and Social Psychology*, **90**, 927-943.
De Dreu, C. K. W., & Carnevale, P. J.　2003　Motivational bases of information processing and strategy in conflict and negotiation. In M. P. Zanna(Ed.), *Advances in experimental social psychology*. Vol. 35. New York: Academic Press. Pp. 235-291.
De Dreu, C. K. W., Koole, S. L., & Steinel, W.　2000a　Unfixing the fixed pie: A motivated information-processing approach to integrative negotiation. *Journal of Personality and Social Psychology*, **79**, 975-987.
De Dreu, C. K. W., Weingart, L. R., & Kwon, S.　2000b　Influence of social motives on integrative negotiation: A meta-analytic review and test of two theories. *Journal of Personality and Social Psychology*, **78**, 889-905.
Forgas, J. P.　1995　Mood and judgment: The affect infusion model (AIM). *Psychological Bulletin*, **117**, 39-66.
Forgas, J. P.　1998　On feeling good and getting your way: Mood effects on negotiator cognition and bargaining strategies. *Journal of Personality and Social Psychology*, **74**, 565-577.
福野光輝　2005　交渉研究　菅原郁夫・佐藤達哉・黒沢　香（編著）　法と心理学のフロンティア―犯罪・生活編　北大路書房　Pp. 139-156.
福野光輝　2006　なぜ交渉がまとまらないのか―合意形成における固定和幻想　北海学園大学経営論集，**3**（3），137-141.
福島　治・大渕憲一・小嶋かおり　2006　対人葛藤における多目標―個人資源への関心，評価的観衆，及び丁寧さが解決方略の言語反応に及ぼす効果　社会心理学研究，**22**, 103-115.
Kimmel, M. J., Pruitt, D. G., Magenau, J. M., Konar-Goldband, E., & Carnavale, P. J.　1980　Effects of trust, aspiration, and gender on negotiation tactics. *Journal of Personality and Social Psychology*, **38**, 9-22.
Komorita, S. S., & Parks, C. D.　1995　Interpersonal relations: Mixed-motive interaction. *Annual Review of Psychology*, **46**, 183-207.
Kramer, R. M., Newton, E., & Pommerenke, P. L.　1993　Self-enhancement biases and negotiator judgment: Effects of self-esteem and mood. *Organizational Behavior and Human Decision Processes*, **56**, 110-133.
Kruglanski, A. W.　1989　The psychology of being "right": The problem of accuracy in social perception and cognition. *Psychological Bulletin*, **106**, 395-409
McNulty, J. K., & Karney, B. R.　2004　Positive expectations in the early years of marriage: Should couples expect the best or brace for the worst? *Journal of Personality and Social Psychology*, **86**, 729-743.
Morris, M. W., & Keltner, D.　2000　How emotions work: The social functions of emotional expression in negotiations. In B. M. Staw, & R. I. Sutton(Eds.), *Research in organizational behavior*. Vol. 22. Amsterdam: JAI Press. Pp. 1-50.
大渕憲一・福島　治　1997　葛藤解決における多目標―その規定因と方略選択に対する効果　心理学研究，**68**, 155-162.
大渕憲一・小嶋かおり・福野光輝　2000　ひとと争う　小林　裕・飛田　操（編著）　教科書社会心理学　北大路書房　Pp. 75-90.
Ohbuchi, K., & Tedeschi, J. T.　1997　Multiple goals and tactical behavior in social conflicts. *Journal of Applied Social Psychology*, **27**, 2177-2199.
Pruitt, D. G., & Carnevale, P. J. D.　1993　*Negotiation in social conflict*. Buckingham: Open University Press.

Pruitt, D. G., & Rubin, J. L.　1986　*Social conflict: Escalation, stalemate, and settlement*. New York: McGraw-Hill.

Rhoades, J. A., Arnold, J., & Clifford, J.　2001　The role of affective traits and affective states in disputants' motivation and behavior during episodes of organizational conflict. *Journal of Organizational Behavior*, **22**, 329-345.

Schelling, T. C.　1960　*The strategy of conflict*. Boston: Harvard University Press.

Schwarz, N.　1990　Feeling as information: Informational and motivational functions of affective states. In E. T. Higgins, & R. Sorrentino (Eds.), *Handbook of motivation and cognition*. Vol. 2. Foundations of social behavior. New York: Guilford Press. Pp. 527-561.

Sillars, A. L.　1980　Attribution and communication in roommate conflicts. *Communication Monographs*, **47**, 180-200.

Thompson, L. L., & Gonzalez, R.　1997　Environmental disputes: Competition for scarce resources and clashing of values. In M. H. Bazerman, D. M. Messick, A. E. Tenbrunsel, & K. A. Wade-Benzoni (Eds.), *Environment, ethics, and behavior: The psychology of environment valuation and degradation*. San Francisco: The New Lexington Press. Pp. 75-104.

Thompson, L. L., & Hastie, R.　1990　Social perception in negotiation. *Organizational Behavior and Human Decision Processes*, **47**, 98-123.

Van Kleef, G. A., De Dreu, C. K. W., & Manstead, A. S. R.　2004　The interpersonal effects of anger and happiness in negotiations. *Journal of Personality and Social Psychology*, **86**, 57-76.

Van Lange, P. A. M.　1999　The pursuit of joint outcomes and equality in outcomes: An integrative model of social value orientation. *Journal of Personality and Social Psychology*, **77**, 337-349.

12章

Adams, J. S.　1965　Inequity in social exchange. In L. Berkowitz(Ed.), *Advances in Experimental Social Psychology*. Vol. 2. New York: Academic Press. Pp. 267-297.

Cheng, P. W., & Holyoak, K. J.　1985　Pragmatic reasoning schemas. *Cognitive Psychology*, **17**, 391-416.

Cosmides, L.　1989　The logic of social exchange: Has natural selection shaped how human reason? Studies with the Wason selection task. *Cognition*, **31**, 187-276.

Crosby, F.　1982　*Relative deprivation and working women*. New York: Oxford University Press.

Deutsch, M.　1975　Equity, equally and need: What determines which value will be used as the basis for distributive justice? *Journal of Social Issues*, **31**, 137-149.

Gartrell, C. D.　1987　Network approaches to social evaluation. *Annual Review of Social Psychology*, **13**, 49-66.

Griggs, R. A., & Cox, J. R.　1982　The elusive thematic-materials effect in Wason's selection task. *British Journal of Psychology*, **73**, 407-420.

Gurr, T. R.　1970　*Why men rebel*. Princeton: Princeton University Press.

今在慶一朗　2006　資源分配の原則と集団への帰属感　北海道教育大学紀要（人文科学・社会科学編），**57**, 11-18.

今在景子・大渕憲一・今在慶一朗　2003　第三者介入による消費者問題の解決―手続き的公正に関する実験的研究　社会心理学研究，**19**, 144-154.

Leventhal, G. S.　1980　What should be done with equity theory? New approaches to the study of fairness in social relationships. In K. Gergen, M. Greenberg, & R. Wills(Eds.), *Social exchange*. New York: Plenum Press. Pp. 27-55.

Lind, A. E., & Tyler, T. R.　1988　*The social psychology of procedural justice*. New York: Plenum Press.

Ohbuchi, K., Sugawara,I., Teshigahara, K., & Imazai, K.　2005　Procedural justice and the assessment of civil justice in Japan. *Law and Society Review*, **39**, 875-892.

菅原郁夫・今在慶一朗・大渕憲一　1999　訴訟当事者にとっての手続き的公正の意義　千葉大学法学論集，**14**, 176-202.

Thibaut, J., & Walker, L.　1975　*Procedural Justice: A psychological analysis*. Hillsdale NJ: Erlbaum.

Tyler, T. R., & Lind, A. E.　1992　A relational model of authority in groups. In M. Zanna(Ed.), *Advances in experimental social psychology*. Vol. 25. New York: Academic Press. Pp. 115-191.

Wason. P. C. 1966 Reasoning. In B. M. Foss(Ed.), *New horizons in psychology*. Harmonsworth, England: Penguin Books.

━━━━━━━━━━━━━━━ 第Ⅲ部 ━━━━━━━━━━━━━━━

13章

Abrams, D., & Hogg, M. 1988 Comments on the motivational status of self-esteem in social identity and intergroup discrimination. *European Journal of Social Psychology*, **18**, 317-334.
Campbell, D. T. 1958 Common fate, similarity, and other indices of the status of aggregates of persons as social entities. *Behavioral Science*, **3**, 14-25.
Campbell, D. T. 1965 Ethnocentric and other altruistic motives. In D. Levine(Ed.), *Nebraska Symposium on Motivation*. Linclon, Nebr.: University of Nebraska Press. Pp. 283-311.
De Cremer, D., & Tyler, T. R. 2005 Managing group behavior: The interplay between procedural justice, sense of self, and cooperation. In M. P. Zanna(Ed.), *Advances in experimental social psychology*. Vol. 37. San Diego, CA: Academic Press. Pp. 151-218.
Devos, T., Silver, L. A., Mackie, D. M., & Smith, E. R. 2002 Experiencing intergroup emotions. In D. M. Mackie, & E. R. Smith (Eds.), *From prejudice to intergroup emotions: Differentiated reactions to social group*. New York, NY: Psychology Press. Pp. 111-134.
Dunbar, R. M. I. 1997 言語の起源について 科学, **67**, 289-296.
濱口惠俊 2003 「間（あわい）の文化」と「独（ひとり）の文化」 知泉書館
Hinkle, S., & Brown, R.J. 1990 Intergroup comparisons and social identity: Some links and lacunae. In D. Abrams, & M. A. Hogg (Eds.), *Social identity theory: Constructive and critical advances*. Harvester Wheatsheaf. Pp. 48-70.
Hogg, M.A., & Mullin, B. 1999 Joining groups to reduce uncertainty: Subjective uncertainty reduction and group identification. In D. Abrams, & M. A. Hogg (Eds.), *Social identity and social cognition*. Oxford, UK: Basil Blackwell. Pp. 249-279.
Kumagai, T., & Ohbuchi, K. 2001 The effect of collective self-esteem and group membership on aggression of "third-party victim." *Tohoku Psychologica Folia*, **60**, 35-44.
熊谷智博・大渕憲一 2002 集団成員性と攻撃行動―攻撃参加に対する排除・受容感の影響 日本社会心理学会第43回大会発表論文集, 476-477.
熊谷智博・大渕憲一 2004 非当事者攻撃に対する不公正と集団顕現性の効果 文化, **68**, 67-81.
熊谷智博・大渕憲一 2005 非当事者攻撃における公正と集団成員性の効果 日本社会心理学会第46回大会発表論文集, 24-25.
Kumagai, T., & Ohbuchi, K. 2006a Third party aggression: Effects of cooperation and group membership. *Psychologia*, **49**, 152-161.
Kumagai, T., & Ohbuchi, K. 2006b *The effects of procedural fairness on group identification and third party aggression*. Poster presented at Annual conference of the British psychological society, Cardiff, Wales, UK.
Kumagai, T., & Ohbuchi, K. 2006c *The effects of procedural fairness, group identification, and group member's opinion on third party aggression*. Paper presented at current research on group perception and intergroup behavior: The role of motivational processes, Jena, Germany.
Mullen, B., Brown, R., & Smith, C. 1992 Ingroup bias as a function of salience, relevance, and status: An integration. *European Journal of Social Psychology*, **22**, 103-122.
柿本敏克 1997 最小条件集団状況を用いた集団研究 組織科学, **31**, 60-71.
柿本敏克 2001 社会的アイデンティティ理論 山本眞理子・外山みどり・池上知子・遠藤由美・北村英哉・宮本聡介（編著） 社会的認知ハンドブック 北大路書房 Pp. 120-123.
柿本敏克 2004 電子コミュニケーションと集団間関係，および状況のリアリティについて―状況の現実感尺度構成の試みとともに 群馬大学社会情報学部研究論集, **11**, 215-225.
柿本敏克 2006 状況の現実感が集団同一視と内集団バイアスの関係に及ぼす影響についての一考察

群馬大学社会情報学部研究論集, **13**, 83-91.
北山　忍　1999　文化と心についての実りあるダイアローグに向けて —高野・櫻坂（1997）論文の意義と問題　認知科学, **6**, 106-114.
Rubin, M., & Hewstone, M. 1998 Social identity self-esteem hypothesis: A review and some suggestions for clarification. *Personality and Social Psychology Review*, **2**, 40-62.
Sherif, M., Harvey, O. J., White, B. J., Hood, W. R., & Sherif, C. W. 1961 *Intergroup conflict and co-operation: The robber's cave experiment*. Norman, Oklahoma University of Oklahoma.
Tajfel, H., Billig, M. G., Bundy, R. P., & Flament, C. 1971 Social categorization and intergroup behavior. *European Journal of Experimental Social Psychology*, **1**, 149-178.
Tajfel, H., & Turner, J. C. 1979 An integrative theory of intergroup conflict. In W. G. Austin, & S. Worchel (Eds.), *The social psychology of intergroup relations*. Belmont, Calif.: Brooks-Cole. Pp. 33-47.
Tajfel, H., & Wilkes, A. L. 1963 Classification and quantitative judgement. *British Journal of Psychology*, **54**, 101-114.
高野陽太郎・櫻坂英子　1997　"日本人の集団主義"と"アメリカ人の個人主義"—通説の再検討　心理学研究, **68**, 312-327.
Turner, J. C., Hogg, M. A., Oakes, P. J., Reicher, S. D., & Wetherell, M. 1987 *Rediscovering the social group: A self-categorization theory*. Oxford; New York: Basil Blackwell.

14章

Asch, S. E. 1951 Effects of group pressure upon the modification and distortion of judgments. In H. Guetzkow (Ed.), *Groups, leadership, and men*. Pittsburgh, PA: Carnegie Press. Pp. 177-190.
Brown, R. W. 1954 Mass Phenomea. In G. Lindzey (Ed.), *Handbook of Social Psychology*. Vol. 2. 青井和夫（訳）1957　大衆　社会心理学講座 7
Burn, S. M. 2004 *Groups: Theory and practice*. Belmont, CA: Wadsworth.
Festinger, L. 1950 Informal social communication. *Psychological Review*, **57**, 271-282.
Festinger, L. 1953 An analysis of compliant behavior. In M. Sherif, & M. O. Wilson (Eds.), *Group relations at the crossroads*. New York: Harper & Brothers. Pp. 232-256.
Festinger, L. 1954 A theory of social comparison processes. *Human Relations*, **7**, 117-140.
Fiedler, F. E. 1964 A contingency model of leadership effectiveness. In L. Berkowitz (Ed.), *Advances in Experimental Social Psychology 1*. New York: Academic Press. Pp. 149-190.
Fiedler, F. E. 1978 The contingency model and the dynamics of the leadership process. In L. Berkowitz (Ed.), *Advances in Experimental Social Psychology 11*. New York: Academic Press. Pp. 59-112.
飛田　操　1999　流行　中島義明他（編）　心理学辞典　有斐閣
House, R. 1971 A path-goal theory of leader effectiveness. *Administrative Science Quarterly*, **16**, 321-338.
Janis, I. L. 1972 *Victims of groupthink*. Houghton Mifflin.
釘原直樹　2001　群集の中で—パニックについて　山口裕幸（編）　心理学リーディングス　ナカニシヤ出版　Pp. 153-170.
Latané, B., Williams, K., & Harkins, S. 1979 Many hand make light the work; The causes and consequences of social loafing. *Journal of Personality and Social Psychology*, **37**, 822-832.
Le Bon, G. 1895 *Psychologie des foules*. 桜井成夫（訳）1956　群衆心理　講談社学術文庫
Lewin, K., Lippitt, R., & White, R. K. 1939 Patterns of aggressive behavior in experimentally created' social climates'. *Journal of Social Psychology*, **10**, 271-301.
Milgram, S. 1974 *Obedience to authority: An experimental view*. New York: Harper & Row. 岸田　秀（訳）1980　服従の心理—アイヒマン実験　河出書房
三隅二不二　1984　リーダーシップ行動の科学（改訂版）　有斐閣
三隅二不二・白樫三四郎　1963　組織体におけるリーダーシップの構造—機能に関する実験的研究　教育・社会心理学研究, **4**, 115-128.
三隅二不二・白樫三四郎・武田忠輔・篠原弘章・関文　恭　1970　組織におけるリーダーシップの研究　年報社会心理学, **11**, 63-90.
三浦麻子・飛田　操　2002　集団が創造的であるためには—集団創造性に対する成員のアイディアの

多様性と類似性の影響　実験社会心理学研究, **41**, 124-136.
Newcomb, T. M.　1953　An approach to the study of communicative acts. *Psychological Review*, **60**, 393-404.
Osborn, A. F.　1957　*Applied imagination.* New York: Scribner.　上野一郎（訳）　1958　独創力を伸ばせ　ダイヤモンド社
佐々木　薫　1986　集団の意思決定と業績　佐々木　薫・永田良昭（編）　集団行動の心理学　有斐閣　Pp. 79-137.
白樫三四郎　1985　リーダーシップの心理学　有斐閣
Stasser, G., Taylor, L. A., & Hannna, C.　1989　Information sampling in structured and unstructured discussions of three- and six- person groups. *Journal of Personality and Social Psychology*, **57**, 67-78.
Stasser, G., & Titus, W.　1987　Effects of information load and percentage of shared information on the dissemination of unshared information during group discussion. *Journal of Personality and Social Psychology*, **53**, 81-97.
Steiner, I. D.　1972　*Group process and Productivity.* Academic Press.
Storner, J. F. S.　1968　Risky and cautious shifts in group decision: The influence of widely held values. *Journal of Experimental Social Psychology*, **4**, 442-459.
上野一良　1994　流行の心理　松井　豊（編）　ファンとブームの社会心理　サイエンス社
Wittenbaum, G. M., & Park, E. S.　2001　The collective preference for shared information. *Current directions in Psychological Science*, **10**, 70-73.

15章

Baltes, P. B.　1987　Theoretical propositions of life-span developmental psychology: On the dynamics between growth and decline. *Developmental Psychology*, **23**, 611-626.
Brim, O. G. Jr.　1966　Socialization through the life cycle. In O. G. Brim, Jr., & S. Wheeler (Eds.), *Socialization after childhood: Two essays.* New York: John Wiley & Sons. Pp. 1-49.
Dion, K. K.　1985　Socialization in adulthood. In G. Lindzey, & E. Aronson (Eds.), *Handbook of social psychology.* Vol. 2. Special fields and applications. 3rd ed. New York: Random House. Pp. 123-147.
Elder, G. H. Jr.　1974　*Children of the great depression: Social change in life experience.* The University of Chicago.　本田時雄・川浦康至・伊藤裕子・池田政子・田代俊子（訳）　1986　大恐慌の子どもたち―社会変動と人間発達　明石書店
Freeman, D.　1983　*Margaret Mead and Samoa: The making and unmaking of an anthropological myth.* Cambridge, Mass.: Harvard University Press.　木村洋二（訳）　1995　マーガレット・ミードとサモア　みすず書房
Harris, J. R.　1995　Where is the child's environment? A group socialization theory of development. *Psychological Review*, **102**, 458-489.
細江達郎　2002　社会変動とライフサイクル　大橋英寿（編）社会心理学特論―人格・社会・文化のクロスロード　放送大学教育振興会　Pp. 118-133.
菊池章夫　1990　社会化の問題　斎藤耕二・菊池章夫（編）社会化の心理学／ハンドブック　川島書店　Pp. 1-13.
Levinson, D. J.　1978　*The seasons of a man's life.* New York: Knopf.　南　博（訳）　1992　ライフサイクルの心理学（上）（下）　講談社学術文庫
Mead, M.　1973　*Coming of age in Samoa.* New York: William Morrow & Co.　畑中幸子・山本真鳥（訳）　1976　サモアの思春期　蒼樹書房
大橋英寿　1998　沖縄シャーマニズムの社会心理学的研究　弘文堂
大橋英寿　2002　社会化過程―発達と時代史の交差　大橋英寿（編）社会心理学特論―人格・社会・文化のクロスロード　放送大学教育振興会　Pp. 24-41.
大江篤志　2005　水域からみた離島漁村の変容過程―南三陸江島地域のフィールドワーク　社会学年報, **34**, 57-76.
斎藤耕二・菊池章夫（編）　1990　社会化の心理学／ハンドブック　川島書店
Tooby, J. & Cosmides, L.　1992　The psychological foundations of culture. In J. H. Barkow, L. Cosmides, & J. Tooby(Eds.), *The adapted mind: Evolutionary psychology and the generation of culture.* New York:

Oxford University Press. Pp. 19-136.
Willis, P. E.　1977　*Learning to labour: How working class kids get working class jobs*. Aldershot, Eng.: Gower.　熊沢　誠・山田　潤（訳）1996　ハマータウンの野郎ども　ちくま学芸文庫

16章

Bem, S. L.　1981　Gender schema theory: A cognitive account of sex typing. *Psychological Review*, **88**, 354-364.
Eurostat　2005　*Europe in figures : Eurostat yearbook 2005.*
柏木惠子　2006　家族・親子関係とジェンダー——男性と女性のワーク・ライフ・バランス　鈴木淳子・柏木惠子（著）　ジェンダーの心理学　培風館　Pp. 127-146.
厚生労働省　2000　国民生活基礎調査
厚生労働省　2003　国民生活基礎調査
厚生労働省　2004a　簡易生命表
厚生労働省　2004b　平成16年人口動態統計
厚生労働省　2006　人口動態統計特殊報告——出生に関する統計の概況
厚生労働省　雇用均等・児童家庭局（編）　2005　平成16年版女性労働白書——働く女性の実情　（財）21世紀職業財団
国立社会保障・人口問題研究所　2002　結婚と出産に関する全国調査（独身調査）——第12回出生動向基本調査
国立社会保障・人口問題研究所　2005　人口統計資料集（2005年版）表6-23 性別生涯未婚率及び初婚年齢
内閣府男女共同参画局　2006　男女間における暴力に関する調査報告＜概要版＞
NHK放送文化研究所（編）　2002　日本人の生活時間・2000 ― NHK国民生活時間調査　日本放送出版協会
NHK放送文化研究所（編）　2004　現代日本人の意識構造（第6版）　日本放送出版協会
鈴木淳子　1997　レクチャー「社会心理学」Ⅲ　性役割——比較文化の視点から　垣内出版
鈴木淳子　2006a　発達とジェンダー　鈴木淳子・柏木惠子（著）　ジェンダーの心理学　培風館　Pp. 35-67.
鈴木淳子　2006b　キャリアとジェンダー　鈴木淳子・柏木惠子（著）　ジェンダーの心理学　培風館　Pp. 147-184.
総務省　2006　2005年国勢調査抽出速報集計結果

17章

Aristotelēs　（執筆年不詳）　政治学（ΠΟΛΙΤΙΚΑ）　山本光男（訳）　1961　岩波書店
Axelrod, R.　1984　*The evolution of cooperation*. New York: Basic Books.　松田裕之（訳）　1998　つきあい方の科学　ミネルヴァ書房
Dawes, R. M.　1980　Social dilemmas. *Annual Review of Psychology*, **31**, 169-193.
Diamond, J.　2005　*Collapse*. New York: Viking.　楡井浩一（訳）　2005　文明崩壊　草思社
Franzen, A.　1994　Group size effects in social dilemmas. In U. Shultz, W. Albers, & U. Mueller (Eds.), *Social dilemma and cooperation*. Berlin: Springer-Verlag. Pp. 117-146.
Franzen, A.　1995　Group size and one-shot collective action. *Rationality and Society*, **7**, 183-200.
Goldberg, J., Markóczy, L., & Zahn, G. L.　2005　Symmetry and the illusion of control as bases for cooperative behavior. *Rationality and Society*, **17**, 243-270.
Hamburger, H.　1973　N-person prisoner's dilemma. *Journal of Mathematical Sociology*, **3**, 27-48.
Heider, F.　1958　*The psychology of interpersonal relations*. Hillsdale, New Jersey: Lawrence Erlbaum Associates.　大橋正夫（訳）　1978　対人関係の心理学　誠信書房
Howard, N.　1971　*Paradoxes of rationality*. Cambridge, Massachusetts: MIT Press.
Hofstadter, D. R.　1985　*Metamagical themas*. New York: Basic Books.　竹内郁雄・斉藤康己・片桐恭弘（訳）　1990　メタマジック・ゲーム　白揚社
井原西鶴　1692　世間胸算用　前田金五郎（訳註）　1972　角川書店

Karp, D., Jin, N., Yamagishi, T., & Shinotsuka, H. 1993 Raising the minimum in the minimal group paradigm. 実験社会心理学研究, **32**, 231-240.

Kiyonari, T., Tanida, S., & Yamagishi, T. 2000 Social exchange and reciprocity. *Evolution and Human Behavior*, **21**, 411-427.

Komorita, S. S., & Parks, C. D. 1994 *Social dilemmas*. Madison, Wisconsin: Brown & Benchmark.

Komorita, S. S., Sweeney, J., & Kravitz, D. A. 1980 Cooperative choice in the N-person dilemma situation. *Journal of Personality and Social Psychology*, **38**, 504-516.

水原泰介 1984 社会心理学入門（第2版） 東京大学出版会

武藤滋夫 2001 ゲーム理論入門 日本経済新聞社

Rapoport, A., & Chammah, A. M. 1965 *Prisoner's dilemma*. Ann Arbor: University of Michigan Press. 廣松 毅・平山朝治・田中辰雄（訳） 1983 囚人のジレンマ 啓明社

Sally, D. 2000 A general theory of sympathy, mind-reading, and social interaction, with an application to the prisoner's dilemma. *Social Science Information*, **39**, 567-634.

盛山和夫・海野道郎（編） 1991 秩序問題と社会的ジレンマ ハーベスト社

鈴村興太郎 1982 経済計画理論 筑摩書房

瀧川哲夫 1989 メタゲーム・スーパーゲーム・ハイパーゲーム 心理学評論, **32**, 333-348.

Taylor, M. 1987 *The possibility of cooperation*. Cambridge: Cambridge University Press. 松原 望（訳） 1995 協力の可能性 木鐸社

山岸俊男 1990 社会的ジレンマのしくみ サイエンス社

山岸俊男 1998 信頼の構造 東京大学出版会

山岸俊男 1999 安心社会から信頼社会へ：日本型システムの行方 中央公論新書

山岸俊男 2000 社会的ジレンマ PHP研究所

山岸俊男・清成透子・谷田林士 2002 社会的の交換と互恵性 佐伯 胖・亀田達也（編著） 進化ゲームとその展開 共立出版 Pp. 253-277.

18章

Adams, J. S. 1965 Inequity in social exchange. *Advances in Experimental Social Psychology*, **2**, 267-299.

Deci, E. L. 1975 *Intrinsic motivation*. New York: Plenum Press. 安藤延男・石田梅男（共訳） 1980 内発的動機づけ—実験社会心理学的アプローチ 誠信書房

板倉宏昭 2001 2次分析による帰属意識の国際比較 経営行動科学学会第4回年次大会発表論文集, 88-98.

岩淵千明（編著） 1997 あなたもできるデータの処理と解析 福村出版

厚生労働省ホームページ http://www.mhlw.go.jp/

桑田耕太郎・田尾雅夫 1998 組織論 有斐閣

Lincoln, J. R., & Kalleberg, A. L. 1990 *Culture, control, and commitment: A study of work organization and work attitudes in the United States and Japan*. Cambridge, M.A.: Cambridge University Press.

Locke, E. A. 1982 Relation of goal level to performance with a short work period and multiple goal levels. *Journal of Applied Psychology*, **67**, 312-314.

Locke, E. A., & Latham, G. P. 1990 *A theory of goal setting and task performance*. Englewood Cliffs, N.J.: Prentice Hall.

Maslow, A. H. 1970 *Motivation and personality*. 2nd ed. New York: Harper & Row. 小口忠彦（監訳） 1987〈改訂新版〉人間性の心理学 産業能率大学出版部

Mathieu, J. E., & Zajac, D. M. 1990 A review and meta-analysis of the antecedents, correlates, and consequences of organizational commitment. *Psychological Bulletin*, **108**, 171-194.

McClelland, D.C. 1961 *The achieving society*. Princeton, N.J.: Van Nostrand. 林 保（監訳） 1971 達成動機—企業と経済発展におよぼす影響 産業能率短期大学出版部

Meyer, J. P., & Allen, N. J. 1997 *Commitment in the workplace: Theory, research, and application*. Thousand Oaks, C.A.: Sage.

Mowday, R. T., Porter, L. W., & Steers, R. M. 1982 *Employee-Organization linkages: The psychology of commitment, absenteeism, and turnover*. New York: Academic Press.

二村英幸 2005 人事アセスメント論—個と組織を生かす心理学の知恵 ミネルヴァ書房

Salancik, G. R. 1977 Commitment and the control of organizational behavior and belief. In B. M. Staw, & G. R. Salancik (Eds.), *New directions in organizational behavior*. Chicago: St. Clair Press. Pp. 2-54.
総務省ホームページ　http://www.soumu.go.jp/
Spencer, L. M. Jr., & Spencer, S. M.　1993　*Competence at Work*. New York: Wiley.
田尾雅夫（編著）　1997　「会社人間」の研究—組織コミットメントの理論と実際　京都大学学術出版会
Vroom, V. H.　1964　*Work motivation*. New York: John Wiley and Sons. 坂下昭宣・榊原清則・小松陽一・城戸康彰（共訳）　1982　仕事とモティベーション　千倉書房
渡辺　深　1999　「転職」のすすめ　講談社

====== 第Ⅳ部 ======

19章

Allport, G. W., & Ross, J. M.　1967　Personal religious orientation and prejudice. *Journal of Personality and Social Psychology*, **5**, 432-443.
Beit-Hallahmi, B., & Argyle, M.　1997　*The psychology of religious behaviour, belief and experience*. London and New York: Routledge.
Erikson, E.　1959　*Identity and the life cycle*. New York: International Universities Press. 小此木啓吾（訳）　1973　自我同一性—アイデンティティとライフ・サイクル　誠信書房
石井研士　1997　データブック　現代日本人の宗教—戦後50年の宗教意識と宗教行動　新曜社
金児曉嗣　1997　日本人の宗教性—オカゲとタタリの社会心理学　新曜社
河野由美　2000　大学生の宗教観と死観及び死の不安に関する計量的研究　飯田女子短期大学紀要, **17**, 73-87.
Lofland, J., & Skonovd, N.　1981　Conversion motifs. *Journal for the Scientific Study of Religion*, **20**, 373-385.
Lofland, J., & Stark, R.　1965　Becoming a world-saver: A theory of conversion to a deviant perspective. *American Behavioral Scientist*, **20**, 887-908.
松本　滋　1979　宗教心理学　東京大学出版会
三井宏隆　2002　カルト・回心・アイデンティティの心理学　ナカニシヤ出版
西脇　良　2004　日本人の宗教的自然観—意識調査による実証的研究　ミネルヴァ書房
小野泰博他（編）　1994　〈縮刷版〉日本宗教事典　弘文堂
宗教社会学の会（編）　1985　生駒の神々—現代都市の民俗宗教　創元社
杉山幸子　2004　新宗教とアイデンティティ—回心と癒しの宗教社会心理学　新曜社
德田幸雄　2005　宗教的回心研究—新島　襄・清沢満之・内村鑑三・高山樗牛　未来社
Starbuck, E. D.　1899　*The psychology of religion*. New York: Charles Scribner's Sons.
Richardson, J. T.　1985　The active vs. passive convert: Paradigm conflict in conversion/recruitment research. *Journal for the Scientific Study of Religion*, **24**, 163-179.
Straus, R. A.　1979　Religious conversion as a personal and collective accomplishment. *Sociological Analysis*, **40**, 158-165.

20章

東　洋　1994　日本人のしつけと教育　東京大学出版会
東　洋・柏木惠子　1989　子供の発達と文化・社会　柏木惠子（編）　教育の心理学—学習・発達・教育の視点　有斐閣
Brophy, J. E., & Good, T. H.　1974　*Teacher-Student Relationship: Cause and Consequences*. New York: Holt, Rinehart and Winston. 浜名外喜男・蘭　千壽・天根哲治（訳）　1985　教師と生徒の人間関係　北大路書房
Chinese Culture Connection　1987　Chinese Value and the Search for Culture-free Dimensions of

Culture. *Journal of Cross-Cultural Psychology*, **18**（2）, 143-164.
Feather, N. T., & Peay, E. R.　1975　The Structure of Terminal and Instrumental Values: Dimensions and Clusters. *Australian Journal of Psychology*, **27**, 151-164.
久富善之　1990　第1章 教員文化の社会学・序説　久富善之（編）　教員文化の社会学的研究（普及版）　多賀出版　Pp. 3-84.
Hofstede, G.　1980　*Culture's Consequence International Differences in Work Related Values*. Beverly Hills CA: Sage Publications.
Hofstede, G.　1991　*Cultures and Oreganizations: Software of the mind*. New York: McGraw-Hill Book Company.　岩井紀子・岩井八郎（訳）　1995　多文化世界—違いを学び共存への道を探る　有斐閣
法務省入国管理局　2007　広報資料　平成18年度末における外国人登録者統計について
http://www.moj.go.jp/PRESS/050617-1/050617-1-1.pdf
伊藤美奈子　1995　教師の生徒観・教師観に関する一考察—理想の教師像による六タイプ間比較　神戸国際大学紀要, **49**, 26-34.
加賀美常美代　1997　日本語教育場面における異文化間コンフリクトの原因帰属—日本語教師とアジア系留学生の認知差　異文化間教育, **11**, 91-109.
加賀美常美代　2004　教育価値観の異文化間比較—日本人教師，中国人学生，韓国人学生，日本人学生との違い　異文化間教育, **19**, 67-84.
加賀美常美代　2005　多文化社会における葛藤解決と教育価値観　東北大学博士論文
加賀美常美代　2006　教育価値観の構造の理論的考察——般的価値観との関連　人間文化論叢, **8**, 267-276.
加賀美常美代　2007　多文化社会における葛藤解決と教育価値観　ナカニシヤ出版　Pp. 1-175.
加賀美常美代・大渕憲一　2002　教育価値観尺度の開発—異文化間葛藤の研究に向けて　文化, **66**, 131-146.
加賀美常美代・大渕憲一　2004　日本語教育場面における日本人教師と中国人及び韓国人学生の葛藤の原因帰属と解決方略　心理学研究, **74**, 531-539.
加賀美常美代・大渕憲一　2006　教育価値観に関する異文化間比較—短縮版尺度開発と包括次元の探索　文化, **69**, 96-111.
加藤十八・加瀬豊司・大野達郎・石井政一　1987　日本とアメリカにおける教師の教育意識　異文化間教育, **1**, 98-112.
見田宗介　1966　価値意識の理論—欲望と道徳の社会学　弘文堂
Kluckhohn, C.　1951　Values and Value-Orientations in the Theory of Action: An Exploration in Definition and Classification. In T. Parsons, & E. Shils (Eds.), *Toward a General Theory of Action*. Cambridge, MA: Harvard University Press.
箕浦康子　1997　第三章 文化心理学における意味　柏木惠子・北山　忍・東　洋（編）文化心理学—理論と実証　東京大学出版会　Pp. 44-55.
Moskowitz, G.　1976　The classroom interaction of outstanding foreign language teachers. *Foreign Language Annuals*, **9**, 135-157.
Rokeach, M.　1973　*The Nature of Human Values*. New York: Free Press.
坂野永理　1999　学習者から見たいい教師像—日米学習者の比較　関西外国語大学留学生別科日本語教育論集, **9**, 75-83.
坂田　稔　1978　教育のコミュニケーション　石川弘義（編）　日常コミュニケーションの社会心理学　ブレーン社　Pp. 196-213.
Schwartz, S. H.　1992　Universals in the Content and Structure of Values: Theoretical Advances and Empirical Test in 20 Countries. In M. Zannna (Eds.), *Advances in Experimental Social Psychology*. New York: Academic Press. 25, Pp. 1-65.
Schwartz, S. H.　1994　Beyond Individualism and Collectivism: New Cultural Dimensions Value. In U. Kim, H. C. Triandis, C. Kagitcibasi, S. C. Choi, & G. Yoon(Eds.), *Individualism and Collectivism: Theory, Method, and Application*. Thousand Oaks, CA: Sage. Pp. 85-119.
Schwartz, S. H., & Bilsky, W.　1987　Toward A Universal Psychological Structure of Human Values. *Journal of Personality and Social Psychology*, **53**, 550-562.
Smith, P. B., & Bond, M. H.　1998　*Social Psychology Across Cultures*. 2nd ed. London: Prentice Hall.　笹尾敏明・磯崎三喜年（訳）　2003　グローバル化時代の社会心理学　北大路書房

Smith, P. B., & Schwartz, S. H.　1997　Values. In J. W. Berry, M. H. Segall, & S. C. Kagitcibasi (Eds.), *Handbook of Cross-Cultural Psychology. Vol. 3. Social Behavior and Applications. 2nd ed.* Needham Heights, MA: Allyn & Bacon. Pp. 78-118.
須田康之　1999　異文化間におけるテクストの受容—「狼と7匹の子やぎ」の読みの比較　教育社会学研究, **64**, 183-203.
Ting-Toomey, S.　1998　Intercultural Conflict Styles. In. Y. Y. Kim, & W. B. Gudykunst(Eds.), *Theories in Intercultural Communication.* Newbury Park, CA: Sage.
塘　利枝子　1995　日英の教科書に見る家族　発達心理学研究, **6**, 1-16.
恒吉僚子・S. ブーコック　1997　育児の国際比較—子供と社会と親たち　日本放送出版協会

21 章

Baker, W.　2000　*Achieving success thorough social capital.* San Francisco: Jossey-Bass.　中島　豊（訳）2001　ソーシャル・キャピタル—人と組織の間にある「見えざる資産」を活用する　ダイヤモンド社
Barabasi, A.　2002　*Linked: The new science of networks.* New York: Perseus Books Group.　青木　薫（訳）2002　新ネットワーク思考—世界のしくみを読み解く　日本放送出版協会
Baybeck, B., & Huckfeldt, R.　2002　Urban contexts, spatially dispersed networks, and the diffusion of political information. *Political Geography,* **21**, 195-220.
Burt, R. S.　1992　*Structural holes: The social structure of competition.* London: Harvard University Press.
Burt, R. S.　2001　Structural holes versus network closure as social capital. In N. Lin, K. Cook, & R. S. Burt(Eds.), *Social capital: Theory and research.* New York: Aldine de Gruyter. Pp. 3-29.
Burt, R. S.　2002　Bridge decay. *Social Networks,* **24**, 333-363.
Coleman, J. S.　1988　Social capital in the creation of human capital. *American Journal of Sociology,* **94**, 95-120.
Coleman, J. S.　1990　*Foundation of social theory.* Cambridge: The Belknap Press of Harvard University Press.　久慈利武（訳）2004　社会理論の基礎　青木書店
Festinger, L.　1954　A theory of social comparison processes. *Human Relations,* **7**, 117-140.
Fischer, C. S.　1982　*To dwell among friends.* Chicago: The University of Chicago Press.　松本　康・前田尚子（訳）2002　友人のあいだで暮らす—北カリフォルニアのパーソナル・ネットワーク　未来社
Granovetter, M.　1973　The strength of weak ties. *American Journal of Sociology,* **78**, 1360-1380.
Granovetter, M.　1974　*Getting a job.* IL: The University of Chicago Press.　渡辺　深（訳）1998　転職—ネットワークとキャリアの研究　ミネルヴァ書房
池田謙一　1993　社会のリアリティの心理学—ぼくらのリアリティはどう形成されるか　サイエンス社
池田謙一　1997　転変する政治のリアリティ—投票行動の認知社会心理学　木鐸社
池田謙一　2000　コミュニケーション　東京大学出版会
石黒　格　1998　対人環境としてのソーシャル・ネットワークが性役割に関する態度と意見分布の認知に与える影響　社会心理学研究, **13**, 112-121.
Lin, N.　2001　Building a network theory of social capital. In N. Lin, K. Cook, & R. S. Burt (Eds.), *Social capital: Theory and research.* New York: Aldine de Gruyter. Pp. 3-29.
松本　康　1995　現代都市の変容とコミュニティ，ネットワーク　松本　康（編）　増殖するネットワーク　勁草書房　Pp. 1-90.
宮田加久子　2005　きずなをつなぐメディア—ネット社会の社会関係資本　NTT出版
Murray, S. O., Rankin, J. H., & Magill, D. W.　1981　Strong ties and job information. *Sociology of Work and Occupations,* **8**, 119-136.
渡辺　深　1991　転職：転職結果に及ぼすネットワークの効果　社会学評論, **165**, 1-16.
安田　雪　1997　ネットワーク分析—何が行為を決定するか　新曜社
安田　雪　2001　実践ネットワーク分析—関係を説く理論と技法　新曜社
安田　雪　2004　つながりの科学—「人と人との関係」に隠された力を探る　日本経済新聞社

22章

安藤香織・広瀬幸雄　1999　環境ボランティア団体における活動継続意図・積極的活動意図の規定要因　社会心理学研究, **15**, 90-99.

渥美公秀・杉万俊夫・森　永壽・八ッ塚一郎　1995　阪神大震災におけるボランティア組織の参与観察研究―西宮ボランティアネットワークと阪神大震災地元NGO救援連絡会議の事例　実験社会心理学研究, **35**, 218-231.

Becker, T. E.　1992　Foci and bases of commitment: Are they distinctions worth making? *Academy of Management Journal*, **35**, 232-244.

Borman, W. C., & Motowidlo, S. J.　1993　Expanding the criterion domain to include elements of contextual performance. In N. Schmitt, & W. C. Borman (Eds.), *Personnel selection*. San Francisco: Jossey-Bass. Pp. 71-98.

Borman, W. C., & Motowidlo, S. J.　1997　Task performance and contextual performance: The meaning for personnel selection research. *Human Performance*, **10**, 99-109.

Dalal, R. S.　2005　A meta analysis of the relationship between organizational citizenship behavior and counterproductive work behavior. *Journal of Applied Psychology*, **90**, 1241-1255.

広瀬幸雄　1983　共有地の悲劇状況としての環境問題についてのゲーム理論的分析　名古屋大学文学部研究論集, **87**, 79-87.

広瀬幸雄　1993　環境問題へのアクション・リサーチ―リサイクルのボランティア・グループの形成発展のプロセス　心理学評論, **36**, 373-397.

石田英男　1985　日本企業の国際人事管理　日本労働協会

金谷信子　2001　ボランティア革命―5年後の評価　日本NPO学会編集委員会（編）　NPO研究2001　日本評論社　Pp. 15-26.

Kim, W. C., & Maubourgne, R. A.　1993　Procedural justice, attitudes, and subsidiary top management compliance with multinationals' corporate strategic decisions. *Academy of Management Journal*, **36**, 502-526.

Morishima, M.　1995　The Japanese human resource management: A learning bureaucracy. In L. F. Moore, & P. D. Jennnings(Eds.), *Human resource management on the Pacific Rim: Institutions, practices, and attitudes*. Berlin: Walter de Gruyter. Pp. 119-150.

Motwidlo, S. J., & Van Scotter, J. R.　1994　Evidence that task performance should be distinguished from contextual performance. *Journal of Applied Psychology*, **79**, 475-480.

野波　寛・加藤潤三・池内裕美・小杉考司　2002　共有罪としての河川に対する環境団体員と一般住民の集合行為―個人行動と集団行動の規定因　社会心理学研究, **17**, 123-135.

O'Reilly, C., & Chatman, J.　1986　Organizational commitment and psychological commitment. *Journal of Applied Psychology*, **71**, 492-499.

Organ, D. W.　1988　*Organizational Citizenship Behavior*. Lexington, Mass: Lexington Books.

Podsakoff, P. M., MacKenzie, S. B., Paine, J. B., & Bachrach, D. G.　2000　Organizational citizenship behaviors: A critical review of the theoretical and empirical literature and suggestion for future research. *Journal of Management*, **26**, 513-563.

Putnam, D. V.　1993　*Making democracy work: Civic traditions in modern Italy*. Princeton, N. J.: Princeton University Press.　河田潤一（訳）　2001　哲学する民主主義―伝統と改革の市民的構造　NTT出版

Ratundo, M., & Sakkett, P. R.　2002　The relative importance of task, citizenship and counterproductive performance to global ratings of job performance: A policy capturing approach. *Journal of Applied Psychology*, **87**, 66-80.

Sackett, P. R.　2002　The structure of counterproductive work behaviors: Dimensionality and relationship with facets of job performance. *International Journal of Selection and Assessment*, **10**, 5-11.

実吉　威　1999　神戸, 市民活動点描―市民団体スタッフの日誌風随想録　実験社会心理学研究, **39**, 197-203.

清水　裕・水田恵三・秋山　学・浦　光博 他　1997　阪神・淡路大震災の避難所リーダーの研究　社会心理学研究, **13**, 1-12.

Smith, C. A., Organ, D. W., & Near, J. P. 1983 Organizational citizenship behavior: Its nature and antecedents. *Journal of Applied psychology*, **68**, 653-663.
Spencer, P. E., & Fox, S. 2002 An emotion-centered model of voluntary work behavior: Some parallels between counterproductive work behavior and organizational citizenship behavior. *Human Resource Management Review*, **12**, 269-292.
杉万俊夫・渥美公秀・永田素彦・渡邊としえ 1995 阪神大震災における避難所の組織化プロセス 実験社会心理学研究，**35**，207-217.
杉浦淳吉 1998 環境配慮行動の承諾に及ぼす要請内容と要請主体の効果―「エコロジーダイヤル」を用いた検討 実験社会心理学研究，**38**，39-47.
杉浦淳吉 2005 説得納得ゲームによる環境教育と転用可能性 心理学評論，**48**，139-154.
杉浦淳吉・大沼 進・野波 寛・広瀬幸雄 1998 環境ボランティアの活動が地域住民のリサイクルに関する認知・行動に及ぼす効果 社会心理学研究，**13**，143-151.
鈴木 勇・菅 磨志保・渥美公秀 2003 日本における災害ボランティアの動向―阪神・淡路大震災を契機として 実験社会心理学研究，**35**，218-231.
田中堅一郎 2004 従業員が自発的に働く職場をめざすために―組織市民行動と文脈的業績に関する心理学的研究 ナカニシヤ出版
Tyler, T. R., & Blader, S. L. 2000 *Cooperation in groups: Procedural justice, social identity, and behavioral engagement*. Philadelphia, PA: Psychology Press/Taylor & Francis.
Van Dyne, L., Graham, J. W., & Dienesch, R. M. 1994 Organizational citizenship behavior: Construct redefinition, measurement, and validation. *Academy of Management Journal*, **37**, 765-802.
Viswesvaran, C., & Ones, D. S. 2000 Perspectives on models of job performance. *International Journal of Selection and Assessment*, **8**, 216-226.
渡邊としえ・渥美公秀 2000 阪神大震災の被災地における「まちづくり」に関するフィールドワーク―西宮市安井地域の事例 実験社会心理学研究，**40**，50-62.
Williams, L. J., & Anderson, S. E. 1991 Job satisfaction and organizational commitment as a predictor organizational citizenship and in-role behaviors. *Journal of Management*, **17**, 601-617.
矢守克也 1997 阪神大震災における避難所運営―その段階的変容プロセス 実験社会心理学研究，**37**，119-137.
八ッ塚一郎・矢守克也 1997 阪神大震災における既存組織のボランティア活動―日本社会とボランティアの変容 実験社会心理学研究，**37**，177-194.

23章

Crick, N. R., & Dodge, K. A. 1994 A review and reformulation of social information-processing mechanisms in children's social adjustment. *Psychological Bulletin*, **115**, 74-101.
Darmon, P. 1989 *Médecins et Assassins à la Belle Époque: La médicalisation du crime*. Edition de Seuil. 鈴木秀治（訳）1992 医者と殺人者 新評論
Dishion, T. J., Spracklen, K. M., Andrews, D. W., & Patterson, G. R. 1996 Deviancy training in male adolescent friendships. *Behavior Therapy*, **27**, 373-390.
藤岡淳子（編） 2005 被害者と加害者の対話による回復を求めて―修復的司法におけるVOMを考える 誠信書房
Hirschi, T. 1969 *Causes of delinquency*. Berkeley: University of California Press. 森田洋司・清水新二（監訳）1995 非行の原因―家庭・学校・社会へのつながりを求めて 文化書房博文社
Hogg, M., & Abrams, D. 1988 *Social identifications: A social psychology of intergroup relations and group process*. London: Routledge. 吉森 護・野村泰代（訳）1995 社会的アイデンティティ理論 新しい社会心理学体系化のための一般理論 北大路書房
法務省法務総合研究所 2001 平成12年度版 犯罪白書 大蔵省印刷局
法務省法務総合研究所 2005 平成16年度版 犯罪白書 国立印刷局
家庭裁判所調査官研修所 2001 重大少年事件の実証的研究 司法協会
間庭充幸 1997 若者犯罪の社会文化史 有斐閣選書
松嶋秀明 2005 関係性のなかの非行少年―更生保護施設のエスノグラフィーから 新曜社
Matza, D. 1964 *Delinquency and drift*. New York: John Wiley & Sons. 非行理論研究会（訳）1986

漂流する少年—現代の少年非行論　成文堂
Merton, R. K.　1957　*Social theory and social structure*. New York: Free Press.　森　東吾・森　好夫・金沢　実・中島竜太郎(訳)　1961　社会理論と社会構造　みすず書房
守山　正・西村春夫　1999　犯罪学への招待　日本評論社　p. 181.
中川知宏・仲本尚史・山入端津由・大渕憲一　2004　集団同一化と集団志向性が非行に及ぼす影響——般群と非行群の比較　犯罪心理学研究特別号, **42**, 6-7.
大渕憲一　2006　犯罪心理学—犯罪の原因をどこに求めるのか　培風館
佐藤郁哉　1984　暴走族のエスノグラフィー—モードの叛乱と文化の呪縛　新曜社
Schneider, K.　1923　*Die Psychopathischen Persönlichkeiten*. Wien: Franz Deuticke.　懸田克躬・鰭崎　轍(訳)　1954　精神病質人格　みすず書房
瀬川　晃　1998　犯罪学　成文堂
Sutherland, E. H., & Cressey, D. R.　1939　*Principles of criminology*. Chicago: Lippincott.　高沢幸子・所　一彦(第9版訳)　1964　新版犯罪の原因　有信堂
生島　浩　1993　非行少年への対応と援助—非行臨床実践ガイド　金剛出版
谷岡一郎　2004　こうすれば犯罪は防げる—環境犯罪学入門　新潮社
Thornberry, T. P., Krohn, M. D., Lizotte, A. J., Smith C. A., & Tobin, K.　2003　*Gangs and delinquency in developmental perspective*. US: Cambridge University Press.
吉澤寛之　2005　社会的情報処理により規定される反社会的行動の生起過程　名古屋大学博士論文

24章

Erikson, E. H.　1959　*Identity and the life cycle*. New York: International Universities Press.　小此木啓吾(訳編)　1973　自我同一性—アイデンティティとライフサイクル　誠信書房
福岡欣治　2000　青年の援助とサポート　西川正之(編)　援助とサポートの社会心理学　北大路書房　Pp. 10-25.
堂野佐俊　1999　現代社会におけるストレスと適応の生涯発達心理学　風間書房
橋本　剛　1997　大学生における対人ストレスイベント分類の試み　社会心理学研究, **13**, 64-75.
橋本　剛　2000　大学生における対人ストレスイベントと社会的スキル・対人方略の関連　教育心理学研究, **48**, 94-102.
林　弥生・小杉正太郎　2003　女子学生を対象とした家族ストレッサー尺度作成の試み　日本心理学会第67回大会発表論文集, p. 313
Lazarus, R. S.　1999　*Stress and emotion*. New York：Springer.
加藤　厚　1989　大学生における同一性次元の発達に関する縦断的研究　心理学研究, **60**, 184-187.
加藤　司　2000　大学生用対人ストレスコーピング尺度の作成　教育心理学研究, **48**, 225-234.
加藤　司　2001　コーピングの柔軟性と抑うつ傾向との関係　心理学研究, **72**, 57-63.
加藤　司　2002　対人ストレス過程における社会的相互作用の役割　実験社会心理学研究, **41**, 147-154.
小杉正太郎　2006　ストレスと健康　小杉正太郎(編)　ストレスと健康の心理学　朝倉書店　Pp. 1-20.
黒田祐二・桜井茂男　2001　中学生の友人関係場面における目標志向性と抑うつとの関係　教育心理学研究, **49**, 129-136.
黒田祐二・桜井茂男　2003　中学生の友人関係場面における目標志向性と抑うつとの関係に介在するメカニズム　教育心理学研究, **51**, 86-95.
落合良行・佐藤有耕　1996　青年期における友達とのつきあい方の発達的変化　教育心理学研究, **44**, 55-65.
岡田　努　1995　現代大学生の友人関係と自己像・友人像に関する考察　教育心理学研究, **43**, 354-363.
大塚泰正　2006　さまざまな測定法　小杉正太郎(編)　ストレスと健康の心理学　朝倉書店　Pp. 193-210.
斉藤誠一　1996　青年期の人間関係　培風館
杉村和美　1998　青年期におけるアイデンティティの形成—関係性の観点からのとらえ直し　発達心理学研究, **9**, 45-55.
鈴木綾子　2006　大学生のストレス対策　小杉正太郎(編)　ストレスと健康の心理学　朝倉書店　Pp.

145-162.
佐々木正宏　1992　適応の基礎　大貫敬一・佐々木正宏（編）　心の健康と適応　福村出版　Pp. 123-144.
高比良美詠子　1998　対人・達成領域別ライフイベント尺度（大学生用）の作成と妥当性の検討　社会心理学研究，**14**，12-24.
山田剛史　2004　現代大学生における自己形成とアイデンティティ　教育心理学研究，**52**，402-413.

事項索引

●あ
IAT（Implicit Association Test） 35
愛着 88
アイデンティティ拡散 235
アイデンティティの確立 183
アセスメントツール 168
ANOVA モデル 30
暗黙の人格観 27

●い
一方向的依存の関係 85
一貫性論争 13
一般的信頼 161
印象形成 25
印象操作 8

●う
ウェイソンの選択課題 117
ウェル・ビーイング 73

●え
NEO-PI-R 15
NPO（non-profit organization） 211

●お
オカゲ意識 180

●か
会社人間 174
外集団 34
回心 182
解読 92
外発的動機づけ 171
加重平均モデル 26
価値観葛藤 100
活性化拡散モデル 18
葛藤解決方略 57
過程理論 170
関係の類型 89
関係へのコミットメント 85

●感
感情情報機能説 32
感情ネットワークモデル 32
感情の個人内効果 105, 106
感情の対人効果 104, 106

●き
記号化 92
帰属 29, 85, 103
期待理論 171
気分一致効果 32, 105
基本的帰属錯誤 31
客我（me） 2
キャサリン・ジェノベーゼ事件 63
鏡映自己 5
共感 162
共通知識効果 136
協力的な問題解決方略 105
緊急介入意志決定モデル 66
緊張理論 223

●く
クリーク 199
群集心理 139

●け
計画的行動の理論 47
ゲーム理論 158
原因帰属 85
現実的集団葛藤理論 124, 129

●こ
行為者−観察者効果 31
攻撃の儀式化 56
攻撃プライミング 60
公式組織 166
公正バイアス 58
構造的空隙 204
公的自己意識 7
行動遺伝学 16
行動指紋 18

265

行動的確証効果　40
衡平　112
公平理論　171
合理的行為の理論　46
コーシャス・シフト　135
コーピング　77, 231, 237
個人主義　10, 193, 194
固定和幻想　102
混合動機状況　106
コンティンジェンシーモデル　135
コントロール幻想　165
コントロールモデル　115
コンピテンシー　168

● さ

斉一性への圧力　132
再社会化　141
最小条件集団　125, 129
サポート期待　74, 77
サポート資源　79, 81
サポートのストレス緩衝モデル　78
サポートの直接効果モデル　78
サマーキャンプ研究　127

● し

CMC（Computer-Mediated-Communication）　98
ジェンダー規範　155
ジェンダー・ステレオタイプ　149
ジェンダー役割　149, 154
自覚理論　6
資源葛藤　100
自己意識　7
自己開示　8, 84
自己概念　3, 123
自己過程　6
自己カテゴリー化理論　123
自己高揚　10
自己実現欲求　171
自己成就予言　40, 86
自己スキーマ　3
自己ステレオタイプ化　124
自己中心性バイアス　87
自己呈示　8
自己批判　10

システマティック処理　107
自尊感情　7
実体性　130
実用的推論スキーマ　118
私的自己意識　7
自動性　33
社会化　140, 148
社会的アイデンティティ　128, 130
社会的アイデンティティ理論　123, 127
社会的葛藤　56
社会的カテゴリー化　125
社会的関係資本　218
社会的絆理論　224
社会的機能説　53
社会的規範　131, 175
社会的自己　91
社会的ジレンマ　158
社会的勢力資源　61
社会的手抜き　136
社会的動機　107
社会的ネットワーク　200
社会的排除　90
社会的比較過程理論　5
シャーマニズム　145
集団圧力　132, 175
集団維持機能　132
集団価値モデル　115
集団間関係　124
集団間感情理論　127
集団間の社会的比較　125
集団規範　123
集団極性化　98, 135
集団思考　137
集団主義　10, 194
集団成員性　123
集団同一視　129
周辺的特性　26
修復的司法　228
重要な他者　73
主我　2
熟知性　82
主題材料効果　118
主張の自己呈示　59
準拠情報的影響　123
準拠勢力　62

状況適合論的アプローチ　134
情動発散説　53
少年法　220
情報勢力　62
情報の冗長性　203
譲歩行動　105
初頭効果　26, 27
進化心理学　16
新近効果　27
人事アセスメント　168
新宗教　178
新相互作用論　17
身体的魅力　83
人的資源管理　167
信頼性　169
心理生物学的アプローチ　17

● す
ステレオタイプ　37, 38
ストレス　230
ストレス緩衝モデル　77
ストレッサー　76

● せ
精査可能性モデル　49
精神的自己　3
正当勢力　62
生得的攻撃機構　55
性別役割分担　154
責任の分散　66
説得への周辺ルート　49
説得への中心ルート　49
セルフ・サーヴィング・バイアス　31
潜在的印象　36
専制的リーダー　133
選択理論　170
専門勢力　62

● そ
相互依存理論　85
相互協調的自己観　9
相互独立的自己観　9
相対的剥奪感　111
ソーシャルサポート　234
組織コミットメント　173

組織市民行動　213, 218

● た
タイ　199
対応推測理論　31
対人認知　24
対人魅力　82
態度の一貫性　45
態度の類似性　82
多重役割　154
ただ乗り（フリーライド）　136, 157
タタリ意識　180
脱個人化　97
達成欲求の理論　171
妥当性　169
単純接触効果　82

● ち
知識─評価構造モデル（KAPAモデル）　21
中心的特性　26

● つ
強い議論　49

● て
手がかり減少モデル　98
敵意バイアス　57
適応　230
手続き的公正　114, 128

● と
動機づけの水圧モデル　55
統合的な合意　105
統制理論　223
同調　131
透明性の錯覚　87
ドメスティック・バイオレンス　155

● な
内集団　34
内集団バイアス　125
内的衝動説　53
内発的動機づけ　171
内容理論　170
ナッシュ均衡　158, 163

● に
2重過程モデル　49
2重関心モデル　107
人間－状況論争　13
認識的動機　107
認知感情システム（CAPS）モデル　18
認知行動療法　237
認知的確証効果　40
認知的均衡理論　48
認知的新連合モデル　60
認知的不協和　47

● ね
ネットワークの同質性　205

● の
ノード　199

● は
パーソナリティ　12, 13
破壊的カルト宗教　52
罰勢力　62
パニック　139
パラ言語　93
晩婚化　150
反社会性人格障害　222
阪神・淡路大震災　208, 209

● ひ
非意識　35
被害者学　228
非婚化　150
非生産的職務行動（CWB）　213
ビッグ・ファイブ　15
ヒューリスティクス　37, 107
表象　33
漂流理論　222

● ふ
ファミリー・アイデンティティ　150
フィールドワーク　210
ブーメラン効果　51
副次文化理論　223
服従　132
物質的自己　2

プライミング　34
ブリッジ　200
フレーミング　98
ブレーンストーミング　137
プロソーシャル行動　64
プロソディ　93
文化化　146
文化心理学　8
文化的価値観　187
文化的自己観　9
分配的公正　112

● へ
返報性　83

● ほ
傍観者効果　63, 69
報酬勢力　61
放任的リーダー　133
ボランティア　208

● ま
マインド・コントロール　52

● み
民主的リーダー　133
民俗宗教　179

● む
無意識　34

● め
メッセージ学習説　49
メタ・ゲーム　163

● も
目標設定理論　171
目標達成機能　132

● や
役割モデル　149

● よ
欲求階層理論　171
欲求理論　170

弱い議論　51
弱いタイ　201

● ら

ライフイベント　232, 233

● り

リーダーシップ PM 理論　133

リスキー・シフト　135
利得行列　159
流行　139

● わ

割引原理　30
割増原理　30

人名索引

A

Abrams, D. 126
Adams, J. S. 112, 172, 173
Ajzen, I. 46, 47
Albarracin, D. 44
Allport, G. W. 15, 181
Allred, K. G. 104, 105
Anderson, C. 105
Anderson, C. A. 59, 60
Anderson, N. H. 26, 27
安藤清志 8
安藤香織 212
安藤寿康 16
安藤玲子 75
安藤智子 88
Angyal, A. 17
Argyle, M. 18
Armitage, C. J. 47
Aron, A. 34
Asch, S. E. 25-27, 131
Attridge, M. 85
渥美公秀 210
Axelrod, R. 160
東 洋 188, 195, 208

B

Backman, C. W. 83
Baldwin, M. W. 91
Baltes, P. B. 141, 142
Bandura, A. 5, 19
Barabasi, A. 200
Bargh, J. A. 37
Baron, R. A. 105
Barry, B. 104
Bartholomew, K. 88, 89
Baumeister, R. F. 58, 90
Baybeck, B. 206
Bazerman, M. H. 102
Becker, T. E. 216
Beit-Hallahmi, B. 182

Bem, S. L. 149
Berkowitz, L. 3, 60
Bierhoff, H. W. 64, 71
Borman, W. C. 213
Bosson J. K. 36
Bower, G. H. 32, 105
Bowlby, J. 88
Bradbury, T. N. 104
Brehm, S. S. 51
Brim, O. G. Jr. 141
Brophy, J. E. 195
Brown, R. W. 138
Bruner, J. S. 27
Burn, S. M. 133
Burt, R. S. 203-207
Buss, A. H. 7, 16
Buss, D. M. 16, 89
Byrne, D. 82, 83

C

Campbell, D. T. 127, 130
Carnevale, P. J. 102, 105
Cervone, D. 19, 21, 22
Cheng, P. W. 118
Cialdini, R. 52
Cohen, S. 76-78
Coleman, J. S. 201, 207
Collins, N. L. 85, 88, 89
Cooley, C. 5
Cooper. J. 48
Cosmides, L. 118, 119
Costa, P. T. Jr. 15
Crick, N. R. 57, 226
Crosby, F. 110, 111

D

大坊郁夫 94, 96
Dalal, R. 213, 216, 217
Darley, J. M. 39
Darmon, P. 221

Davidson, M. N.　104
Dawes, R. M.　158
Dawkins, R.　68
Deci, E. L.　171
Deutsch, M.　112-115
Devine, P. G.　35, 38
Devos, T.　127
De Cremer, D.　126
De Dreu, C. K. W.　107-109
Diamond, J.　158
Dion, K.　83
Dion, K. K.　141
Dishion, T. J.　225
Dodge, K. A.　58
堂野佐俊　233
Dovidio, J. F.　41, 65
Downey, G.　86
Dunbar, R. M. I.　122
Dutton, D.　32
Duval, S.　6

● E
Eagly, A.　44
Ekman, P.　94
Elder, G. H., Jr.　143
Endler, N. S.　17
Erikson, E.　182, 234

● F
Feather, N. T.　189
Fenigstein, A.　7
Festinger, L.　48, 82, 131, 137, 207
Fiedler, F. E.　134
Fincham, F. D.　85
Fischer, C. S.　206
Fiske, A. P.　89, 90
Forgas, J. P.　18, 32, 105
Franzen, A.　160
Freedman, J. L.　69
Freeman, D.　147
Freud, S.　5
藤岡淳子　228
深田博己　52
福川康之　81
福野光輝　102, 107

福岡欣治　74, 79, 80, 234
福島　治　106

● G
Gallup, G. G.　4
Gara, M.　29
Gardner, H.　33
Gartrell, C. D.　111
Gilovich, T.　87, 88
Goddard, H. H.　221
Goldberg, J.　165
Goldberg, L. R.　14
Granovetter, M.　201-203
Greenberg, J.　7
Greenwald, A. G.　35, 36
Griggs, R. A.　117, 118
Gurr, T. R.　111

● H
Hall, E. T.　93
濱口　恵俊　124
Hamburger, H.　158, 159
Harris, J. R.　144
橋本　剛　75, 78, 80, 232, 235
Hassin, R. R.　36
林　文俊　28, 29
林　弥生　234
Heider, F.　29, 48, 162
Heine, S. J.　10
Hewstone, M.　39
飛田　操　139
Hinkle, S.　129
広瀬幸生　10
広瀬幸雄　209, 212
Hirschi, T.　223
久田　満　73
久富善之　195
Hofstadter, D. R.　159, 164
Hofstede, G.　188, 189, 190, 191, 193
Hogg, M. A.　126, 226
堀毛一也　13, 18
細江達郎　29, 143
House, R.　134
Hovland, C. I.　49
Howard, N.　163

271

I

池田謙一　206, 207
今城周造　49
今在慶一朗　113
今在景子　116
石田英男　218
石黒　格　206
石井研士　179, 184
板倉宏昭　174
伊藤美奈子　195
伊藤裕子　81
岩淵千明　169

J

James, W.　2, 91
Janis, I. L.　137
Jones, E. E.　31

K

加賀美常美代　194, 195, 196, 197
柿本敏克　125, 126, 129, 130
金谷信子　211
金児暁嗣　180, 181
Karp, D.　165
柏木惠子　153
加藤　厚　235
加藤美奈子　195
加藤　司　237, 238
Katz, D.　45
Kelley, H. H.　85
Kelly, H. H.　29, 30, 31
Kiesler, S.　98
菊池章夫　144
Kim, W. C.　216
Kimmel, M. J.　107
北山　忍　9, 124
Kiyonari, T.　161
Kluckhohn, C.　187
Knowles, E.　51
Komorita, S. S.　106, 158, 160
小杉正太郎　231
河野由美　182
Krahe, B.　12, 13, 18
Kramer, R. M.　105
Kraus, S. J.　46

Krosnick, J.　45
Kruglanski, A. W.　107
釘原直樹　139
熊谷智博　128
熊倉徹雄　3
黒田祐二　236, 237
桑田耕太郎　166

L

Lakey, B.　77
Larsen, R. J.　16
Latané, B.　63, 66, 67, 69, 136
Lazarus, R. S.　76, 231
La Piere, R. T.　46
Leary, N. R.　7
LeBon, G.　139
Lee, E. J.　97
Leventhal, G. S.　114, 115
Levinson, D. J.　142
Lewin, K.　12, 17, 133
Lin, N.　201, 203, 207
Lincoln, J. R.　175
Lind, A. E.　115
Lippman, W.　37
Locke, E. A.　172
Lofland, J.　184-186
Lombroso, C.　221
Lorenz, K.　53-56
Luchins, A. S.　27

M

Magnusson, D.　18
Maio, G.　46
Maner, J. K.　83, 84
間庭充幸　224
Markus, H. R.　9, 10
Maslow, A. H.　171
Mathieu, J. E.　174
松原敏浩　28
松井　豊　64, 66, 67, 69
Matsumoto, D.　10
松本　滋　183
松本　康　206
Matza, D.　222
Mayer, J. D.　18

McClelland, D. C.　171
McCrae, R. R.　15, 16
McNulty, J. K.　103, 104
Mead, G. H.　5
Mead, M.　147
Merton, R. K.　223
Meyer, J. P.　173
Milgram, S.　132
箕浦康子　188
Mischel, W.　12, 13, 18, 19
三隅二不二　133, 134
見田宗介　195
三井宏隆　184
三浦麻子　137
宮田加久子　201
水原泰介　165
水田恵三　68, 71
Morishima, M.　218
盛山和夫　158
守山　正　229
Morris, M. W.　104, 106
Moskowitz, G.　195
Motowidlo, S. J.　213
Mowday, R. T.　174
Mulaik, S. A.　28
Mullen, B.　130
宗像恒次　79
Murray, S. L.　86
Murray, S. O.　205

● N
中川知宏　226
中川泰彬　79
中村陽吉　6, 64
Newcomb, T. M.　137
二村英幸　168
Nisbett, R. E.　31
西田公昭　52
西川正之　71
西脇　良　180, 181
野波　寛　212
Norman, W. T.　28

● O
O'Reilly, C.　216

大江篤志　143
大渕憲一　55, 58, 61, 101, 106, 107, 116, 222, 227
落合良行　234
大橋英寿　142, 143, 145
岡田　努　235
小野泰博　179
Orbach, J.　4
Organ, D. W.　213-215
Osborn, A. F.　137
大塚泰正　234
Oyserman, D. O.　10

● P
Passini, F. T.　28
Perloff, R.　44
Petty, R. E.　49, 50
Pinel, E. C.　82
Plomin, R.　16
Podsakoff, P. M.　214, 215
Posner, M. I.　33
Pruitt, D. G.　101, 107
Putnam, D. V.　218

● R
Rapoport, A.　159
Ratundo, M.　213
Raven, B. H.　61
Rhoades, J. A.　105
Richardson, J. T.　186
Richmond, V. P.　95
Rokeach, M.　187, 188
Rosenberg, S.　28
Rubin, M.　130
Rusbult, C. E.　85
Rutter, D. R.　96, 97

● S
Sackett, P. R.　213
斎藤耕二　140
斉藤誠一　235
坂野永理　195
坂田　稔　195
Salancik, G. R.　174
Sally, D.　162

273

実吉　威　211
佐々木薫　136
佐々木正宏　230
佐藤郁哉　226
Schelling, T. C.　106
Schneider, D. J.　27
Schneider, K.　222
Schoeneman, T.　4
Schwartz, S. H.　187, 191-193
Schwarz, N.　32, 105
Segal, M. W.　82
瀬川　晃　221, 228
Shannon, C. E.　92
Sherif, M.　127
嶋　信宏　80
清水　裕　210
下仲順子　16
潮村公弘　34, 36
白樫三四郎　135
Shoda, Y.　20, 21, 23
Short, J.　97
Siegel, J.　98
Sillars, A. L.　104
Smith, C. A.　214
Smith, P. B.　191, 193
Spears, R.　199
Spencer, L. M. Jr.　168
Spencer, P. F.　218
Srull, T. K.　34, 35
Starbuck, E. D.　182
Stasser, G.　136
Steffens, M. C.　37
Steiner, I.D.　136
Stephenson, G. M.　97
Storner, J. F. S.　135
Straus, R. A.　186
Street, R. L. Jr.　93
須田康之　195
杉藤美代子　93
杉万俊夫　210
杉村知美　237
杉浦淳吉　212
杉山幸子　185
Suls, J.　5
Sutherland, E. H.　223

鈴木綾子　231, 232
鈴木　勇　209, 211
鈴木淳子　149, 152, 154, 155
鈴村興太郎　160, 163
Swann, W. B. Jr.　13, 14

● T

Tajfel, H.　123, 125, 129
高田利武　4, 5
高木　修　64, 66, 68, 71
高比良美詠子　233
高野陽太郎　10, 124
竹内郁郎　92
瀧川哲夫　160, 163
瀧本　誓　93
田村　達　41
田中堅一郎　214, 216
田中宏二　73
谷岡一郎　224
田尾雅夫　174
Taylor, M.　160
Tedeschi, J. T.　8, 59
照井美雪　29
Tesser, A.　6
Thibaut, J.　85, 115
Thompson, L. L.　100, 102, 103
Thornberry, T. P.　225
Ting-Toomey, S.　188
Todorov, A.　49
Toi, M.　69
徳田幸雄　186
Tooby, J.　147
塘利枝子　188
Triandis, H. C.　10
辻平治郎　16
恒吉僚子　188
Turner, J. C.　123, 124, 129, 130
Tversky, A.　87
Twenge, J. M.　91
Tyler, T. R.　58, 115, 216

● U

Uchino, B. N.　75
上野一良　139
Uleman, J. S.　36

浦　光博　78

● V

Van Dyne, L.　214
Van Heck, G. L.　18
Van Kleef, G. A.　106
Van Lange, P. A. M.　107
Viswesvaran, C.　213
Vroom, V. H.　172

● W

和田　実　80
和田さゆり　16
Walster, E.　83
Wason, P. C.　117, 118
渡辺　深　174, 205
渡邊としえ　210
Weiner, B.　31
Wicker, A. W.　46

Williams, E.　97
Williams, L. J.　214
Willis, P. E.　145, 146
Wills, T. A.　6, 75
Wishner, J.　27
Wittenbaum, G. M.　136
Wood, J. V.　5

● Y

山田剛史　238
山岸俊男　158, 161
安田　雪　201, 205
八ッ塚一郎　209
吉澤寛之　226

● Z

Zajonc, R. B.　82
Zuckerman, M.　17

執筆者紹介（執筆順）

髙田　利武（たかた・としたけ）　　　1章
　　元　宮城学院女子大学学芸学部　教授

堀毛　一也（ほりけ・かずや）　　　　2章　1節，2節，3節
　　東洋大学社会学部　教授

髙橋　智幸（たかはし・ともゆき）　　2章　4節
　　仙台市青葉保健所宮城保健福祉課

田名場　忍（たなば・しのぶ）　　　　3章
　　弘前大学教育学部附属教育実践総合センター　准教授

潮村　公弘（しおむら・きみひろ）　　4章　1節，2節，3節
　　フェリス女学院大学文学部　教授

田村　達（たむら・とおる）　　　　　4章　4節
　　岩手県立大学社会福祉学部　准教授

今城　周造（いまじょう・しゅうぞう）　5章
　　昭和女子大学大学院生活機構研究科　教授

大渕　憲一（おおぶち・けんいち）　　6章
　　放送大学宮城学習センター　所長

水田　惠三（みずた・けいぞう）　　　7章
　　尚絅学院大学総合人間科学部　教授

織田　信男（おだ・のぶお）　　　　　8章
　　岩手大学人文社会科学部　教授

福島　治（ふくしま・おさむ）　　　　9章　1節，2節，4節
　　新潟大学人文学部　教授

佐藤　静香（さとう・しずか）　　　　9章　3節
　　東北大学高度教養教育・学生支援機構　助手

瀧本　誓（たきもと・せい）　　　　　10章　1節，2節，3節
　　千歳科学技術大学／北星学園大学　非常勤講師

八田　武俊（はった・たけとし）　　　10章　4節
　　岐阜医療科学大学保健科学部　准教授

福野　光輝（ふくの・みつてる）　　　11章　1節，3節，4節
　　東北学院大学教養学部　教授

小嶋かおり（こじま・かおり）　　　　　　　11章　2節
　新潟青陵大学短期大学部幼児教育学科　助教

今在慶一朗（いまざい・けいいちろう）　　　12章
　北海道教育大学教育学部函館校　准教授

柿本　敏克（かきもと・としかつ）　　　　　13章　1節，2節，4節
　群馬大学社会情報学部　教授

熊谷　智博（くまがい・ともひろ）　　　　　13章　3節
　法政大学キャリアデザイン学部　准教授

飛田　　操（ひだ・みさお）　　　　　　　　14章
　福島大学人間発達文化学類　教授

辻本　昌弘（つじもと・まさひろ）　　　　　15章
　東北大学大学院文学研究科　准教授

鈴木　淳子（すずき・あつこ）　　　　　　　16章
　元　慶應義塾大学文学部　教授

木村　邦博（きむら・くにひろ）　　　　　　17章
　東北大学大学院文学研究科　教授

小林　　裕（こばやし・ゆたか）　　　　　　18章　1節，3節，4節
　東北学院大学教養学部　教授

鈴木麻里子（すずき・まりこ）　　　　　　　18章　2節
　日本能率協会マネジメントセンター
　アセスメント・リサーチセンター　チーフ・ディレクター

杉山　幸子（すぎやま・さちこ）　　　　　　19章
　八戸短期大学幼児保育学科　教授

加賀美常美代（かがみ・とみよ）　　　　　　20章
　目白大学心理学部／大学院心理学研究科　教授

石黒　　格（いしぐろ・いたる）　　　　　　21章
　日本女子大学人間社会学部　准教授

田中堅一郎（たなか・けんいちろう）　　　　22章　1節，2節，3節
　日本大学大学院総合社会情報研究科　教授

林　洋一郎（はやし・よういちろう）　　　　22章　4節
　　慶應義塾大学大学院経営管理研究科　准教授

遠山　宜哉（とおやま・のぶや）　　　　　　23章　1節，3節，4節，5節
　　岩手県立大学社会福祉学部　教授

中川　知宏（なかがわ・ともひろ）　　　　　23章　2節
　　近畿大学総合社会学部　講師

本間恵美子（ほんま・えみこ）　　　　　　　24章
　　新潟青陵大学大学院臨床心理学研究科　教授

編者紹介

潮村公弘（しおむら・きみひろ）

1965 年　山口県に生まれる
1993 年　東北大学大学院文学研究科博士課程単位取得退学
現　　在　フェリス女学院大学文学部教授（文学修士）
主著・論文
Cross-cultural and cross-generational differences in use of control: The missing link of interdependence.（共著）　International Journal of Aging & Human Development, 143-157. 2006 年
認知の社会心理学（共著）　北樹出版　2004 年
社会的認知研究のパースペクティブ：心と社会のインターフェイス（共著）　培風館　2004 年
潜在的社会的認知研究の進展：IAT（Implicit Association Test）への招待　信州大学人文学部人文科学論集（共著）　65-84.　2003 年
否定的内容の自己開示が開示者の自尊心に及ぼす影響：顕在的自尊心と潜在的自尊心の測定（共著）　人間科学研究，33-48. 2003 年

福島　治（ふくしま・おさむ）

1965 年　群馬県に生まれる
1996 年　東北大学大学院文学研究科博士課程修了
現　　在　新潟大学人文学部教授　博士（文学）
主著・論文
親の自己愛と子への攻撃：自己の不遇を子に帰すとき（共著）　社会心理学研究，22 巻，1-11. 2006 年
対人葛藤における多目標：個人資源への関心，評価的観衆，及び丁寧さが解決方略の言語反応に及ぼす効果（共著）　社会心理学研究，22 巻，103-115.　2006 年
男と女の対人心理学（共著）　北大路書房　2005 年
自己知識の多面性と対人関係　社会心理学研究，18 巻，67-77.　2003 年

社会心理学概説

2007 年 2 月 20 日　初版第 1 刷発行	定価はカバーに表示
2021 年 3 月 20 日　初版第 8 刷発行	してあります。

編著者　　潮　村　公　弘

　　　　　　福　島　　　治

発 行 所　　㈱北大路書房

〒 603-8303　京都市北区紫野十二坊町 12-8
電　話　(075) 431-0361 ㈹
ＦＡＸ　(075) 431-9393
振　替　01050-4-2083

©2007　　制作／T. M. H.　印刷・製本／亜細亜印刷㈱
検印省略　落丁・乱丁本はお取り替えいたします
ISBN 978-4-7628-2538-5　　　Printed in Japan

・JCOPY 〈㈳出版者著作権管理機構 委託出版物〉
本書の無断複写は著作権法上での例外を除き禁じられています。
複写される場合は，そのつど事前に，㈳出版者著作権管理機構
(電話 03-5244-5088, FAX 03-5244-5089, e-mail: info@jcopy.or.jp)
の許諾を得てください。